Alberto Palazzi

Leggere e capire la Critica della Ragion Pura

Una guida chiara per un testo difficile

il glifo ebooks

ISBN: 9788897527626
Prima edizione: Marzo 2024 (B)

Indice

Introduzione a questa guida

Considerazioni generali: perché questa guida al classico di Kant

Questo volume contiene una guida destinata a essere letta assieme al testo della *Critica della Ragion Pura*, la cui conoscenza di prima mano è l'unica maniera efficace per entrare nella filosofia di Kant e per appropriarsi della sua grandiosa visione dell'esperienza umana nel mondo. Quindi il lettore non leggerà per intero questa guida prima di misurarsi con Kant, ma (letta questa parte introduttiva) la terrà aperta e se ne servirà per cimentarsi con il grande classico kantiano.

Di una cosa il lettore si accorgerà subito: che qui Kant viene commentato e spiegato con un linguaggio del nostro presente, e non rimescolando e ricomponendo all'infinito le parole di Kant, che è ciò che solitamente fa la letteratura secondaria, lasciando insoddisfatta l'aspettativa di chi vi cerca aiuto. Questa organizzazione del testo guiderà a saper leggere con soddisfazione entrambe le critiche teoretiche di Kant — in questo volume la *Critica della Ragion Pura*, in seguito la *Critica del Giudizio* — e lo farà mediante un atteggiamento completamente spregiudicato, che mostrerà come la parola di Kant si possa leggere e capire dopo più di duecento anni, in un mondo che non è più quello del barometro di Torricelli e del gusto rococò, salendo sulle spalle di Kant. Questo modo di leggere Kant non è un'opzione, ma una necessità: bisogna intendere Kant tenendo conto di quanto è accaduto tra il suo tempo e il nostro, e di ciò che consente a noi di stare modestamente sulle spalle di questo gigante. In fondo, Kant non sapeva nemmeno che la formula dell'acqua è H_2O, e aveva una visione della matematica talmente vincolata alla priorità della geometria che ogni qualvolta doveva parlare di algebra vi si perdeva (come vedremo in dettaglio) e diceva cose non alla sua altezza. Però Kant sapeva che per conoscere qualcosa in più sull'acqua sarebbe stato necessario trovare il modo di scomporla nei suoi elementi e poi di ricomporla controllando il processo in entrambi i casi; sapeva che i teoremi matematici non dimostrano niente riguardo all'esistenza delle cose; e sapeva che la pura forma, priva di semantica, è arte, anche se come esempi di pittura astratta invocava la carta da parati e le penne degli uccelli impagliati, perché nella sua esperienza non poteva trovare niente di meglio, e alla parete dello studio non teneva appeso un Kandinsky, ma il ritratto di Rousseau.

Questa guida, che presuppone di parlare a un lettore o quasi del tutto ignaro della filosofia kantiana, o disorientato e perplesso, e che perciò si permette di impartire delle istruzioni al lettore come se fosse un manuale d'uso, si fonda prima di tutto sulla franca espressione del fatto che vi erano alcune considerazioni fondamentali che Kant non poteva fare, perché i tempi non erano maturi, e che noi invece dopo duecento anni siamo in grado di fare, e che anzi tutta la cultura del Novecento avrebbe potuto fare. Quindi noi leggiamo il testo di Kant in modo diverso da quello in cui Kant in persona intendeva se stesso, e non vi è nulla di strano in ciò: Kant parlava di problemi comuni al suo tempo e al nostro, ma li interpretava attraverso alcuni pregiudizi che a lui era impossibile rimuovere, e che così però intralciavano le potenzialità che erano implicite nella sua immensa spregiudicatezza e profondità analitica. Una cosa però deve essere premessa francamente: che molte idee di Kant non risolvevano affatto i problemi che si ponevano, e questo il commento al testo deve rimarcarlo con evidenza, non tacerlo come suole fare la letteratura interpretativa, che in genere ci presenta i classici come se il pensiero che contengono fosse sempre del tutto coerente, completo e risolutivo rispetto alle loro premesse. Le differenze di atteggiamento tra Kant e noi sono molte, e le illustreremo poi in dettaglio, incontrandole nel testo; ma in generale si riducono a tre o quattro fattori principali.

In primo luogo, Kant non concepiva che si potesse descrivere la logica formale in modo diverso dalla tradizione aristotelica e scolastica, mentre noi sappiamo che esistono quantomeno la logica matematica, la scienza dell'informazione, e forse logiche alternative. Quindi, su questo punto, noi oggi concepiamo in termini relativi una materia che Kant prendeva per assoluta; e questo ha molte implicazioni metodologiche: prima fra tutte, che Kant credeva di poter produrre una teoria indubitabilmente dimostrata dell'oggetto della sua ricerca, quando invece ce ne dà un'interpretazione (geniale sicuramente, ma non dimostrabile come egli avrebbe voluto).

La seconda differenza capitale tra Kant e noi, è che Kant credeva di poter costruire una risposta completa, definitiva e assoluta ai problemi che si poneva. Credeva, dopo avere teorizzato che la forme logiche e matematiche sono nel soggetto umano cosciente, di poterle descrivere e mettere in sistema con completezza solo guardando dentro se stesso, mentre noi sappiamo che occorrono l'esperienza del confronto con le cose e il trascorrere del tempo. Vedremo che Kant si imbatte prestissimo nella difficoltà di guardare dentro se stesso e non trovare niente, e che le potenzialità della sua stessa filosofia lo guiderebbero subito a cercare fuori di se stesso, senza però che la primitiva certezza di poter costruire il sistema della Ragion Pura in via introspettiva sia mai messa in dubbio. Malgrado la credenza dell'età moderna nella stabilità del soggetto sia messa in crisi proprio dalle speculazioni sulla nozione metafisica dell'anima che leggiamo nella prima *Critica*, rimane che Kant crede di avere ottenuto, guardando in se stesso, una sistemazione dei problemi filosofici di valore assoluto e immutabile nel tempo a venire: convinzione in cui è ovvio che non lo possiamo seguire.

Ancora, una terza differenza tra Kant e noi è un fattore che riguarda piuttosto l'interpretazione della *Critica del Giudizio*; perciò finché ci limitiamo alla *Critica della Ragion Pura* è prematuro parlarne. Comunque, giusto per accennarvi, il problema è che noi sappiamo che il cervello di noi umani, animali evolutissimi e in cima alla scala dell'intelligenza (per chi lo vuol credere), ma anche quello dei nostri amici cani, scimmie ecc., funziona attraverso la messa in atto di strategie di riconoscimento delle forme che si chiamano Gestalt, e che ci conducono a dire: questa è una mela, questo è un ritratto di mio nonno, e così via, senza bisogno di esplicitare i passi del ragionamento che facciamo. Kant non aveva idea del concetto di Gestalt, però la sua analisi profonda dei processi conoscitivi lo condusse al bisogno di parlare proprio di qualcosa di molto vicino alla Gestalt, ma non avendone idea si ritrovò a confondere la Gestalt con il suo prodotto. Cioè, Kant si rese conto che la proposizione "questa è una mela" si pronuncia quando, di fronte all'esperienza, si è prodotto nell'animo uno stato che ci rende certi di quel giudizio, cioè la visione di una mela che è presente davanti a noi, è distinta da ogni altra cosa ed è classificabile in una data specie delle cose; ma non seppe distinguere queste due dimensioni, l'evento naturale del riconoscimento dalla classificazione logica, e non seppe creare una terminologia adeguata ad esprimere ciò che gli si agitava in mente. Vedremo che questo limite, che Kant vivendo nella cultura del suo tempo non avrebbe potuto superare nemmeno se la sua intelligenza fosse stata sovrumana, è la ragione per cui comunemente il lettore, anche se legge con profitto e interesse la grande quantità di osservazioni e descrizioni dei fatti estetici che ci sono nella *Critica del Giudizio*, non riesce a seguire l'argomentazione di questo libro, ed è anche il motivo per cui i libri di storia della filosofia di solito riproducono le parole che si leggono nella *Critica del Giudizio* senza sapere dare la minima illustrazione convincente di cosa esse significhino.

Tornando alla *Ragion Pura*, c'è infine una quarta fonte di equivoco che inibisce in noi la possibilità di un rapporto vivo con il testo kantiano, e che a differenza di quelle menzionate sinora non è da attribuirsi a limiti di Kant, ma a una confusione che facciamo noi, in conseguenza di un lascito che la filosofia idealista ha dato in eredità un po' a tutta la cultura del Novecento e della sua presente appendice nel ventunesimo secolo. Nell'epoca del mutamento epocale dell'immagine di sé dell'uomo moderno, l'epoca della Rivoluzione e di Napoleone, la filosofia tedesca produsse una nuova declinazione dell'atteggiamento idealista, che si espresse nel proclamare che il mondo di valori che l'umanità costruisce nel suo mondo storico è un orizzonte assoluto, fuori del quale non vi è nulla, perché non vi possiamo vedere nulla. Lo spirito umano è autosufficiente, e così la sua vicenda storica è in sé "l'assoluto": un'idea che non sarebbe mai venuta in mente né a Platone né a Cartesio, i quali pure condividono con Fichte e Hegel l'etichetta di idealisti, e che è un'invenzione con cui la cultura degli albori della nostra età ha tentato di esorcizzare la perdita delle ingenue certezze del mondo di antico regime; ed è un'invenzione dalla quale, malgrado il suo carattere fantastico, abbiamo guadagnato la consapevolezza che i fatti e le scelte dello spirito umano sono sempre motivati, e mai del tutto irrazionali (sebbene non meritino di essere detti sempre in sé razionali come voleva Hegel): ragion per cui qualcosa ci rimane come istituzione dell'idealismo di quell'epoca, e si manifesta quando riconosciamo che ciò che ci appare come irrazionalità ed errore nelle cose umane, è tuttavia sempre una risposta a un bisogno che la sollecita.

Ora, è impossibile negare che vi siano problemi metodologici che inevitabilmente ci appaiono (o meglio: ci appaiono anche) astorici e atemporali, e sono quelli relativi alle condizioni più generali della correttezza logica nel ragionare e alle condizioni del vero. Tuttavia, ogni tentativo di sistemazione filosofica coerente dei principi della logica, della metodologia scientifica, dell'interpretazione dell'esperienza e della natura, e anche del mondo metafisico se lo si vuol prendere sul serio, se da un lato intenzionalmente si concentra su queste cose facendo astrazione da ogni aspetto estraneo ad esse, dall'altro è condizionato, più o meno consciamente, da tutto il sistema di valori e di credenze che dà forma alla cultura del proprio tempo. È qui che vi è uno spartiacque molto netto proprio in corrispondenza della filosofia idealistica immediatamente successiva a Kant. Gli antichi come l'età moderna credevano che fosse possibile concentrare il pensiero sui problemi logici, fisici e metafisici lasciando da parte ogni dimensione valoriale, ideologica e politica. L'idealismo e lo storicismo nati dalle ceneri del kantismo illuminista invece ci hanno insegnato che le cose non stanno così, ma proprio al contrario: ogni pensiero apparentemente astratto rispetto alle dimensioni storiche e conflittuali di questo mondo è in realtà appoggiato sui valori del proprio tempo, e mentre esprime qualcosa riguardo al proprio oggetto isolato astrattamente da ogni conflitto del mondo umano (per esempio: un problema di metodologia matematica), al tempo stesso, con le parole che usa, con ciò su cui pone l'attenzione e ciò che trascura, esprime metaforicamente qualcosa di affatto diverso e pieno di implicazioni valoriali e conflittuali. Le tre parole "critica", "ragione" e "pura" sono da sole un manifesto illuminista carico di polemica e di politica, notò il politologo Schmitt (che fu reazionario, e perciò dotato di questa sensibilità), e la cultura del nostro tempo accoglie con facilità questa caratterizzazione, che probabilmente avrebbe suscitato l'orrore di Kant.

Il nostro presente così ormai capisce che vi è una dialettica inevitabile: da un lato il pensiero è costretto a misurarsi con problemi relativi a cose che l'uomo considera esterne al proprio mondo di storia e valori e conflitti, e quindi a credere di uscire dal mondo storico assieme ai propri oggetti, dall'altro quel pensiero sarà sempre al tempo stesso un atto pieno di significati dentro il mondo storico, e determinerà conflitti e divisioni, identificazioni ed emarginazioni, ed implicherà scelte tra tesi in contrasto. Non possiamo sottrarci a questa dialettica, perché sempre accadrà che sentiremo il bisogno di analizzare in dettaglio il processo logico, la metodologia e la consistenza di una teoria scientifica o di una prassi tecnica, e quanto più adempiremo al dovere di scendere nel dettaglio e non accontentarci di formulazioni superficiali, tanto più la professionalità che metteremo nel lavoro analitico ci riporterà all'innocenza degli antichi, a credere di poter essere perfettamente obiettivi e concentrati su qualche problema innocente e irrilevante rispetto ai conflitti umani (per esempio, come potrebbe essere un problema relativo alla storia geologica della Terra, dove ciò che accadde milioni di anni orsono accadde come accadde, e certo non è affare degli uomini in epoca storica). Ma altri vedranno e ci faranno vedere tutte le connotazioni politiche e storiche del nostro lavoro, e distruggeranno la nostra innocenza.

Ma proprio perché qui vi è una dialettica inevitabile, quando si legge un testo ricco come quello kantiano bisogna sapere essere ambivalenti: talvolta seguire Kant nel suo innocente argomentare concentrato su cose come le categorie dell'intelletto e le idee della ragione, e far nostre o meno le sue conclusioni, correggerle o rifiutarle, talaltra tornare a guardare quei discorsi come appartenenti a un tempo che non è il nostro. Perché sì, da una parte, incontrando questi argomenti nella prima *Critica*, tanto l'argomento di Mendelssohn riguardo all'immortalità dell'anima quanto la serietà con cui Kant lo confuta ci sembreranno cose egualmente ingenue, ma dall'altra siamo dei tremendi ignoranti riguardo al senso di parole come anima, universo e Dio, e da Kant abbiamo ancora da imparare, condotti da lui a smontare quello che c'è dentro i superficiali pensieri che si innescano nelle nostre teste quando di quelle parole udiamo il suono.

Insomma, la quarta fonte di difficoltà nel capire la scrittura di questo classico autore, che per la cultura del nostro tempo nominalmente è un classico, ma non è affatto ben compreso, ed è lontanissimo dall'essere metabolizzato, è l'atteggiamento per cui noi storicizziamo le sue idee quando siamo ancora ben più sprovveduti di lui rispetto alle cose di cui egli parla. Atteggiamento che viene dalla filosofia idealistica, per la quale problemi come quelli del metodo delle scienze erano tabù fino al momento di doverne dire qualcosa di determinato, e allora di solito ne sentenziava tanto dilettantescamente da esporsi al ridicolo; atteggiamento inoltre rafforzato dal relativismo culturale novecentesco di carattere antropologico, con tutte le sue innumerevoli manifestazioni (che spesso ci insegna cose vere, e tuttavia altrettanto spesso liquida ingenerosamente il nostro passato); atteggiamento attestato, e questo è una vicenda molto curiosa, dalla percezione che la cultura tedesca ebbe di Kant nei pochi anni in cui la *Critica della Ragion Pura* fu in voga, gli anni detti della *aetas kantiana* più o meno attorno al 1790, allorché il libro ebbe molti lettori che lo capivano con maggiore facilità di noi perché avevano dimestichezza con la filosofia universitaria tedesca che allora si insegnava, e quindi con il linguaggio di Kant, ma che volevano vedervi dentro ciò che ancora non esisteva, la metafora dello spirito umano creatore di se stesso che segnò la filosofia della generazione successiva. Bisogna leggere Kant, capire Kant, storicizzare Kant, e contraddirci nel far questo come è inevitabile che avvenga, perché siamo coinvolti nel gioco quanto lo era Kant: anche per noi esistono problemi che inevitabilmente ci appaiono assoluti, oggettivi ed estranei al mondo storico, ma tutto ciò che in una certa prospettiva ci appare estraneo al mondo storico, poi in un'altra torna a farne parte.

Quello che non bisogna fare, è giudicare Kant al modo di Hegel, che lo giudicava in quanto non vi ritrovava la sua declinazione della filosofia idealista, e ne storicizzava le idee per la loro valenza metaforica prima di averle capite a fondo.

Questo volume e il prossimo, che proporrà una lettura guidata della *Critica del Giudizio*, sono collegati. Nel complesso parleremo della *Critica della Ragion Pura* e di quella del *Giudizio* come di una sola opera, anche se questo volume riguarda solo la prima delle due (poco o nulla diremo della *Ragion Pratica*, testo molto più semplice da comprendere, al paragone degli altri due). I due libri sono separati dai nove anni intercorsi tra il 1781, in cui uscì la prima versione della *Critica della Ragion Pura* e il 1790 in cui Kant pubblicò la *Critica del Giudizio*, ed è assolutamente vero che il secondo libro contiene pensieri di cui al tempo del primo non c'era alcuna traccia, almeno cosciente, nella mente di Kant; tuttavia vedremo che la seconda *Critica* teoretica (sebbene a prima vista aggiunga soluzioni immaginarie e artificiose ai problemi residui della prima) completa la prima, le dà la base di realtà che le mancava, la fa camminare sulle sue gambe, e perciò idealmente i due libri ne compongono uno solo. Tutto questo però per ora è da mettere da parte, fino a quando non si conosca davvero la prima *Critica*.

Nel suo *Libro dell'Es* del 1923 Georg Groddeck avvertiva il lettore con queste parole: "tutto ciò che in questo mio libro suona ragionevole, o soltanto un pochino strano, viene dal professor Freud di Vienna e dai suoi collaboratori; ma per tutto ciò che vi è di completamente insensato, io rivendico la mia paternità". Vale qui la stessa avvertenza, sostituendo a Freud la lettera del testo di Kant, le autorevoli annate della rivista *Kant-Studien* e l'innumerevole mole di scritti accademici che rimescolano le parole di Kant in cerca di soluzioni a problemi non chiari nemmeno nella loro iniziale formulazione, e a Groddeck il mio lavoro. Il lettore, dopo aver investito quanto vorrà del suo tempo leggendo questa introduzione non ortodossa, sarà libero, se vorrà, di pensarne ogni male e tornare a un modo più convenzionale di leggere Kant; ma anche in questo caso il suo rapporto con il testo kantiano sarà cambiato: ogni frase di Kant avrà acquistato un significato concreto e il lettore non dovrà più ricorrere a transazioni di coscienza per convincere se stesso di avere capito ciò che invece aveva solo imparato ad associare secondo reazioni pavloviane ricche di ricompense e gratificazioni, assentendo ad asserti per lui avvolti nelle nuvole nere della confusione mentale solo per avervi riconosciuto lo stile kantiano, che ha un carattere molto marcato e inconfondibile, e che si può anche imparare come una specie di musica, rendendo se stessi capaci di riprodurlo (anche virtuosamente) pur in assenza di ogni significato.

Istruzioni per il lettore e prerequisiti

Questa introduzione (intendo con ciò non solo queste premesse, ma anche tutto il commento che ho inserito dentro il testo kantiano) è rivolta principalmente a chi già conosce (anche sommariamente) la struttura della filosofia di Kant, ma ha consapevolezza di molti conti che non gli tornano. Dovrebbe però essere facilmente comprensibile anche a chi si accosta alla filosofia di Kant per la prima volta attraverso di essa, ma in questo caso il lettore tenga sempre conto che Kant non dice alla lettera quello che è detto in questa introduzione. Il senso di questa introduzione, è che la filosofia di Kant ha un forte potenziale di chiarimento rispetto a problemi concettuali insoluti del nostro presente, ma a patto che la leggiamo con l'esperienza del XXI secolo, non del Settecento. Quanto ai requisiti minimi per capire questa introduzione, la prima condizione indispensabile è che il lettore conosca i rudimenti della logica formale antica e moderna, anche solo da trattazioni elementari. Non occorre avere studiato i problemi astratti di filosofia della logica, ma bisogna sapere cosa sono tutte le seguenti cose che io darò per scontate: la dottrina dei concetti e delle categorie di Aristotele, i giudizi e sillogismi degli scolastici, compreso il significato della filastrocca *Barbara*, *Festino*, *Baroco* (cos'è questo? c'entra il barocco?), nonché la logica delle proposizioni e le tavole di verità, e possibilmente anche i quantificatori, la logica dei predicati e la sua tecnica di dimostrazione. Se poi il lettore ha avuto la sventura, come può capitare oggi, di non avere avuto nessun insegnamento scolastico della geometria euclidea, prima di iniziare la lettura di Kant prenda confidenza con qualsiasi vecchio trattato di geometria, con gli assiomi euclidei e con la tecnica di dimostrazione dei primi teoremi che vi si incontrano, quelli di Talete e di Pitagora.

In questa introduzione accompagnerò il lettore nella lettura della *Critica della Ragion Pura*, e di seguito farò una simile operazione per la *Critica del Giudizio*, supponendo che egli voglia prendersi la soddisfazione di leggerle e capirle per intero. Pur procedendo secondo la sequenza del testo kantiano, risparmio di ripetere una volta di più la consueta esposizione scolastica della struttura soprattutto della *Critica della Ragion Pura*, che è disponibile in innumerevoli varianti, tutte simili tra loro: assumo quindi che il lettore sia documentato, da qualsiasi fonte (andrà bene qualsiasi manuale in uso nei licei italiani), innanzitutto sul fatto che ci sono due edizioni della *Critica della Ragion Pura*, A del 1781 e B del 1787, e poi sul fatto quel libro si divide in una prima parte detta Estetica trascendentale, che non parla di ciò che si intende per Estetica nel senso moderno, cioè non parla dei problemi dell'arte e del bello, ma parla della sensibilità nel senso conoscitivo elementare. Poi c'è una seconda parte detta Logica trascendentale, divisa a sua volte in un'Analitica che parla dei concetti di uso oggettivo in rapporto all'esperienza (come quelli di numero e di causa), e in una Dialettica che parla dei concetti idealizzati oltre l'esperienza (come l'anima e l'universo), di cui ci sembra sempre di poter far uso e che invece ci destinano al ripetersi di frustrazioni inevitabili. Assumo infine che il lettore possegga la nozione scolastica che sono da distinguere i giudizi analitici (per esempio, le tautologie della logica), e i giudizi sintetici a posteriori, ricavati dall'esperienza, e che Kant andava in cerca di un terzo tipo di giudizio, quello dei giudizi sintetici a priori, tali che non fossero né tautologie né generalizzazioni induttive dell'esperienza; ma non assumo che il lettore abbia capito come possano essere fatti e dove mai possano trovarsi giudizi di questo genere: la nozione di giudizio sintetico a priori, per dirci qualcosa di utile, è di quelle che richiedono da noi di essere interpretate tenendo conto di quanto è accaduto nei quasi trecento anni che sono passati dai tempi in cui il giovane Kant frequentava le scuole. Per quanto riguarda la *Critica del Giudizio*, assumo che il lettore sappia che quel libro è diviso in due parti, la prima della quali parla del problema dell'estetica nel senso divenuto usuale, quindi della bellezza e dell'arte, e la seconda delle quali parla dei problemi metodologici della biologia; e i due argomenti sono collegati, perché Kant li considera pertinenti l'uno in rapporto all'altro: cosa che al lettore contemporaneo dovrebbe apparire a prima vista inspiegabile e stravagante. La relazione tra questi due problemi è descritta da tutte le esposizioni scolastiche della filosofia di Kant, ma sfido chiunque a comprenderla se non si esce dal linguaggio tecnico di Kant, che invece è proprio ciò che le trattazioni scolastiche non sanno fare.

C'è poi un'altra precondizione di cui tenere conto, ed è che la filosofia di Kant spesso dice esattamente il contrario della fisica speculativa del Novecento. Non parlo delle scienze a cui dobbiamo i trapianti di cuore, la comunicazione mediante gli smartphone, l'invio delle sonde su Marte, il dominio di innumerevoli processi chimici, e tutta la tecnologia che ci circonda: questa scienza procede in modo che potrebbe benissimo essere ancora descritto con i mezzi della filosofia di Kant, se ciò si dimostrasse utile. Parlo della fisica non classica, teoretica, che descrive scenari ai confini della logica consuetudinaria e che mediante essi conosce l'età dell'Universo, la struttura della materia e l'origine del tempo: questa scienza è sempre incompatibile con la filosofia di Kant, che nega in via di principio la possibilità di simili conoscenze, e che dell'universo e del tempo ha un concetto completamente diverso da quello della fisica novecentesca. E allora perché studiare ancora Kant? La motivazione da cui si partirà sarà generalmente storica, e si leggerà Kant pensando che la sua filosofia sia parte di un cammino di sviluppo che ha condotto al nostro presente, e che la sua importanza nel passato e la sua persistenza nella nostra memoria sia una ragione sufficiente per volerlo capire. Quello che accadrà poi, si vedrà: forse ci si convincerà più di prima che l'insegnamento di Kant è superato, forse che una visione più coerente delle cose si ottiene fondendo insieme le due prospettive, la sue e quella della fisica novecentesca, forse di qualcosa'altro ancora. Da questa introduzione il lettore uscirà con le idee più chiare di prima per quanto riguarda il lato di Kant, e probabilmente più curioso di prima di comprendere, ad esempio, perché mai quello più veloce dei due proverbiali gemelli di Einstein dovrebbe invecchiare più tardi: lo studio della fisica non classica e dei suoi metodi sarà un ottimo complemento e contraltare alla filosofia di Kant, a cominciare dalla semplicissima teoria della relatività ristretta di Einstein, la cui comprensione è alla portata di chiunque, e che tuttavia quasi nessuno conosce, dato che chi la conosce di solito non sa né spiegarla né farla capire a nessun altro.

Questa edizione della *Critica della Ragion Pura* ha soltanto una non troppo lunga premessa, con cui trasmettere al lettore l'idea generale del libro, e poi numerosi aiuti alla lettura intercalati al testo. Si ricordi che la complessità di questo libro è tale che difficilmente si può essere soddisfatti da una sola lettura: bisogna ritornarvi più volte. Questo dà luogo anche a una difficoltà particolare nel commentare il testo, perché da un lato bisogna anticipare al lettore certe nozioni senza le quali è impossibile afferrare il senso dei capitoli che si stanno per leggere, dall'altro non bisogna creare confusione pretendendo di anticipare troppo quello che deve essere assimilato un po' alla volta, con riletture.

L'idea centrale della Critica della Ragion Pura

Passiamo ora a formarci un'idea delle tematiche centrali della *Critica della Ragion Pura*, cominciando con una parafrasi molto libera dell'idea centrale del libro. All'opposto del seguito, che servirà al lettore per impadronirsi del testo kantiano di prima mano, quanto si leggerà in queste pagine introduttive non avrà nessun riscontro esatto e letterale nell'espressione di Kant.

Il rapporto di rappresentazione è una nozione primitiva

La nozione di "rappresentazione" delle cose nella coscienza (degli uomini) ha un senso condiviso, e costituisce qualcosa di cui si può parlare perché tutti lo intendiamo. Ha ovviamente un senso per noi come per il tempo di Kant (come punto di partenza, ma anche con l'obiettivo di analizzarla e quindi poi concepirla in modo nuovo). E sta a fondamento di un modo di pensare tipico della mentalità dei tempi moderni, e cioè del principio per cui i problemi filosofici hanno senso se vengono affrontati ponendo l'attenzione sui caratteri di quella relazione con le cose che chiamiamo conoscenza, o, più in genere, rappresentazione. Ciò che è necessario assumere, è solo questo: che l'asserzione per cui gli uomini hanno rappresentazioni, immagini e concetti delle cose, è un'asserzione significativa, e che chiunque legga queste righe istintivamente riconosca che la distinzione e la relazione tra le cose e le loro immagini nella coscienza umana è qualcosa che c'è. Questa distinzione è pacifica per la maggioranza degli uomini moderni (ma non per tutti gli uomini: non per la mentalità infantile o primitiva), mentre è problematica per i filosofi, ma comunque è in questa relazione, e soltanto in questa relazione, vissuta soggettivamente nell'esistenza di ciascuno di noi, che ha realtà il mondo di sensazioni, immagini, concetti e idee che costituisce la comunità di cultura degli uomini.

Rappresentare, sentire, pensare sono le capacità che distinguono la comunità degli uomini rispetto al tutto dell'esistente, preso in genere. Il testo kantiano lo assume, e assume di conseguenza che il rapporto di rappresentazione, di conoscenza e di comunicazione che forma il mondo di cultura degli uomini costituisca una realtà data e inspiegabile per quanto riguarda l'esistenza, ma conoscibile nella sua struttura, e riducibile a una prospettiva in cui essa sia interpretata come qualsiasi altra realtà conosciuta, e quindi sia riducibile a composizione di elementi semplici e costitutivi, così come lo è qualsiasi altro contenuto dell'esperienza. La *Critica della Ragion Pura* è una scienza della struttura del rapporto di rappresentazione, basata sull'idea che per noi uomini le cose siano in relazione con le loro rappresentazioni nella nostra coscienza, ma non siano identiche ad esse.

Che poi la comunità degli esseri capaci di avere rappresentazioni comprenda soltanto gli uomini, o forse per qualche aspetto anche quegli animali con cui gli uomini sono capaci di istituire un qualche rapporto di riconoscimento reciproco nella comunicazione, è un fatto accidentale e in se stesso incomprensibile, come incomprensibile è tutto ciò che riguarda in genere l'evento dell'esistenza. Secondo il concetto che noi ne possediamo, la comunità generale della cultura comprenderebbe qualsiasi realtà esistente nella natura con la quale noi sapessimo istituire il reciproco riconoscimento della comunicazione. Che così avvenga, viene attestato a sufficienza dall'esempio delle proiezioni ingenue dell'immaginazione fiabesca e della letteratura fantastica a proposito della nostra possibile coabitazione con sconosciute specie di esseri razionali nel mondo: fantasie il cui carattere ingenuo risiede nello scambio della mera possibilità con una ragione bastante per l'asserzione della realtà delle cose, ma il cui concetto attesta la necessità di pensare che qualsiasi cosa esistente nel mondo, la quale sapesse porre se stessa in un rapporto di comunicazione con gli uomini, diverrebbe per questo solo fatto un interlocutore.

Fondamento della distinzione tra soggetto e oggetto

Assunto che sia lecito e significativo dire che la coscienza ha rappresentazioni di cose diverse da se stessa, cosa distingue i termini del rapporto, il soggetto e l'oggetto della rappresentazione? Per quanto concerne prima di tutto l'oggetto, la caratteristica generale più facile che noi possiamo attribuirgli (e di fatto siamo abituati a farlo) è quella della *contingenza*: noi sappiamo che l'oggetto della rappresentazione appare alla nostra esperienza in modo contingente, e cioè in un modo che forse è governato da qualche regola inerente all'oggetto stesso, forse è del tutto privo di regola, ma che comunque è indipendente dalla dimensione della soggettività; altrimenti, se la soggettività stessa generasse l'apparizione dei propri oggetti, l'eterogeneità irriducibile di soggetto e oggetto della rappresentazione cesserebbe di essere, perché l'oggetto della rappresentazione sarebbe una produzione del soggetto, a esso subordinata.

Cioè, l'eterogeneità di soggetto e oggetto implica che all'oggetto della rappresentazione noi associamo il carattere della contingenza:

l'oggetto appare alla nostra rappresentazione, e il suo apparire è un fatto, un fatto che per quanto noi sappiamo può sempre anche non verificarsi. Rinunciare a pensare l'oggetto come contingente ci condurrebbe a pagare un prezzo molto alto, che sarebbe quello di non poter fare uso di un concetto importantissimo per l'interpretazione di ciò che ci accade: e cioè il concetto della *sensibilità*. Non è necessario addurre esempi di come accada che noi facciamo riferimento in moltissimi contesti all'idea che ciò che conosciamo abbia la propria fonte in sensazioni e percezioni: e comprendere il termine "sensibilità" consiste proprio nel fatto di sapere e di pensare che le modificazioni della soggettività prodotte dai sensi non abbiano la loro origine nella soggettività stessa, ma anzi siano qualcosa di estraneo, che al soggetto accade di ricevere da parte di qualcosa di estraneo a se stesso.

Così, assumendo la distinzione tra soggetto e oggetto della rappresentazione come elementi eterogenei, implicitamente noi caratterizziamo l'oggetto come una modificazione che la sensazione decide di dare al soggetto: e anzi, come una molteplicità di modificazioni, perché l'oggetto della rappresentazione, che si presenta nella sensibilità, è un insieme indefinitamente vasto e variato di fatti, cose, eventi avvertiti mediante la sensibilità. Cioè, se poniamo attenzione al modo di apparire dell'oggetto nella generalità dei casi e delle esperienze, ci rendiamo conto di due sue caratteristiche: il carattere di indefinita molteplicità di aspetti in cui si presenta e il carattere di contingenza del suo apparire, per cui la percezione delle cose è per noi un accadere, non governato dal soggetto, ma da qualcosa di estraneo rispetto ad esso. Questi due caratteri, molteplicità e contingenza, sono quelli mediante i quali noi distinguiamo l'oggetto come tale, e formano un criterio sufficiente per ogni caso: l'esistenza di tutte le cose che percepiamo e che analizziamo con il pensiero non ha mai necessità né giustificazione; tutto ciò che è fuori di noi, per quanto ne sappiamo, potrebbe non esistere, e noi stessi, per quanto ne sappiamo, potremmo non essere in vita, non avere né coscienza, né immagini e sentimenti.

Del fatto che questa caratterizzazione sia sufficiente, ci rendiamo conto se portiamo in evidenza ciò che distingue come tale non più l'oggetto, ma il soggetto della rappresentazione. Infatti, continuando a porre attenzione soltanto a ciò che è comune nel rapporto di conoscenza nella generalità dei casi, ci riuscirà di trovare anche le caratteristiche che distinguono il soggetto conoscente in quanto tale. Trovare questo però dapprima richiede che ci liberiamo di un pregiudizio che rappresenta un'incoerenza in cui cadiamo molto facilmente. Infatti, se ci chiediamo che cosa definisca e distingua la soggettività come tale, dapprima in genere ci daremo una risposta che suonerà così: la soggettività sono io, è il contenuto della mia mente, i miei pensieri, le mie immaginazioni, i miei sentimenti. Cioè, dapprima ci apparirà ovvio che il soggetto conoscente non consti di altro se non di una molteplicità di stati d'animo, sentimenti, processi immaginativi, attuazioni di ragionamenti, ossia di tutto l'insieme di fatti che siamo soliti chiamare psicologici. Cioè, a prima vista, probabilmente, distingueremmo e definiremmo il soggetto della rappresentazione dicendo che esso è la molteplicità dei fenomeni psicologici. Ma noi stiamo cercando di distinguere la soggettività in rapporto all'oggetto delle sue rappresentazioni, e a questo fine qualsiasi nostra definizione dei fenomeni psicologici non serve e non riesce a darci un criterio univoco. Infatti, qualsiasi nostra nozione degli eventi psicologici si dimostrerà insufficiente per un motivo essenziale, che prescinde affatto dal grado di complessità della nostra conoscenza dei fenomeni psicologici stessi: questo motivo è che i fenomeni psicologici (come ci è suggerito dallo stesso fatto di chiamarli "fenomeni") partecipano del carattere di contingenza di tutto ciò che costituisce la sfera dell'oggetto della rappresentazione: i fenomeni psicologici accadono, cioè al pari dei fenomeni esterni e non psicologici si presentano al soggetto in maniera contingente, non governata da nessuna regola inerente al soggetto stesso.

Si possono invocare molti semplicissimi esempi per illustrare questo fatto. Facciamo un passo indietro, e torniamo a osservare le cose nel caso degli eventi che consideriamo non psicologici: un uomo osserva le cose fuori di se stesso, e sa che tutto quanto percepisce potrebbe cessare di esistere e non essere più percepito. Piove, non piove, il Sole risplende, poi tramonta e risorge; vede esistere la Luna, ma per quanto ne sa potrebbe non esistere, oppure la Terra potrebbe avere molti satelliti e non uno solo: di fronte alla nostra mente tutto ciò può cessare di accadere (un giorno vicino o lontano), o cessare di esistere, e non occorrono scienza e riflessione per conoscere questo carattere di contingenza. Anzi, al contrario scienza e riflessione occorrono semmai per giungere al pensiero dell'eventuale necessità dell'accadere delle cose, cioè delle relazioni con cui i diversi eventi si influenzano e si modificano reciprocamente. Ma non ci interessa per ora che l'apparire delle cose nella sensazione possa essere governato da regole relative, come sono i rapporti causali, per cui sotto certe condizioni possiamo dedurre l'esistenza di cose attualmente non presenti nella percezione sensibile dall'esistenza di altre. Per ora ci interessa solo notare come in qualsiasi circostanza nulla ci possa mai impedire di pensare che accadano fatti nuovi e non conosciuti, oppure di immaginare che i fatti noti accadano in modo diverso dai modi soliti, oppure, per quanto inaspettatamente, che cessino di accadere (prescindendo dal fatto che pensiamo anche che se le cose accadono in modo diverso, allora a motivo del cambiamento ci deve essere una qualche causa). Notate che le cose potrebbero stare altrimenti: l'universo potrebbe essere una macchina rigidamente determinata, una sequenza di eventi in teoria calcolabile in ogni dettaglio (e soltanto incalcolabile dalla limitata potenza mentale umana), secondo un'ipotesi cara alla cultura del Settecento. Ma questa è un ipotesi formulata con un'elaborazione razionale: la realtà immediata del soggetto umano è che, per quanto egli ne sa, tutto ciò che esiste nelle sue rappresentazioni potrebbe non esserci, e quindi è contingente.

L'analisi di Kant si fonda sul dato di fatto di questa contingenza, e non sull'ipotesi dell'universo-macchina che potrebbe estinguerla (e che era un cavallo di battaglia del razionalismo dell'età moderna). Questo carattere di contingenza, che attribuiamo a tutto ciò che ci si presenta nella percezione sensibile in genere, corrisponde all'eterogeneità originaria dell'oggetto rispetto al soggetto nella rappresentazione: l'oggetto non è parte della soggettività rappresentante, ma le si presenta dal di fuori. Fuori di noi sono tutte le cose che in questo momento vediamo, sentiamo, tocchiamo.

Ma se ora consideriamo gli eventi psicologici, vediamo che la cosa sta esattamente negli stessi termini: in un uomo accade una successione di stati d'animo, si avvicendano i suoi sentimenti e i suoi atti psichici; ora è euforico, ora è annoiato; ora la sua attenzione è attratta da una cosa, ora da un'altra; per un certo tempo è capace di concentrarsi su un pensiero impegnativo, successivamente sente il bisogno di lasciarsi andare a riposanti e facili fantasie. Anche questi fatti sono governati da regole relative, per cui in molti casi una persona può sapere che a determinati eventi psichici ne seguiranno altri (e lo possono sapere anche gli altri, quando ci conoscono bene); ma, come per le cose esterne, anche nel caso dei fatti interiori è sempre lecito attendersi che essi possano accadere in modo nuovo e inaspettato, oppure che possano cessare di accadere. Dunque, anche i fatti interiori dell'animo sono costituiti da una molteplicità di aspetti la quale si presenta in modo contingente alla soggettività che li percepisce e poi ne pensa qualcosa. Ma allora, se il soggetto come soggetto conoscente non governa il loro apparire, i fatti psicologici contingenti devono essere rappresentazioni, o meglio, essere oggetti di rappresentazione allo stesso titolo delle cose non appartenenti alla sfera del psicologico. Dunque, l'oggetto della rappresentazione si potrà magari dire "interno" (psicologico) oppure "esterno", ma comunque sarà eterogeneo rispetto al soggetto; e il soggetto, di conseguenza, non si potrà identificare con l'insieme degli eventi psicologici. Nel testo kantiano, questa idea è capitale e ricorrente: ogni volta che l'osservazione è pertinente con l'argomento trattato, Kant ripete che il soggetto "empirico", il soggetto vivente e reale, è un fenomeno per se stesso tanto quanto le cose esterne; e che il soggetto non conosce se stesso in modo immediato e assoluto, ma conosce per esperienza i propri eventi e le loro relazioni, attraverso la sensibilità per i propri fenomeni, che Kant chiama il "senso interno".

Per il momento non è necessario, e sarebbe prematuro, identificare che cosa possa distinguere con precisione di termini questo "interno" rispetto all'"esterno" nell'ambito della rappresentazione (vedremo esattamente però che Kant ha un criterio univoco per andare oltre le metafore dell'"interno" e dell'"esterno"). Ci basta per ora poter far uso della distinzione tra la sfera del psicologico, o interno, e del non psicologico, o esterno, concepiti come specie dell'unico genere dell'oggetto dalla rappresentazione. Usiamo questa distinzione semplicemente così come essa ci è nota nel significato ordinario dei termini (per cui ciascuno sa che un sentimento dentro di sé e un oggetto solido davanti ai suoi occhi sono cose di specie diversa), appunto perché ci interessa soltanto l'eguale e comune carattere di contingenza, il quale ci impone di mettere i fenomeni psichici all'interno della sfera dell'oggetto.

Escluso che il soggetto della rappresentazione si possa identificare con l'insieme degli eventi psicologici, sembra ora che non ci resti in mano nessuna nozione delle caratteristiche del soggetto. Il soggetto rimane concepito soltanto come un qualcosa di originario, opposto e irriducibile all'oggetto della propria rappresentazione, dalla quale viene modificato: la distinzione a prima vista sembra non analizzabile, sembra destinata a essere accettata così come ci si presenta, come una consuetudine. E invece non siamo rimasti privi di risorse per scoprire che cosa distingua e caratterizzi in positivo il soggetto della rappresentazione come tale. Cominciamo con l'osservare che nei casi e negli esempi particolari la contingenza dell'oggetto nella rappresentazione è accertabile con un metodo che sembra quasi una regola applicabile in modo meccanico: infatti, sapere che qualcosa si è dato in modo contingente alla sensibilità significa avere la capacità di immaginarne la soppressione nella rappresentazione, o anche di immaginare la ricomposizione (secondo un qualsiasi criterio d'ordine) delle cose rappresentate. Nell'attività del pensare, noi immaginiamo a piacere di sopprimere l'esistenza delle cose che ci sono note, oppure immaginiamo di generare l'esistenza di cose che non ci sono. Possiamo immaginare che il Sole si spenga, o che la Terra abbia tre Lune, possiamo immaginare animali favolosi componendoli fantasiosamente con organi che abbiamo osservato nei pesci, negli uccelli e nei mammiferi, possiamo raffigurarci pianeti che non esistono, possiamo progettare cose che non esistono ma che potremmo costruire, e infinite altre cose "esterne"; lo stesso accade per le cose "interne": possiamo immaginare e ricomporre anche i nostri stati d'animo, e per esempio pensare che in passato abbiamo investito troppo coinvolgimento emotivo in qualcosa che non lo meritava, oppure siamo stati noncuranti di qualcosa a cui avremmo dovuto invece dedicarci con maggiore attenzione e concentrazione. Nel fare questo, sappiamo bene che non stiamo modificando la realtà delle cose, ma sappiamo anche che la necessità di rappresentare le cose nei rapporti in cui ci si presentano nella sensazione e nella percezione, o nei rapporti in cui le cose usano trovarsi nelle conoscenze che abbiamo di esse, non è assoluta, perché appunto possiamo generare da noi stessi rappresentazioni in cui quei rapporti sono modificati, immaginando. L'immaginazione non è limitata a riprodurre ciò che ricorda, ma è anche capace di produrre rappresentazioni mai percepite.

Il soggetto ha dunque la capacità di generare rappresentazioni mediante i fenomeni della propria immaginazione. E nel fare questo il soggetto non governa per nulla la sensazione, che continua a generare rappresentazioni secondo modalità a lui ignote ed estranee, ma in un certo senso sembra che governi se stesso, potendo dentro se stesso riprodurre e riordinare le sensazioni e immaginare situazioni e cose nuove tramite questa attività. Ora, la capacità di immaginare non basta ancora a definire il soggetto come tale, perché i prodotti dell'immaginazione appartengono a loro volta all'insieme dei fenomeni psicologici contingenti, e in quanto tali non possiamo considerarli altrimenti che come un sottoinsieme del complesso degli oggetti della rappresentazione. Il fatto che la mia immaginazione sia in attività e generi rappresentazioni, in quanto fatto è un fenomeno psicologico, che avviene in modo contingente. Però, a parte la sua natura di evento psicologico contingente, bisogna ora introdurre la considerazione che l'attività riproduttiva e immaginativa del soggetto non è completamente arbitraria rispetto al modo in cui avviene, anche se è assolutamente libera rispetto alla realtà delle sensazioni. Il modo in cui l'attività immaginativa avviene è vincolato da regole per cui le cose date alla sensibilità si possono sì ricomporre nella rappresentazione generata dall'immaginazione, ma sempre secondo un qualche ordine e un qualche criterio dei rapporti che vengono immaginati e posti nella rappresentazione delle cose. Cioè, l'attività riproduttiva dell'immaginazione non è vincolata all'esistenza delle cose nella percezione attuale, però è vincolata da tutto l'insieme delle regole a cui noi riconosciamo un carattere logico o matematico (intendendo questi termini nel senso più lato); cioè, è vincolata da tutti i diversi tipi di ordine, di reciproca posizione e relazione, nei quali il pensiero è capace di disporre liberamente i contenuti sensibili ricevuti. Possiamo invertire arbitrariamente l'ordine temporale degli eventi, ma mai immaginare eventi che siano fuori del tempo, cioè che non siano o passati o futuri. Possiamo immaginare di collocare le cose dove non sono e di deformarle a piacere, ma non immaginarle fuori dello spazio e prive di forma geometrica. Possiamo moltiplicare nell'immaginazione le cose che abbiamo, ma mai violare le regole dell'aritmetica; se siamo poveri e immaginiamo di essere ricchi, il patrimonio immaginario che ci creiamo corrisponderà a una quantità multipla sì arbitraria del patrimonio reale che riscontriamo di avere nell'esperienza, ma la relazione quantitativa tra le due rappresentazioni non può non esserci. Se sogno a occhi aperti di essere ricco, sogno di avere più di quanto ho nella realtà, e non c'è limite al quanto, ma non posso togliere il "più", la dimensione quantitativa. Se la togliessi, il sogno perderebbe ogni significato, o ne assumerebbe uno completamente diverso. E così via.

Qui per pensiero va intesa, in senso estremamente lato, qualsiasi attività psicologica nella quale (con l'immaginazione) il soggetto effettui ricomposizioni del contenuto materiale delle proprie sensazioni e percezioni. Quindi intendo le attività che spaziano dalla fantasia priva di regola al ragionamento logico più rigoroso; e questo avviene per un motivo sostanziale: cioè, per il motivo che qualsiasi pensiero, di ogni specie, anche completamente fantastico, è vincolato da regole di carattere logico e matematico che gli sono inviolabili. Può darsi che a prima vista questa asserzione sia difficile da accettare, perché si le può obiettare che la scienza è sì vincolata da regole logiche, ma al contrario finché mi limito a inventare favole, posso inventare proprio tutto, e non sono legato da nessuna regola. In fondo, l'idea tradizionale della fantasia è proprio questa. Ma le cose non stanno così: in realtà, è vero che la libertà della fantasia può far accadere le cose in modo da soddisfare desideri consci e inconsci senza nessun limite, ma è anche vero che il contesto geometrico, temporale e logico delle produzioni dell'immaginazione resta vincolato dalle stesse regole che vincolano il pensiero non fantastico. Ciò che la fantasia può violare sono le relazioni reali tra le cose che abbiamo appreso dall'esperienza, non le relazioni formali logiche e matematiche. Supponiamo che ci sia gente che ha fame. Il pensiero non fantastico dice: bisogna mettere in atto mezzi razionali per trovare risorse alimentari. Il pensiero fantastico invece si immagina che venga un'entità aerea e porti in dono quanto desiderato, il pane e companatico portato da angeli e demoni nelle favole. La soluzione fantastica sembra completamente arbitraria rispetto all'altra, e invece è vincolata a un quadro di fondo che è comune con la soluzione non fantastica. Prima di tutto per la sequenza temporale: devono esserci prima il problema, poi la soluzione, perché invertendo la sequenza la storia diverrebbe un'altra, sensata o meno. Poi la geometria: il nume che dona il cibo deve portarlo dove sono quelli che ne hanno bisogno, non da un'altra parte del mondo. Poi la quantità: il cibo deve bastare, oppure il bisogno di esso deve ridursi negli affamati (l'immaginazione fantastica se vuole può risolvere così il problema), ma una corrispondenza tra la quantità desiderata e quella disponibile deve essere tenuta in conto perché la favola abbia senso. Notate che l'immaginazione sa da sempre di dover aggiungere invenzioni alle invenzioni per conservare una certa consistenza. La fantasia ha espedienti tipici proprio in rapporto a questo, e spesso i bambini sono maestri in stratagemmi utili a consolidare le soluzioni fantastiche ai loro desideri. Per fare un esempio tra gli innumerevoli che si possono trovare del genere, nel *Filottete* di Sofocle Neottolemo narra di avere attraversato il mare Egeo in due giorni per onorare le spoglie del padre Achille; e poiché una tale velocità era inverosimile al tempo di Sofocle, la tragedia si preoccupa di specificare che essa fu possibile grazie al lavoro particolarmente solerte dei rematori, οὐρίῳ πλάτῃ, "con buon remare". In questo caso, l'immaginazione interviene aggiungendo questa precisazione per giustificare la possibilità che Neottolemo abbia onorato in tempo le spoglie di Achille, richiesta dalla trama, ma appunto deve intervenire perché l'obiezione riguardo alla troppo grande distanza da percorrere da parte del personaggio sarebbe venuta in mente allo spettatore. E qui si vede, come in infiniti altri casi, la componente di coerenza matematica e logica nei rapporti tra le cose (non riguardo all'esistenza delle cose) che la fantasia condivide per forza con il pensiero non fantastico, contro la prima apparenza.

È considerando questo complesso di regole formali che vincola ogni pensiero che diveniamo in grado di dire che cosa caratterizza come tale il soggetto della rappresentazione. Cioè, semplicemente e proprio nell'inviolabilità della cornice logica e matematica delle attività immaginative è implicito ciò che caratterizza il soggetto come tale. Se ciò che appartiene all'oggetto, eterogeneo rispetto al soggetto rappresentante, è sempre caratterizzato dalla contingenza del suo apparire e può essere comunque soppresso da parte del soggetto (non nell'apparire della sensazione, ma nell'elaborazione immaginativa della rappresentazione da essa prodotta), di contro ciò che appartiene esclusivamente al soggetto, come sua caratteristica, coincide con ciò che non può mai essere soppresso nella riproduzione delle rappresentazioni operata dal soggetto stesso: perché il soggetto rappresentante esercitando la propria attività non potrà mai sopprimere quello che è il proprio modo di essere e di rappresentare.

Dunque, il soggetto è definito come soggetto dal fatto di modificare le proprie rappresentazioni di oggetti mediante un insieme di modi di rappresentare, che in quanto modi di rappresentare non possono essere alterati nell'attività immaginativa: essi sono la maniera con cui il pensiero altera ed elabora la rappresentazione degli oggetti percepiti, ma in se stessi non sono passibili della stessa elaborazione. Questo insieme di modi di rappresentare, che concepiamo come appartenenti al soggetto rappresentante e non all'oggetto rappresentato, nel seguito si chiamerà sempre la *strutturazione logica* del rappresentare. Questa strutturazione logica (termine non di Kant, ma che useremo noi per spiegare Kant) è l'insieme di aspetti formali che coincide con l'insieme delle regole e delle modalità che limitano l'arbitrio del soggetto allorché modifica nell'immaginazione la rappresentazione di ciò che gli è dato sensibilmente. In concreto, ciò che conosciamo di questa strutturazione logica coincide con tutto l'insieme delle nostre conoscenze di carattere logico e matematico, ed è un sapere che cresce su se stesso e si modifica nel tempo, come ogni altro sapere.

Questa nozione della strutturazione logica della rappresentazione è ciò che ci consente di distinguere la soggettività come tale. Ma va notato che tale nozione della strutturazione logica è stata ricavata introducendo un ulteriore assunto: che si possa considerare struttura formale del soggetto e del rapporto di rappresentazione tutto l'insieme dei caratteri di questo rapporto che l'elaborazione del pensiero immaginante riconosce come necessari proprio per il fatto che non ha il potere di modificarli o sopprimerli. "Logico" è ciò da cui il pensiero non può uscire, è il limite che l'immaginazione non può violare perché non è in grado di rappresentarsi la sua rottura: vedremo tra breve come in questo principio sia implicita una prospettiva sul pensiero logico che non coincide con quella più solita e ovvia.

Così, tutto ciò che si presenta nella sensazione (indifferentemente interna ed esterna) costituisce l'elemento materiale della rappresentazione e il versante dell'oggetto, perché il pensiero può sempre legittimamente immaginarne la non esistenza. Viceversa, appartiene al soggetto tutto ciò che costituisce un vincolo imprescindibile all'atto del pensare. Così, la struttura formale di qualsiasi principio logico, per esempio del principio di non contraddizione, deve essere considerata appartenente alla struttura formale del rapporto di rappresentazione, e di conseguenza appartenente al soggetto, perché il pensiero non può formulare un giudizio contraddittorio, e assumendo consapevolezza del carattere della contraddittorietà non essere immediatamente e necessariamente certo dell'inammissibilità di un tale giudizio. Una persona può benissimo dire le parole "in questo momento sono a Roma e non sono a Roma", ma se le parole per costui hanno un senso, egli non può fare a meno di sapere che sta emettendo un asserto necessariamente falso.

Possiamo dire che la strutturazione logica è da noi conosciuta nel complesso delle nostre conoscenze di carattere logico e matematico, purché questi termini non si intendano in un senso troppo letterale, e cioè non si intendano nel senso che hanno quando sono impiegati come concetti della divisione convenzionale degli ambiti scientifici (o addirittura degli ordinamenti scolastici). Ogni volta che noi ci rendiamo conto del fatto che rapporti formali tra cose hanno certe proprietà indipendenti dai contenuti che possiamo mettere in questi rapporti, allora noi otteniamo una conoscenza logico-matematica (in senso lato), e quindi una conoscenza che ci rende consapevoli di qualcosa di pertinente alla strutturazione logica della rappresentazione. In questa specie di conoscenze bisogna considerare incluse tutte le esperienze in cui in qualche modo si apprenda la distinzione tra una forma e un contenuto: anche, per esempio, la consapevolezza dell'elemento formale che un bambino può acquisire nei giochi in cui si modellano la sabbia o altri materiali per mezzo di stampi, e quindi si apprende che si possono produrre esemplari identici (per la forma) di una stessa materia. Osservo questo perché ciò che la *Critica della Ragion Pura* descrive è il pensiero come esperienza umana assolutamente in genere, identica in qualità a prescindere dalla generalità e complessità delle conoscenze di cui si dispone. Non si limita agli ambiti scientifici che usiamo considerare tali, o al tipo di rapporto tecnico-scientifico con la natura che come uomini moderni incliniamo non solo a considerare caratteristico del nostro tempo, ma anche a sovraccaricare di significati e di valori.

Il carattere della soggettività è la strutturazione logica

A questo punto il quesito riguardo al carattere distintivo della soggettività ha ricevuto una risposta che si può riassumere in una formula: ciò che appartiene necessariamente alla rappresentazione, ossia ciò a cui siamo costretti a riconoscere un carattere di inderogabile e insopprimibile necessità, è inerente al soggetto e non all'oggetto della rappresentazione stessa, perché l'oggetto è oggetto in quanto è contingente, mentre ciò che fa necessariamente parte della rappresentazione inerisce al soggetto come suo modo di essere, dal quale modo di essere il soggetto stesso non è né può essere in grado di affrancarsi. E pertanto ciò che definisce il soggetto come tale è il fatto di saper rappresentare secondo una *strutturazione logica*.

Così ci siamo lasciati alle spalle l'inutilizzabile (seppure naturale) convinzione da cui eravamo partiti: che la soggettività fosse identificabile con il complesso dei fenomeni psicologici. Convinzione che, a parte la difficoltà di definire i fenomeni psicologici o "interni" rispetto al complesso dei fenomeni in genere, ci porta al paradosso di concepire la soggettività mediante qualcosa che è invece oggetto delle sue percezioni: cioè, mediante i fenomeni dell'animo umano, che sono oggetto dei nostri pensieri al pari dei fenomeni delle cose fuori di noi, e che al pari di questi appaiono in modo contingente al nostro sentire.

Dal punto di vista testuale, il criterio dell'impossibilità di sopprimere certi caratteri per individuare ciò che è formale nella rappresentazione pervade il testo kantiano, ma Kant non sente il bisogno di introdurre esplicitamente il suo lettore a quest'idea, bensì la usa (sin dall'inizio) sembrandogli ovviamente chiara. Il primo accenno al criterio lo troveremo nel testo della Introduzione alla seconda edizione della *Critica della Ragion Pura*, a pagina B 5: "se sottraete a poco a poco dal vostro concetto empirico d'un corpo tutto ciò che vi è di empirico, il colore, la durezza, la mollezza, la pesantezza e la stessa impenetrabilità, resta tuttavia lo spazio che il corpo (che ora è del tutto svanito) occupava, e che non può essere soppresso", e poi, nel testo comune alle due edizioni, dove tratta specificamente dello spazio e del tempo: "Non si può mai formare la rappresentazione che non vi sia spazio, sebbene si possa benissimo pensare che in esso non si trovi nessun oggetto" (A 24 e B 38). Poi, il criterio dell'impossibilità di sopprimere la forma logico-matematica della rappresentazione ricorre usualmente, sia nelle argomentazioni in positivo riguardo al pensiero intellettuale in rapporto all'esperienza, sia nelle argomentazioni in negativo riguardo alle idealizzazioni della ragione.

L'oggetto è ciò che è contingente

La nozione della strutturazione logica richiede una precisazione ulteriore, e un po' di insistenza, perché il ragionamento mediante cui l'abbiamo ricavata ce la fa intendere in modo inusuale, in una prospettiva che rovescia quella più abitudinaria e immediata.

Noi abbiamo determinato il nostro concetto della strutturazione logica cominciando con l'osservare che la soggettività ha rappresentazione di fatti che accadono, fatti i quali nel loro accadere non sono sotto il suo controllo, fatti che non sono sue produzioni. Ciò che essa percepisce, lo percepisce senza che sappia perché i dati sensibili le si presentino. E anche quando le percezioni sono reciprocamente correlate secondo regole, come avviene per esempio nei rapporti causali, le cose che consideriamo effetti di altre ci appaiono giustificate, ma quelle che costituiscono il motivo e la condizione dell'esistenza di altre (come appunto le cause per gli effetti nei rapporti causali) sono pensate comunque come dotate di quel carattere di contingenza che appartiene a tutte le percezioni anteriormente alla comprensione della relazione causale. Il fatto che le percezioni possano essere pensate nella necessità relativa delle loro correlazioni (come nel rapporto causale) non elimina il carattere di contingenza che appartiene al loro complesso. Cioè, semplicemente, se qualsiasi ordine di fenomeni costituisce un complesso di relazioni (causali), il motivo per cui ne esista il complesso nella sua interezza non è cosa che si lasci comprendere mediante la relazione (causale), ed è quindi un fatto sempre pensabile e pensato come contingente. E anche alla loro idea del complesso assoluto delle cose, dell'universo, gli uomini sono sempre stati capaci di attribuire lo stesso carattere di contingenza che attribuiscono alle percezioni più piccole e più isolate, sapendolo concepire (almeno dubitativamente) come produzione di atto arbitrario del fato o della mente divina creatrice: cioè, l'universo come lo conosciamo, esiste necessariamente, o no?

La consapevolezza della contingenza della realtà di ogni oggetto della rappresentazione è testimoniata dai ragionamenti che facciamo tutti almeno una volta nella vita, e che si fanno con ingenua spontaneità. Cioè, dai ragionamenti di questo genere: noi possiamo persino proporci di costruire un complesso di conoscenze nel quale tutto ciò che è, tutto il mondo, sia pensato come posto in relazione in ogni sua parte da rapporti a noi comprensibili, e nel quale tutto si lasci comprendere come conseguenza di un principio, di qualcosa di semplice ed elementare, Cioè, noi, se vogliamo, abbiamo la capacità di concepire l'Universo Macchina, nel cui ingranaggio ogni evento sarebbe giustificato dai precedenti, e nel quale non ci sarebbero più né contingenza né caso. Ma, anche concependolo in questo modo, per quale motivo il mondo ci sia, e perché esista in un certo modo e in certi rapporti, questo non si può progettare di conoscere. Quindi anche il mondo intero concepito come completo svolgimento deterministico di eventi, secondo un principio unico e comune a ogni trasformazione, è comunque concepito come contingente se è pensato nel suo complesso. La qualità logica di questo carattere di contingenza è la stessa qualità del carattere di contingenza che attribuiamo all'immediata esperienza del semplice percepire le cose, all'esperienza degli eventi percepiti e ancora non pensati in alcuna relazione reciproca, perché la contingenza è appunto la qualità di ciò che ci appare come oggetto, che non è parte di noi (non importa se si tratti di oggetto immediatamente percepito, oppure di oggetto pensato in un processo di riflessione più articolato e più consapevole compiuto successivamente alla percezione).

In conseguenza della nostra consapevolezza della contingenza di ogni contenuto della percezione, tutto ciò che accade può essere soppresso nella rappresentazione mediante operazioni dell'immaginazione. E questo costituisce semplicemente un fatto: di fatto, di tutto quanto accade noi possiamo creare la rappresentazione immaginaria che non accada. Noi abbiamo esperienza della libertà della nostra immaginazione fantastica nel sopprimere o nel creare la rappresentazione di qualsiasi realtà delle cose. È vero che questa libertà fa sempre uso di contenuti percettivi ricevuti. Cioè, è vero che si può creare la rappresentazione di cose mai viste solo componendo cose viste, mentre al contrario non si può creare la rappresentazione degli elementi e dei materiali costituenti di ciò che ci rappresentiamo. Di modo che, per esempio, possiamo creare la rappresentazione di animali di forma e colore che non esistono in natura, ma non possiamo creare con la fantasia la rappresentazione di un colore che non rientra nello spettro cromatico visibile; e per i ciechi nati i colori non hanno alcun significato. Per parlare con precisione di termini, diciamo che non è possibile creare liberamente la qualità della percezione, mentre si può modificare la rappresentazione delle cose mettendole in rapporti diversi da quelli dati dalla loro percezione.

Di contro alla capacità della soggettività di creare o sopprimere la rappresentazione della realtà percettiva per mezzo dell'immaginazione, vi sono aspetti del nostro rappresentare che non possono essere eliminati dalle rappresentazioni che noi costruiamo mediante l'atto dell'immaginazione, che opera libere riproduzioni e ricomposizioni dei materiali percettivi. Questo costituisce la parte formale del nostro rappresentare, la quale ci si rende nota quando facciamo esperienza della vincolante necessità di qualcosa che appartiene alla nostra caratteristica maniera di pensare. Per esempio (riprendendo l'esempio già utilizzato), possiamo formarci un concetto della cessazione di ogni nostro rappresentare, ma non possiamo formarci una rappresentazione nella quale qualcosa di contraddittorio sia pensato come vero oppure come esistente.

È mediante esperienze molto comuni che noi ci rendiamo conto della necessità nella parte formale della rappresentazione: noi possiamo immaginare di disporre dove e come vogliamo le qualità percettive che costituiscono il contenuto della rappresentazione, ma questo libero immaginare è costretto da regole rispetto alle quali la libertà dell'immaginazione non può nulla. Così per esempio, si può riempire la stanza in cui ci si trova di oggetti che non hanno realtà, si possono far entrare questi oggetti facendo loro attraversare le pareti, ma non si può immaginare che essi abbiano un volume maggiore di quello della stanza. Questo possiamo solo dirlo con le parole, ma mentre lo diciamo ci rendiamo conto che nessuna esperienza potrebbe mai corrispondere alla situazione immaginata, mentre in via teorica ogni situazione immaginaria matematicamente ammissibile potrebbe presentarsi un giorno alla percezione: nulla ci impedisce di raffigurarci che un giorno entrino davvero nella nostra stanza l'unicorno che affascinava i medievali o l'astronave degli alieni. Se invece agli oggetti si attribuisce un volume maggiore di quello della stanza, si può immaginare che essi entrino rimpicciolendosi, oppure che la stanza si dilati per accoglierli, ma non che la stanza li contenga senza che avvenga una di queste due trasformazioni. Cioè, possiamo trasformare a piacere la realtà delle cose quanto all'esistenza, ma non possiamo fare lo stesso riguardo (per esempio) ai rapporti matematici tra le loro dimensioni.

E così, è un'esperienza molto comune quella di giudicare assurde e inammissibili determinate rappresentazioni, e quindi dell'incapacità di rappresentarne la possibilità. Nel suo rapporto con la natura e con le cose l'uomo si regola sul fatto di possedere un'intima convinzione dell'impossibilità di forzare i rapporti formali tra le cose. Quale che sia il contesto culturale, quali che siano le convinzioni e le rappresentazioni di una data cultura riguardo alla struttura generale del mondo, l'uomo che opera da tecnico, che agisce pensando per conservare la vita, ha sempre consapevolezza della necessità di determinati canoni di logica e non è disposto a transigere rispetto ad essi. E dunque, in lui opera una coscienza della necessità delle forme del rappresentare. Riflettendo sull'esperienza di tale necessità, qui con Kant ne ricaviamo l'ulteriore conclusione per cui gli aspetti necessari del nostro rappresentare non sono dati alla rappresentazione allo stesso titolo degli oggetti che appaiono nella nostra percezione: e quindi ne ricaviamo che gli aspetti necessari del rappresentare debbano inerire a noi, come modo di essere della nostra soggettività. Siamo noi in possesso di conoscenze concrete, già sviluppate e pronte per l'uso, degli aspetti necessari del nostro rappresentare? Certamente: queste conoscenze le abbiamo in tutti i nostri abituali schemi di ragionamento che abbiano carattere formalmente logico, inferenziale e matematico. A tutto questo insieme di rappresentazioni di carattere formale ci riferiamo, per capire Kant, mediante il termine generale di *strutturazione logica* della rappresentazione. Al contrario, ciò che possiamo sopprimere nella rappresentazione, lo interpretiamo come realtà dell'oggetto, il quale ci appare in modo contingente e non si lascia risolvere nella soggettività. L'oggetto è ciò che non può trovare nella strutturazione logica il motivo o il fondamento o la giustificazione della propria esistenza nella realtà percettiva.

È importante insistere sul fatto che quanto detto non riguarda solo il mondo moderno e l'atteggiamento della scienza moderna, come si potrebbe credere a prima vista, e come suggerisce la vulgata riguardo alla filosofia di Kant, ma riguarda l'esperienza umana in genere.

L'uomo pensante, assolutamente in genere, ha sempre un rapporto (almeno ingenuamente) scientifico e tecnico con le cose regolato dalla necessità della strutturazione logica. Quest'asserzione si scontra con una certa forma mentale tipica dei nostri tempi, per cui si usa credere che il modo tecnico di guardare le cose sia una caratteristica di determinate culture, e segnatamente dell'uomo europeo moderno, piuttosto che dell'uomo in genere. E a sua volta questo atteggiamento nasce dall'istanza universalistica di riconoscere come culture in quanto tali tutte le svariate espressioni dello spirito umano che incontriamo nello spazio e nel tempo; e appartiene a un insieme di convinzioni che si sono fatte strada nei nostri tempi anche al fine di riparare, o almeno di seppellire, il ricordo degli enormi torti e sopraffazioni che l'umanità europea ha inflitto alle culture diverse dalla propria nel passato recente. Ma in se stesso, l'atteggiamento che non riconosce l'esistenza di un modo di pensare logico matematico, e quindi anche tecnico, universale e comune a qualsiasi umanità urta contro l'esperienza: l'uomo può avere qualsiasi stile di vita e qualsiasi convinzione riguardo alla struttura generale delle cose, può professare qualsiasi filosofia attraverso i sistemi simbolici che si costruisce per tollerare l'onere della vita, ma in determinati ambiti della propria esistenza muove le mani guidato da una coscienza di necessità logica che è sempre identica. L'uomo che si costruisce un riparo dalle intemperie dispone secondo le leggi della statica i materiali che ha a disposizione: e nel far questo è sempre un fisico e un geometra, per quanto rudimentale. L'uomo primitivo può avere una concezione del tempo limitata e circolare, piena di simbolismi e povera di astrazione, ma quando cuoce una pietanza e bada a non cuocerla troppo per non bruciarla, allora misura il tempo, e perciò ha la stessa rappresentazione del tempo che ha un tecnico moderno che controlla la durata di un processo. L'uomo può decidere di realizzare un obiettivo tecnicamente possibile, oppure di non regolarsi tecnicamente su determinate questioni: e qui vengono a distinguersi le diverse culture, e vengono in conflitto i diversi sistemi di valori. Certe culture affrontano determinati problemi con pragmatismo tecnico, altre si affidano al fato. Ma quando lo scopo è quello di realizzare qualcosa di precisamente determinato nello spazio e nel tempo, costruire un riparo, procurare del nutrimento, l'uomo è uomo perché lo sa fare tenendo conto dei rapporti tra le cose nello spazio e delle durate dei fenomeni nel tempo lineare: e noi lo riconosciamo uomo per questo motivo, perché sa concepire l'esperienza in termini logici e matematici, e da questo suo saper pensare deriva la sua capacità tecnica e di modificazione delle cose materiali. Ammettere questa identità, generale e non storica, degli uomini nella forma del loro rapporto logico e tecnico con la natura non costituisce un'ipoteca rispetto al modo di giudicare le differenze delle culture umane: la molteplicità dei modi in cui gli uomini danno senso al mondo e all'esistenza costituisce tutto un altro ordine di problemi.

Cogenza della strutturazione logica: non possiamo contraddirci, nemmeno volendolo

Insisto ancora sul problema: in che senso non possiamo sopprimere le regole formali logiche e matematiche dal nostro immaginare e rappresentare? Da un lato, dovrebbe essere semplice accettare questa constatazione se facciamo riferimento all'esempio elementare accennato poco sopra: se uno è povero e immagina di essere diventato ricco, il numero che rappresenta la consistenza del patrimonio immaginario deve essere maggiore del numero che rappresenta il patrimonio reale, e ciò che è impossibile eliminare dalla rappresentazione è precisamente l'aspetto matematico, cioè formale, di questa relazione quantitativa: senza questa relazione, le parole della frase "mi immagino di essere diventato ricco" non comporrebbero una proposizione sensata. Tuttavia, il lettore potrebbe obiettare così: io posso sragionare, fare calcoli sbagliati, contraddirmi, fare deduzioni arbitrarie che non concludono: che fine fa la necessità in questo caso? A prima vista, anche l'aspetto formale, logico e matematico, dell'attività mentale sembra da un lato soggetto a contingenza: è contingente che io dica cose ben ragionate, ed è altrettanto possibile, e contingente, che io commetta errori logici ed errori di calcolo. Per rispondere a questa legittima obiezione ci serve ora una precisazione puntigliosa del carattere logico e di quello psicologico del principio logico che siamo abituati a considerare il più elementare e generale di tutti, cioè del principio che proibisce la contraddizione.

Dal punto di vista logico, spesso si commette l'imprecisione di connettere il concetto di contraddizione con considerazioni temporali, quando invece la contraddizione riguarda unicamente le operazioni elementari di attribuzione di una cosa a uno o a un altro insieme. La contraddizione consiste nel dire proposizioni incompatibili, mutuamente esclusive, correlate con la congiunzione "*e*", che vuol significare che le asserzioni sono entrambe vere. Quando diciamo "A è B *e* A non è B" non serve aggiungere "nello stesso tempo" perché vi sia contraddizione. Si aggiunge il riferimento al tempo perché si sa che una qualsiasi cosa A può essere B in un dato tempo ed essere non più B in un altro tempo, ma in questo caso il discorso diventa più articolato; la contraddizione è più semplice di questo. Basta fare qualche esempio matematico elementare per rendersi conto che il tempo non è in questione: l'espressione "questo triangolo è equilatero *e* questo triangolo è rettangolo", è contraddittoria perché per il teorema di Pitagora sappiamo che i triangoli rettangoli non possono essere equilateri: e ciò non ha alcuna relazione con la dimensione del tempo. L'espressione "2+2=4 *e* 2+2=5" è contraddittoria perché il problema "2+2" ha una sola soluzione, a meno che non si concepisca una matematica nuova; anche qui il tempo non è in questione.

La contraddizione quindi è un giudizio che viola alcune regole elementari dell'attribuzione di un'entità qualsiasi a due insiemi. Se rappresentiamo le cose graficamente, oltre che in parole, si vede che abbiamo quattro modi in cui due insiemi possono essere in relazione:

- essi possono essere interamente compresi l'uno nell'altro, come quando diciamo "tutti gli uomini sono mammiferi":

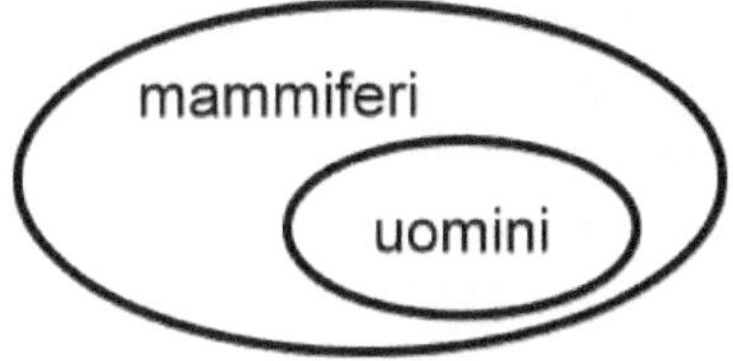

- possono essere interamente coincidenti, come quando diciamo "tutti gli ornitorinchi hanno il becco e nessun altro mammifero ha il becco". In questo caso stesso insieme è descritto per due strade diverse:

- possono avere un'intersezione, come quando diciamo "qualche mammifero è capace di volare (i pipistrelli) e qualche animale volante non è mammifero (uccelli, insetti)":

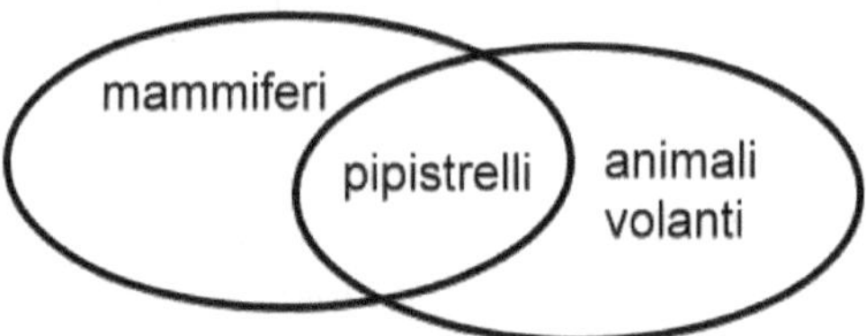

- possono essere completamente esterni l'uno all'altro, come quando diciamo "nessun uccello sa scrivere":

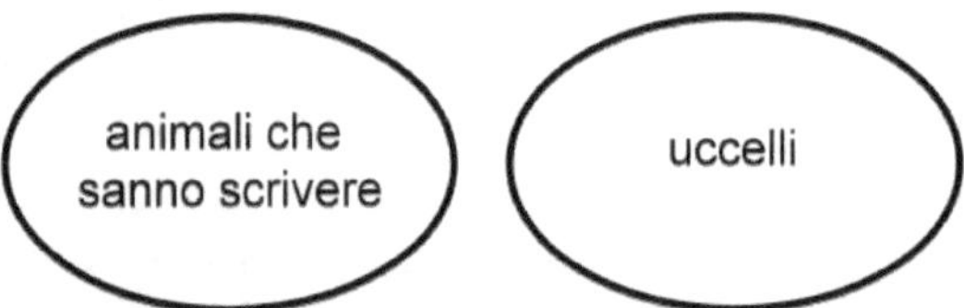

La contraddizione consiste nella violazione di queste regole elementari, e ha la caratteristica di non potere essere nemmeno espressa quando il caso con cui si ha a che fare è elementare. Supponiamo di avere un canarino davanti a noi e di voler dire "nessun uccello sa scrivere *e* questo canarino sa scrivere". In parole la contraddizione può essere pronunciata o messa su carta, sebbene se ne avverta subito l'assurdità, ma graficamente non può essere nemmeno espressa. Infatti, proviamo a disegnare il canarino rappresentandolo con un segno e a esprimere la contraddizione collocando questo segno in entrambe le figure che rappresentano i due insiemi: non essendovi intersezione tra l'insieme degli animali che sanno scrivere e l'insieme degli uccelli, il canarino possiamo metterlo solo in uno dei due, e non in entrambi.

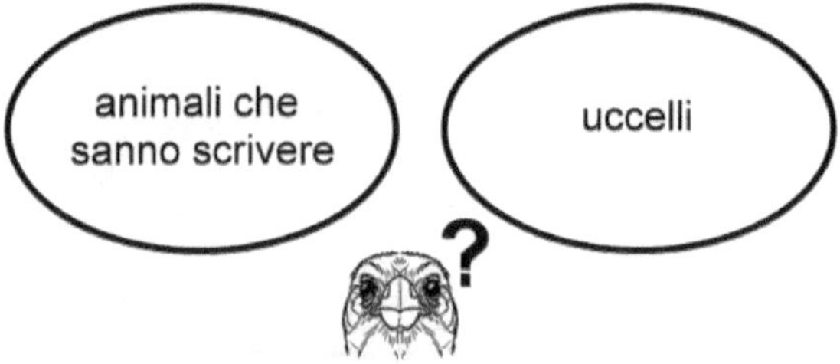

Questo esempio ci mostra come la contraddizione possa esistere solo nell'espressione, e non nel pensiero, né nelle cose: se decidessimo di mettere materialmente gli animali che sanno scrivere e gli uccelli in gabbie separate, non potremmo mettere il nostro canarino in due gabbie diverse. Potremmo metterlo nella gabbia degli animali che sanno scrivere, ma con ciò avremmo sanato la contraddizione, perché mettendo il canarino nella gabbia che non è quella degli uccelli avremmo espresso il giudizio complessivo: "nessun uccello sa scrivere *e* questo canarino sa scrivere *e* questo canarino non è un uccello", che sarebbe falso in rapporto all'esperienza, ma avrebbe risolto la contraddizione aggiungendo la specificazione erronea che consiste nel fatto di togliere il nostro canarino dall'insieme degli uccelli.

La contraddizione può esistere soltanto dentro un discorso articolato, le cui diverse parti sono conservate dalla memoria, e dove può accadere che il ricordo delle parti sia attenuato. Se mi contraddico, è perché prima ho svolto un discorso che mi ha portato a una certa conclusione A, poi ho attribuito al complesso di quel discorso un'etichetta a uso della memoria, la parola o la perifrasi "A", poi altre considerazioni mi hanno condotto a ulteriori conclusioni B che escludono A, poi ho chiamato "B" il complesso del secondo discorso, e infine ho pronunciato le parole "A" e "B" e ho formulato il giudizio "A *e* B" quando ormai avevo una memoria attenuata del contesto originario in cui ero arrivato alla conclusione A che è mutuamente esclusiva con B. Esprimo la contraddizione perché il mio intelletto non è capace di porre attenzione insieme al complesso delle considerazioni che mi hanno portato alla conclusione A e anche al complesso delle considerazioni che mi hanno portato alla conclusione B, incompatibile con A. Perciò la contraddizione non esiste né nel mondo né nel pensiero inteso rigorosamente, ma solo nella vita della mente umana, la quale svolge i suoi pensieri nel tempo, e per svolgere i suoi pensieri ha bisogno della memoria, la quale però ha capacità limitate, e si attenua per ciò che è lontano nel tempo o per ciò che è eccessivamente complesso: e perciò non è in grado di tenere vivi in un unico stato di coscienza presente tutti gli elementi dei problemi che superano una data soglia di complessità. Certi soggetti non si contraddicono mai perché sono capaci di avere coscienza solo del presente, su cui sono concentrati ossessivamente, e non esprimono mai correlazioni tra il presente e gli stati di coscienza passati.

Questo richiama alla mente antichi problemi di filosofia: Duns Scoto e San Tommaso, che erano gente sottile, avevano osservato che la contraddizione esiste solo nell'espressione, e di conseguenza si erano posti il problema se Dio possa contraddirsi, e avevano concluso che no, che non può, che il principio di non contraddizione è più forte della stessa onnipotenza divina. Volendo, questo è un parere opinabile a sua volta, e altre scuole teologiche hanno attribuito all'onnipotenza divina anche il potere di contraddirsi, se vuole, ma questo ora non ci riguarda perché ci stiamo occupando della logica possibile per gli uomini. Per gli uomini vale il principio che un mondo contraddittorio non è concepibile, perché la contraddizione esiste solo nell'espressione umana che è in balia della fragilità della memoria. Dunque un mondo contraddittorio non può entrare nell'esperienza umana, perché se anche per decreto divino esso esistesse, noi uomini non potremmo riconoscerlo. Perciò davanti a situazioni che ci appaiono contraddittorie, noi sappiamo che l'errore è nella nostra interpretazione, non nelle cose. O almeno, sappiamo che se la contraddizione fosse nelle cose non potremmo riconoscerla, e quindi continueremmo sempre ad attribuirla alla nostra espressione. Parliamo qui ovviamente di contraddizione in senso strettamente logico, cioè di violazione delle regole formali elementari del ragionare, non dei conflitti tra le cose che hanno esistenza fisica. Il mondo ha infiniti conflitti, spesso impropriamente chiamati contraddizioni (per tradizione di origine filosofica), ma non ha contraddizioni formali, proprio perché il pensiero in se stesso è incapace di rappresentare la contraddizione e di sopprimere la necessità della coerenza logica, anche se la complessità dell'espressione è capace di portare con sé errori logici.

Questo modo di ragionare, che abbiamo qui espresso con parole diverse da quelle di Kant, il lettore lo ritroverà sempre nel testo kantiano: le regole logiche e matematiche ci sono date da stati di coscienza che non ci consentono di violarle, e perciò le conosciamo a priori rispetto all'esperienza, cercandole e trovandole in noi stessi.

Oggettività nel senso ordinario

La *Critica della Ragion Pura* è una descrizione e una teoria della conoscenza oggettiva, tema del quale essa inizia a parlare accettando la nozione comune e poco analizzata di oggettività, che consente al discorso di avere un senso condiviso, per arrivare a definirla in modo nuovo. Cos'è l'oggettività, secondo il senso usuale del termine, che possiamo ritenere condiviso? Cos'è quel modo di rappresentare che vorremmo non fosse semplice modificazione del soggetto, gioco di immagini e di illusioni dove vi è al più un pallido riflesso della realtà delle cose, ma conoscenza di cose eguale, valida e vera per ciascuno, rispetto alla quale la particolare prospettiva in cui ciascuno vede e sente è divenuta irrilevante? La nozione di oggettività da cui partire è quella solita: quella per cui diciamo che una qualsiasi questione è risolta oggettivamente quando le persone si accordano, quando ciò che pensano non è più un punto di vista o un parere, ma sembra essere un pensiero vero, la cui struttura è conforme alla struttura delle cose reali, così come esse sono, indipendentemente dal fatto che noi ora ci interessiamo di esse, e indipendentemente da quanto nella loro rappresentazione viene generato dal nostro modo di percepire anziché dalle cose stesse. Se non che, la definizione ordinaria accosta due fattori disparati: quello dell'accordo tra individui e quello della corrispondenza del pensiero alle cose, e la relazione di questi due fattori non ha niente di necessario, perché gli uomini potrebbero accordarsi nella follia e concordare a giudicare le cose in modo completamente erroneo (come di fatto avviene quotidianamente), e un pensiero corrispondente alla natura delle cose potrebbe non esserci dato mai. Ora, in un certo senso il punto di partenza della filosofia kantiana è proprio la reazione a questo accostamento tradizionale dei due aspetti disparati che definirebbero l'oggettività.

Sembra strano: ma è proprio l'identificazione della soggettività con la strutturazione logica che consente di concepire l'oggettività

La forma logica e matematica della rappresentazione, la forma che il soggetto non può sopprimere dalla proprie rappresentazioni, il nostro possesso di un "modo soggettivo e insieme necessario di rappresentare" (come usava dire Kant), ovvero, l'identificazione della soggettività con la formalità logico-matematica dei nostri pensieri, è la chiave della natura della conoscenza oggettiva di ciò che è dato nella rappresentazione. A prima vista questo asserto sembra strano: perché la soggettività dovrebbe darci proprio il suo opposto?

Però, quando è che diciamo che un dato pensiero ci conduce a conclusioni oggettive? Sappiamo che la risposta familiare suona simile a questa: oggettivo è il pensiero in cui noi ci rappresentiamo una cosa così come essa è, senza introdurvi nulla che appartenga al nostro punto di vista particolare. Di questa concezione rudimentale dell'oggettività non possiamo conservare la teoria che vi è implicita, perché contiene una condizione impossibile: come potremmo mai avere una rappresentazione delle cose che non contenga altro che il carattere delle cose, dato che siamo soggetto nel rapporto di rappresentazione? Dovremmo sopprimere noi stessi come soggetto: allora la rappresentazione non sarebbe più tale, non sarebbe rappresentazione, ma sarebbe la realtà delle cose fuori di noi, posseduta nella sua interezza da noi stessi: saremmo dunque un Dio, non uomini. Poi c'è l'altro aspetto, il nostro usuale requisito rispetto al pensiero oggettivo: cioè, che esso sia pensiero al quale noi ci possiamo affidare come criterio delle nostre decisioni; e quindi pensiero in cui noi siamo certi di non lasciarci indurre in errore da punti di vista particolari e da quelle opinioni che per ragioni contingenti sono soltanto nostre. Si usa accostare i due requisiti, ma pretendere che un pensiero oggettivo sia aderente alla struttura delle cose e sia anche quello che risolve i dubbi di interpretazione e i disaccordi tra gli uomini, è accostare cose disparate: come abbiamo già detto, ciò che mette d'accordo gli uomini potrebbe essere benissimo qualche illusione a cui a loro piace credere, e non la struttura delle cose come sono. Così sin qui abbiamo solo degli stimoli a porci il problema dell'oggettività, non una soluzione.

Bisogna entrare nel quadro mentale di Kant riguardo a questo punto centrale, e se si entra in sintonia con la sua concezione dell'oggettività, si vedrà che poi la lettura di tutto il testo dell'astratto filosofo diviene assai meno ardua. Bisogna ovviamente uscire dal suo linguaggio, che qui in particolare porta il peso dei limiti della cultura del suo tempo, ma soprattutto bisogna mettere a fuoco il rovesciamento di prospettiva per cui Kant usa i termini "oggettivo" e "oggettività", presi dall'uso, per designare quello che semplicemente è il rapporto della mente cosciente con i dati di esperienza, l'unico rapporto possibile; per questa strada l'oggettività si rivela essere la cosa più naturale e ordinaria di tutte.

È un fatto che vi sono rappresentazioni accompagnate dalla coscienza (logico-matematica) della loro necessità: ad esempio, il principio di non contraddizione, o il pensiero che ogni numero intero si possa incrementare per produrre il numero successivo, o l'assioma geometrico per cui la retta è la linea più breve tra due punti (questo secondo Kant, che non aveva idea delle geometrie non euclidee a venire; quanto a noi, il problema delle geometrie non euclidee vedremo di inquadrarlo più avanti leggendo la *Critica*).

È un fatto che vi sono rappresentazioni delle quali io so che siano contingenti: ad esempio, che splenda il Sole in questo momento, che il cielo sia azzurro, o che io mi senta di un certo umore. Sappiamo che se l'universo fosse una macchina nulla sarebbe contingente, ma di questa possibilità non ci facciamo nulla, perché per farcene qualcosa dovremmo avere il dono dell'onniscienza. Lo stato di coscienza vigile ha rappresentazioni necessarie e rappresentazioni contingenti, le prime sono il modo, la forma, con cui ci rappresentiamo le cose, le seconde la materia, le prime quindi non riguardano l'esistenza, il darsi delle percezioni, le seconde invece hanno l'attributo dell'esistenza. Questo dà luogo a due famiglie di termini:

Soggetto	Oggetto
Forma	Materia
Necessità	Contingenza
Non esistenza	Esistenza

E quanto alle qualificazioni dei due termini, potremmo spingerci sino a dire che le parole con cui li qualifichiamo sono diverse per le connotazioni che assumono nello sforzo che dobbiamo fare per ragionare su di esse, ma idealmente sono sinonime: Soggetto, Forma, Necessità sono la stessa cosa, e così Oggetto, Materia, Contingenza, Esistenza. L'esistenza fisica, in particolare, ciò che chiamiamo "realtà" senza saper ben dire cosa sia, non è altro che ciò che nella nostra coscienza è contingente. Perché è così? Perché l'hanno voluto gli dei. Non possiamo analizzare oltre, non possiamo saperne nulla. Questa polarità è il modo in cui sta al mondo la coscienza vigile, capace di dire "cogito", o meglio, "ora esisto".

Ora dobbiamo aggiungere talune considerazioni facili da accettare per la cultura del nostro tempo, ma che non troveremo nel testo di Kant, benché gli siano compatibili. Innanzitutto, che noi uomini, prima di eseguire operazioni logiche coscienti, siamo animali dotati di un apparato cerebrale che ci dà un certo grado di capacità istintiva di interpretare l'esperienza secondo la forma logico-matematica; e sappiamo farlo un po' meglio di altri animali, che pure non sono privi di questa attitudine: se fossimo cani, non sapremmo fare i conti con l'aritmetica né la geometria di Euclide, però sapremmo egualmente prendere la via più breve per andare al cibo, e quindi in un certo senso sapremmo che la linea più breve tra due punti è la retta, e così via.

Inoltre, come uomini abbiamo le capacità istintive ereditate dai nostri progenitori scimmieschi e poi evolute, e con le nostre capacità istintive abbiamo formato una classificazione delle cose dell'esperienza nel modo che riesce congeniale al nostro apparato cerebrale istintivo, e che è sedimentata nelle lingue, soprattutto nelle parole che ancora oggi conservano l'ambito semantico che avevano in tempi antichi. Così, fino a quando stiamo nella classificazione prescientifica dei dati dell'esperienza, sappiamo che le mele non sono arance, sappiamo distinguere l'acqua dall'aria, ma non sappiamo che l'acqua è H_2O (e nemmeno Kant e Newton lo sapevano).

E ancora, come uomini, portando a coscienza gli strumenti di interpretazione dell'esperienza, via via riclassifichiamo i dati d'esperienza e modifichiamo il sistema ancestrale che è sedimentato nelle lingue. Certi aspetti si differenziano, altre si unificano, e finalmente veniamo a sapere che la forza che fa ruotare i pianeti attorno al Sole è la stessa che fa cadere i pesi sulla Terra, che l'acqua è (o meglio, può essere interpretata come) H_2O, e così via.

Premesso questo, osserviamo cosa accade quando si pone un problema, un dubbio, e si cerca la soluzione "oggettiva". E stiamo a esempi elementari, prescientifici, perché il procedere scientifico non ne è diverso in qualità, ma è solo più complesso. Cominciamo con un esempio fantastorico: immaginiamo che due pastori, in un tempo in cui ancora non esistono orologi, discutano se sia più vicino il pascolo sulla montagna a destra o quello a sinistra, e che l'opinione tratta dalla consuetudine non coincida: si concorda soltanto sul fatto che muovendo all'alba si arriva alle due destinazioni prima di mezzogiorno, con la percezione di un cammino di durata simile. Infine un giorno i due decidono di partire insieme, ciascuno per una delle due destinazioni, e una volta arrivati di piantare in verticale un pezzo di legno della stessa lunghezza e di misurarne l'ombra con un pezzo di spago, in modo da poter poi paragonare il tempo del giorno indicato dal Sole nei due casi. Chiaramente, tornando, quello che dichiara di avere trovato l'ombra più lunga è quello arrivato alla sua meta per primo, quando il Sole era più basso e più lontano dal mezzogiorno. Vedete cosa è accaduto? L'insieme dei dati che era noto grazie alla capacità dell'apparato percettivo è stato iscritto in uno schema di operazioni logiche e matematiche portate a coscienza. Ciò che prima è apparso come realtà contingente nella percezione è stato trasformato nell'argomento di una funzione costruita mediante gli strumenti formali che ci sono dati dalla capacità di strutturazione logica che è dentro di noi. E questo, sempre questo, solamente questo, è ciò che chiamiamo oggettivo, ciò che ha valore di certezza per quanto nel ragionamento vi è di formale, ma rimane contingente per quanto proviene dall'esperienza ed è reale. Infatti, supponiamo che con la prova fatta una volta sola si sia determinato che il pascolo più vicino è quello dalla parte destra. I due sperimentatori potrebbero porsi il dubbio che uno di loro abbia camminato più veloce dell'altro, e se quello che è andato verso destra avesse camminato più veloce il risultato dell'esperimento sarebbe falsato. Allora ripetono la prova scambiandosi le mete. La misura dell'ombra resta la stessa, quindi aumenta la verosimiglianza che il pascolo più vicino sia quello a destra. Ma questo è vero solo nell'ipotesi che ciascuno di essi cammini, quando va da solo, sempre alla stessa andatura. E come accertare questo? Volendo, il modo si troverà anche per questo, e così via; ora possiamo abbandonare questo esempio elementare, e ricavarne la conclusione: il rapporto della coscienza umana con l'esperienza consiste nel continuo tentativo di trovare la coincidenza dell'esperienza con schemi logici, geometrici e aritmetici inventati dal nostro arbitrio, ma vincolati dalla necessità delle leggi logiche e matematiche di cui la nostra soggettività è costruita. Ogni atto e ogni processo di oggettivazione successivo analizza criticamente i tentativi che lo hanno preceduto, e questo non accade soltanto nella vicenda della cultura scientifica dell'età moderna (come ciascuno riconosce), ma accade sempre nello sforzo dell'uomo di conservarsi vivo usando la natura. L'operare istintivo del cervello, prima di ogni coscienza e di ogni arbitrio e decisione, produce già da sé oggettivazioni che appaiono necessarie prima che l'operare cosciente ne delimiti il valore. E così per ogni passo successivo: l'oggettivazione istintiva è criticata da quella prescientifica, questa da quella scientifica, e il processo si divide in innumerevoli piccoli passi che fanno tutti la stessa cosa: tentare di vedere la natura come correttamente descritta da schemi logici e matematici che il soggetto trova dentro se stesso, e al tempo stesso portare a coscienza l'insufficienza dei tentativi precedenti. Nel processo, tutto ciò che si teneva prima per vero ed è scartato in seguito a un'operazione di oggettivazione, riceve l'etichetta di "soggettivo", che a rigore è ingenerosa, perché nulla è puramente soggettivo in sé, come nulla è completamente oggettivo: l'oggettivazione è un processo permanente che si svolge nell'esistenza umana, mediante il quale noi produciamo descrizioni delle cose che rimangono valide quando cambia il punto di vista da cui le percepiamo.

Osservo ancora, per finire, che bisogna evitare, perché fuorviante, di considerare l'oggettività come un fatto sociale, e di contro la visione soggettiva delle cose come fatto proprio dell'individuo umano. Il discrimine non è proprio questo, perché l'individuo cerca sempre l'oggettività, anche nel dialogo con se stesso: un naufrago solitario su un'isola deserta, supponendo che i soccorsi tarderanno a venire, cercherà di capire se una data fonte d'acqua sia permanente ed egli possa fare conto su di essa nei giorni e mesi futuri, o se non sia effimera, e di misurare le proprie riserve di viveri, e così via. Egli cerca di capire se la fonte erogherà l'acqua dopo un giorno e dopo un mese indipendentemente dal fatto che egli veda, nel momento presente, l'acqua sgorgare, e questo è ciò che chiamiamo oggettività. E al contrario, a ogni aggregato sociale di uomini succede di professare credenze che altri uomini e altre epoche considerano non oggettive, e quindi provengono da fonti della suggestione che sono soggettive, benché condivise tra più individui umani. Per cui il criterio della condivisione sociale tra individui umani non è quello decisivo, e si può menzionare al massimo negli esempi.

La Critica della Ragion Pura in pochissime parole

A questo punto è il caso di cominciare a entrare nel testo kantiano, perché l'insieme di idee che sono svolte (con immensa profondità) dalla *Critica della Ragion Pura*, superficialmente lo possiamo già vedere nell'insieme:

- la coscienza umana, il soggetto umano, ha rappresentazioni che non può negare né sopprimere, e sono le leggi logiche e matematiche: questo è il regno del necessario, e della forma. Ciò che è necessario, proprio perché è tale, è formale, e pertanto non lo consideriamo reale, non ha esistenza fisica. Le leggi logiche e matematiche sono le forme in cui percepiamo e pensiamo le cose.

- la coscienza umana ha rappresentazioni che le sembrano cadute dal cielo, che ci sono e che però potrebbero non esserci: questo è il regno del contingente, dell'esistenza e della materia. Ciò che ci appare contingente, proprio perché è tale, è ciò che chiamiamo reale ed esistente.

- il nostro rapporto con ciò che appare contingente, ed esiste, si chiama esperienza, ed è qualcosa che costruiamo via via nel tempo interpretando le rappresentazioni contingenti che ci appaiono mediante costruzioni logico-matematiche che siamo in grado di generare sì con il nostro arbitrio, ma secondo le regole che non possiamo inventare, ma dobbiamo lentamente scoprire cercando in noi stessi.

- nei tempi moderni il processo di oggettivazione è giunto a una più forte coscienza dei propri metodi nello sviluppo della scienza matematica della natura, ma ciò è diverso solo quantitativamente, non qualitativamente, da ciò che l'uomo fa universalmente per orientarsi trasformando in esperienza la massa di sensazioni che lo colpiscono.

Di questo ci parla la *Critica della Ragion Pura*: essa trae le conseguenze rigorose del fatto che vi sono in noi rappresentazioni necessarie logiche e matematiche, che imprimono la loro forma alle rappresentazioni contingenti delle percezioni. E poi, quel libro ci parla ancora di qualcosa a cui non abbiamo sinora accennato, ma che è tuttavia ormai facile da riconoscere: quel sapere che ha il tradizionale nome di metafisica, e che ha accompagnato l'epoca storica dall'antichità al presente tentando di descrivere e determinare la struttura più vera delle cose al di là dell'esperienza, con ragionamenti puramente logici (ed eventualmente anche matematici). Ma, e questo è il pensiero più fondamentale della *Critica della Ragion Pura*, il regno del necessario che è nella forma della soggettività, e che consiste nei principi logici e matematici, che cosa può produrre? Niente altro che conseguenze di quei principi, e cioè teoremi logici e matematici, i quali servono a interpretare l'esperienza, ma senza l'esperienza non producono altro che conoscenza di se stessi, cioè conoscenze logico-matematiche, che da sole non danno nessuna informazione su ciò che è reale. La metafisica tradizionale ha creduto di conoscere per mezzo di raziocini la struttura intima delle cose, e concetti altissimi come l'anima, l'universo e Dio, e in essi in realtà non ha fatto mai altro che tornare a rappresentare il necessario logico-matematico in un modo deformato, che trasfigura elementi logici ed elementi presi dall'esperienza nell'illusione di attingere a un mondo di oggetti più alti dell'esperienza stessa, e ad essa esterni. Illusione che, come si sa, per Kant è necessaria proprio data la struttura della soggettività umana: ma di questo sarà il testo intero della *Critica della Ragion Pura* a parlarci.

Al lettore che non la conosca già, consiglio ora di imparare a memoria la seguente tabellina che elenca le parti principali in cui è suddivisa la *Critica della Ragion Pura* e ciò che vi troveremo:

Prefazione, versioni A (1781) e B (1787)	Presentazione del lavoro da fare, ma la prefazione B è piuttosto una ricapitolazione che presuppone la conoscenza del libro.
Introduzione	Definizioni della terminologia usata.
Estetica trascendentale	Non ha a che fare con l'estetica nel senso moderno di filosofia dell'arte. Tratta della natura dello spazio e del tempo, e del loro ruolo nel processo di oggettivazione dell'esperienza.

Analitica trascendentale dei concetti	Descrizione della struttura (assoluta) dell'intelletto umano e del suo ruolo nell'oggettivazione dell'esperienza.
Deduzione trascendentale dei concetti, versioni A e B	Tentativo di dimostrazione definitiva e assoluta della teoria dell'oggettivazione mediante l'intelletto. È la parte del testo più ostica, che si deve leggere con la maggiore astuzia e spregiudicatezza.
Analitica trascendentale dei principi	Descrizione dei processi specifici con cui l'intelletto produce l'oggettivazione dell'esperienza.
Dialettica trascendentale	Descrizione della metafisica tradizionale, del suo carattere illusorio e della necessità di ripetere sempre il percorso di illusione e liberazione critica da essa. Grandissima lezione di storia della filosofia, tra l'altro.
Dottrina del metodo	Al di là dell'intenzione scolastica di Kant di prescriverci un metodo per ben ragionare, contiene notevoli precisazioni analitiche su quanto elaborato.

Infine, qualche consiglio pratico. Per prima cosa, avverto il lettore che per conoscere la *Critica* è necessario leggere con attenzione, assimilare e comprendere con esattezza tutta la prima parte, Estetica e Analitica trascendentali, con l'eccezione delle due versioni della Deduzione trascendentale, lettura molto difficile dal punto di vista testuale, e per la quale può essere lecito accontentarsi di afferrare l'idea di fondo. Con ciò si sarà letta meno della metà dell'estensione del libro. Quanto alla Dialettica e al Metodo, diciamo che più si riesce ad avere la pazienza e la costanza di leggerne, più ci si arricchisce, ma ciò che è da assimilare è soprattutto quanto la precede.

Poi, sconsiglio al lettore di leggere prima il breve testo dei *Prolegomeni a ogni futura metafisica che vorrà presentarsi come scienza*, che a prima vista legittimamente ci si può aspettare diano un'introduzione più semplice al tema della filosofica critica, dato che Kant dichiaratamente li pubblicò due anni dopo la *Critica* per dissipare i fraintendimenti dei suoi primi lettori. In realtà, se letto senza avere assimilato la *Critica della Ragion Pura*, quel libro dà a prima vista l'impressione di scorrere più facilmente, per poi non lasciare nulla nella memoria. Come le parti riscritte nella seconda edizioni della *Critica*, i *Prolegomeni* sono stati scritti da Kant che ormai aveva talmente tanto lavorato sui suoi concetti, da presupporre che essi fossero divenuti delle ovvietà anche per i suoi lettori, e così questo libro non è leggibile indipendentemente, mentre letto dopo la *Critica* dà l'occasione di mettere a fuoco meglio qualche aspetto di dettaglio.

Alberto Palazzi

Marzo 2024

Organizzazione del testo di questa guida

I riferimenti al testo kantiano avvengono attraverso la paginazione delle edizioni originali A (1781) e B (1787), criterio comunemente usato per le citazioni della *Critica della Ragion Pura*. Pertanto, poiché tutte le parti di questa guida devono essere lette come introduzione e chiave per le parti del testo a cui si riferiscono, come se fossero intercalate nel testo, è assolutamente indispensabile leggere questo libro insieme a una traduzione italiana della *Critica* che comprenda l'indicazione della paginazione delle edizioni originali (disponibile in quasi tutte le traduzioni). Se la paginazione originale è assente, questa guida sarà pressoché inutilizzabile.

L'indice della guida corrisponde all'indice della *Critica della Ragion Pura*: anche questo aiuterà ad associare la guida alle parti del testo a cui essa si riferisce.

▪ Le istruzioni pratiche al lettore per associare la guida precisamente ai capoversi del testo a cui essa si riferisce sono rappresentate nello stile di questo capoverso. I capoversi che hanno questo aspetto contengono dunque solo indicazioni per riconoscere il testo di Kant che è commentato immediatamente di seguito dalla guida, e che è reso identificabile mediante le parole citate tra virgolette. Raramente la guida comprende considerazioni che si riferiscono ai capoversi letti in precedenza, anziché a quelli da leggere di seguito, e questi casi sono sempre indicati.

Attenzione: per identificare i capoversi, si consideri che le traduzioni italiane differiscono tra di loro. Per esempio, in questo caso:

▪ Pagina B 40: "La geometria è una scienza che determina le proprietà dello spazio sinteticamente e nondimeno a priori ..."

nelle traduzioni in luogo di "nondimeno" si potrà trovare "ma tuttavia", oppure "e tuttavia". Le traduzioni possono rendere i capoversi in maniera significativamente diversa, ma si sono sempre riportate le parole sufficienti a identificare i capoversi nelle varie versioni disponibili.

Dunque, il lettore procederà prima identificando i capoversi nel testo della *Critica*, poi leggendo i suggerimenti della nostra guida per interpretarli, infine leggendo il testo di Kant.

Le tre varianti maggiori tra le edizioni A e B si dovranno leggere tutte ordinatamente cominciando con la versione A, per poi leggere anche le versioni B, come verrà indicato nel corso del testo.

Si faccia attenzione alle numerosi varianti minori tra le due edizioni, che le diverse traduzioni presentano con criteri non sempre uguali. Dove le due edizioni differiscono, vi sarà qualche caso in cui il lettore dovrà usare un po' di ingegno per riconoscere il capoverso nella versione A oppure B nel proprio testo della *Critica*, ma la cosa non presenterà troppa difficoltà.

Guida al testo della Critica della Ragion Pura

A - Prefazione alla prima edizione (1781)

• Cominciamo la lettura con la Prefazione A, quella della prima edizione, non della seconda, e quindi da pagina A VII. Si badi che nelle edizioni in genere la Prefazione A si trova in appendice. Testo: "La ragione umana, in una certa specie delle sue conoscenze, ha il destino particolare …"

Tre parti del libro sono state riscritte da Kant per l'edizione B del 1787: la Prefazione, la Deduzione trascendentale delle categorie (nell'Analitica) e la discussione dei Paralogismi della psicologia razionale (nella Dialettica). In generale in tutti i tre casi le edizioni propongono la versione B nella sequenza principale di lettura e relegano in appendice il testo A, e facendo questo sbagliano, perché le tre grandi varianti tra A e B devono essere lette in sequenza. Infatti, in tutti i tre casi, senza avere letto prima la versione A, la versione B risulta ancora più ostica di quello che è, perché in tutti i tre casi Kant ha maturato un colloquio con se stesso che lo ha condotto a un espressione più concisa e secondo lui più esatta ed adeguata. Ma più adeguata al Kant per il quale i suoi concetti erano diventati istituzioni, non certo a chi si accosta al testo. Perciò il lettore non può permettersi di cominciare con le varianti B, e noi abbiamo proposto le tre riscritture in sequenza, da leggere dopo il testo corrispondente nella versione A.

La Prefazione A comincia il discorso assumendo che al lettore sia nota la vicenda millenaria delle diatribe intorno alla metafisica, che per Kant è quella classica greca e quella dell'età moderna, tenendo in poco conto la filosofia medievale.

• Fermiamoci a pagina A XIV: "Dicendo questo mi pare di vedere nel volto del lettore un'aria di fastidio misto a disprezzo per le mie pretese, in apparenza orgogliose e roboanti …"

Di seguito troviamo l'affermazione esplicita che nella logica formale "tutte le sue operazioni semplici si possono enumerare completamente e sistematicamente", cioè che la logica formale abbia preso una forma definitiva già nella versione di Aristotele, e che essa non possa essere vista sotto altra prospettiva che quella classica e scolastica: presupposto che per Kant era ovvio, e che noi al contrario non possiamo accettare, consapevoli dell'esperienza della logica matematica contemporanea, e quindi del fatto che esistono potenzialmente infinite prospettive con cui analizzare e descrivere anche la logica elementare. Da questa certezza Kant ricava la successiva, cioè la convinzione della possibilità della completezza del lavoro filosofico nell'insieme, che è sfondo costante del libro, e che è a sua volta un'ingenuità che non possiamo accettare. Per Kant il lavoro della *Critica della Ragion Pura* è definitivo, completo, ed è l'unica prospettiva possibile sui problemi di cui il libro si occupa. E dato che nessuno oggi lo seguirà in questa convinzione, cosa c'è da prendere sul serio in un lavoro che si basa su una premessa che non accettiamo? È puramente storico l'interesse del nostro tempo per la *Critica*, o essa si può leggere senza doverne accettare tutti i presupposti? Questo lo vedremo un poco alla volta; intanto il lettore si renda conto dell'assunto di Kant e del problema interpretativo che esso implica.

▪ Fermiamoci a pagina A XVI, al capoverso: "Io non conosco ricerche relative allo studio della facoltà che noi chiamiamo intelletto, e, insieme, alla determinazione delle regole e dei limiti del suo uso ..."

Si osservi qui di seguito di nuovo espressa la certezza che la parte critica del lavoro sia definitiva. Per contrasto, dove nel libro si fanno ipotesi sulle origini dell'intelletto, lì esso torna a porsi sul piano problematico e ipotetico. La parte del suo scritto a cui Kant attribuisce un carattere ipotetico fa parte del capitolo dedicato all'argomentazione tormentata della tesi principale del libro, e ce ne imbatteremo a suo tempo, dove riscontreremo che in quell'argomentazione vi è una componente psicologica che lasciava Kant perplesso (tanto da averla messa sottotono nella seconda edizione).

▪ Attenzione ad A XVIII: "Infine, per quanto concerne la chiarezza, il lettore ha tutto il diritto di chiedere in primo luogo la chiarezza discorsiva (logica) per concetti, e poi anche la chiarezza intuitiva (estetica) per intuizioni ..."

Nel seguito c'è implicita nel testo un'altra affermazione impegnativa. Kant ritiene che si possa parlare "per concetti" in maniera rigorosa, e che questo sia essenzialmente diverso dall'espressione che fa uso di esempi (e metafore). Si tratta di una certezza che è permanente nella *Critica della Ragion Pura*, e che sarà messa in discussione solo dalla *Critica del Giudizio*, e nemmeno fin dall'inizio, ma proprio come punto di arrivo. È un problema capitale per tutta l'estetica e la filosofia dell'espressione e del linguaggio: come riesce la lingua a riferirsi ad astrazioni che non possono essere esemplificate nell'esperienza? Ma la *Critica della Ragion Pura* procede quasi in stato di innocenza rispetto a questo problema, che non si pone, assumendo l'idea ricevuta dalla tradizione che la lingua sia in grado di esprimere concetti astratti attraverso la terminologia filosofica trasmessaci dalla tradizione scolastica. Ecco così che nel testo seguente troviamo l'asserto che gli esempi "sono necessari solo dal punto di vista popolare", che a Kant pare un'ovvietà, quando si tratta invece di un pregiudizio che, come vedremo, avrà molto importanti conseguenze.

 • Arrivando a pagina A XX, dove leggiamo: "… La metafisica, secondo i concetti che qui ne daremo …", dobbiamo fare una precisazione fondamentale per il senso di tutto il libro.

Ora Kant fa un'affermazione che dovrebbe sconcertare il lettore, il quale sa almeno in via generica che la tesi più generale della *Critica della Ragion Pura* è che la metafisica è impossibile, ed è un'illusione, per quanto necessaria e proveniente dalla struttura del soggetto pensante razionalmente (che è la tesi della critica di Kant), e non (o non soltanto) proveniente dalla sfera del desiderio, come vuole la critica empirica e antropologica di sempre. Qui adesso Kant parla di rifare la metafisica, e aggiunge che il lavoro sarà semplice, quasi meccanico. E dunque? L'equivoco è talmente importante, che se non sciolto pregiudica tutta la comprensione del testo successivo. Perciò tagliamo subito il nodo recisamente.

La metafisica di cui Kant ha parlato sin dalle prime pagine, quella intesa nel senso tradizionale, è l'illusione di conoscere per mezzo di ragionamenti non contaminati dall'esperienza sia la realtà che si incontra nell'esperienza, sia la realtà ideale che sta dietro come sostrato all'esperienza e che non si incontrerà mai in nessuna esperienza: e di conoscere tutto ciò in un modo qualitativamente perfetto, dove la conoscenza empirica sarebbe imperfetta. Questo è il mondo (tradizionale) dell'illusione metafisica; riguardo ad essa, la visione di Kant è che il soggetto umano possiede un insieme di strumenti logici costanti e per lui necessari, che è ciò che gli consente di oggettivare l'esperienza facendone un mondo di certezze relative e umane, e niente altro — fuori di questo resta solo l'illusione.

Ma poiché il soggetto è qualificato dalla costanza e dalla necessità delle strutture logiche che gli sono connaturate, Kant pensa che dopo avere chiarito filosoficamente la natura del soggetto e delle sua capacità nel lavoro che si chiama "critica", si potrà facilmente procedere all'elaborazione di una scienza generale della forma potenziale dell'esperienza, la quale non conterrà ancora nessuna conoscenza della natura empirica, ma conterrà un insieme strutturato di caselle che descriveranno la natura come essa potrebbe apparire al soggetto, e che poi andranno riempite mediante l'esperienza. Sarà una scienza intermedia tra la critica e la scienza della natura, e ancora priva di informazioni riguardo alla realtà dell'esperienza, come lo è la critica. E siccome il ragionamento vale anche per il modo "pratico", che è quello della morale e del diritto, abbiamo questi tre livelli in due prospettive:

	Prospettiva teoretica	Prospettiva pratica (morale e diritto)
1.	Scienza generale della struttura formale del soggetto in quanto pensa e conosce (*Critica della Ragion Pura*).	Scienza generale della struttura formale del soggetto in quanto vuole e agisce (*Critica della Ragion Pratica*).
2.	Scienza intermedia: struttura generale della natura come potrebbe apparire all'esperienza.	Scienza intermedia: struttura generale del diritto e della morale come sono comandati dalla ragione.
3.	Scienza empirica della natura determinata attraverso l'esperienza: fisica, chimica, ecc.	Diritto e morale, loro regole determinate e storiche, con in sé una componente empirica di "antropologia", perché devono tenere conto dell'uomo com'è per sapere cosa può essere realisticamente prescritto e cosa vietato.

Le due scienze intermedie, come si chiamano? Nientemeno che *Metafisica della Natura* e *Metafisica dei Costumi*, anche se non hanno niente in comune con la metafisica nel primo senso, quella tradizionale e idealistica, che pretende di conoscere una realtà superiore attraverso il puro ragionare. E perché Kant le chiama così, invece di coniare una parola nuova? Perché ritiene che le trattazioni metafisiche storicamente esistenti degli autori antichi e moderni, se anche hanno per oggetto e scopo l'impossibile metafisica idealistica, e tentino invano di produrre conoscenze mediante il puro ragionare, di fatto nello svolgimento dettagliato dei trattati in cui sono esposte siano ricche di elementi metodologici che, una volta depurati dell'illusione metafisica nel senso antico, avrebbero diritto di appartenere alla nuova scienza: che è la ragione per cui Kant, anche dopo aver scritto le *Critiche*, continuava a insegnare logica e metafisica sulla base di testi consacrati del razionalismo tedesco e della scuola leibniziana e wolffiana. Ed è anche la ragione per cui Kant continua ad usare il lessico tecnico ereditato dalla trattatistica metafisica, riponendo totale fiducia nel fatto che essa ci abbia consegnato un vocabolario e una terminologia dal significato perfettamente univoco, tali che necessitano solo di essere interpretati nel nuovo modo critico.

Ecco dunque che la lettura della *Critica della Ragion Pura* sarà accompagnata da richiami ricorrenti a questa metafisica nel senso nuovo, la quale non vuole "dimostrarvi la semplicità dell'anima o la necessità di un cominciamento del mondo" (come abbiamo letto poco sopra a proposito della metafisica classicamente intesa), ma ha il modesto obiettivo di descrivere la forma generale della natura quale potrebbe apparire nell'esperienza, e che è un'utopia (vedremo poi esattamente perché), dalla quale però Kant non si libererà mai: egli tentò di mettere insieme un libro dal titolo *Primi principi metafisici della scienza naturale* e un altro chiamato *Metafisica dei costumi*, ovvero della volontà, e in essi non poté mettere altro che nel primo una rielaborazione di alcuni principi di meccanica newtoniana come veniva insegnata al tempo della sua giovinezza, e nel secondo la sua interpretazione di alcuni principi di diritto pubblico, naturale e *jus gentium* presi da trattazioni allora correnti, nonché di discussioni di problemi morali egualmente legate alla cultura di allora. Non soddisfatto, non abbandonò mai l'intento e negli anni senili del suo declino mise ancora per iscritto osservazioni disparate d'ogni sorta nel tentativo di trovare la metafisica a modo suo (pubblicate come *Opus postumum*). Noi, che siamo più vecchi di Kant di due secoli, difficilmente saremo sorpresi del fallimento dell'impresa. Ma perché precisamente la nuova metafisica fosse utopia lo vedremo un po' alla volta continuando a leggere.

Ultima osservazione: bisogna tenere conto che la sterminata letteratura su Kant è infestata di tentativi di prendere sul serio la progettata rifondazione metafisica, intendendola come un progetto, per quanto rimodernato, di ristabilire un legame con la ricerca della metafisica tradizionale, e quindi di sapere qualcosa oltre l'esperienza. Esistono quantità di voluminose trattazioni che raziocinano in cerca della metafisica nuova rimescolando all'infinito le parole di Kant e smarrendone ogni significato vivo, abissi di ingenuità di eruditi che restano eterni adolescenti, ma anche testimonianze dell'infinità varietà delle manifestazioni dell'utopia di restaurazione dei valori di antico regime che pervade la filosofia del Novecento. Noi dobbiamo invece leggere la *Critica* tenendo conto che i suoi presupposti conducevano Kant a credere di poter compilare questa metafisica nuova che non sarebbe stata altro che descrizione della forma generale potenziale della natura, e che questa credenza rende comprensibili molte espressioni del libro per le quali altrimenti non si riuscirebbe a trovare un senso.

Si noti subito, nel capoverso seguente, il tono di assoluta certezza con cui Kant ci prospetta il completamento della metafisica nuova come se fosse un banale lavoro di compilazione.

▪ Proseguiamo ora la lettura sino alla fine della Prefazione A.

B - Prefazione alla seconda edizione (1787)

• Passiamo ora alla Prefazione B, pagina B VII (con cui le edizioni e traduzioni cominciano di consueto): "Se l'elaborazione delle conoscenze che appartengono al dominio della ragione segua o no la via sicura di una scienza, lo si può giudicare subito dal risultato ..."

La prefazione B prende le mosse dal dato di fatto, storico, che la metafisica è un campo di eterne incertezze, perché le sue pretese deduzioni razionali di conoscenze oltre l'esperienza non sono capaci di produrre certezza. Vedrà il lettore neofita che come prefazione essa non serve quasi a nulla per cominciare, a differenza della prefazione A: la prefazione B è piuttosto una ricapitolazione del libro che uno scritto introduttivo. Perciò il lettore non deve darsi pensiero se non la penetra a fondo al primo tentativo di leggerla.

• Pagina B VIII: "Che la logica abbia seguito questo sicuro cammino fin dai tempi più antichi, si rileva dal fatto che da Aristotele in poi non ha dovuto fare nessun passo indietro ..."

Nelle parole che seguono è implicito che vi possa essere un solo modo di descrivere la logica formale, quello già trovato da Aristotele. Per Kant questa è un'ovvietà, come abbiamo visto sopra. In realtà questa erronea convinzione, propria di un tempo che non aveva ancora nessuna esperienza del fatto che i modi di descrivere i processi logici elementari sono molteplici e che il tentativo di isolarne i componenti, per quanto elementari, è ricco di aporie e dubbi, è alla radice dell'idea di Kant di poter descrivere facilmente tutta la struttura delle leggi formali del soggetto umano, e quindi anche della sua utopia di rifondare la metafisica nel suo significato nuovo, idea alla quale abbiamo trovato accenno già nella Prefazione A.

Invece, l'osservazione che la logica non deva contaminarsi con componenti psicologiche è per noi facile da accogliere, perché è consonante con tutto lo sviluppo successivo dell'idea di logica, ma si tenga conto che allora era una idea nuova: la trattatistica logica del passato anche prossimo era piena di appendici psicologiche e retoriche, in continuità con l'idea medievale che la logica fosse un'arma per disputare in spirito battagliero.

• Pagina B X: "Ora, in quanto in queste deve aver parte la ragione, è necessario che in esse qualcosa sia conosciuto a priori ..."

Ora il testo anticipa che ci saranno una *Critica* del soggetto conoscente, la presente della Ragion Pura, e un'altra del soggetto capace di volere e agire, quindi della Ragion Pratica.

▪ Pagina B X: "La matematica, dai tempi più remoti a cui giunge la storia della ragione umana, col meraviglioso popolo dei Greci è entrata sulla via sicura della scienza ..."

Nella matematica si trova l'archetipo del metodo di ogni oggettivazione. Ma ciò si chiarirà lentamente, dopo.

▪ Pagina B XII: "La fisica [*Naturwissenschaft*] giunse ben più lentamente a trovare la via maestra della scienza ..."

Quanto alla fisica, viene introdotto un tema fondamentale: è erronea la credenza della filosofia empirista (inglese) che essa consti di proposizioni puramente empiriche e di generalizzazioni dell'esperienza. La fisica si forma sperimentando e interrogando la natura mediante procedure che il soggetto può immaginare e progettare ad arbitrio, ma inventando la quali non può violare la necessità delle leggi logiche e matematiche che ha dentro di sé, e che delimitano il modo in cui il soggetto stesso può porsi in rapporto alla natura e all'esperienza. Se ci limitiamo al requisito della coerenza e della non contraddizione, che il soggetto non possa violarlo è un'affermazione ovvia, con cui consentirebbero anche gli empiristi. Ma il soggetto ha dentro di sé molto di più, ha in sé la forma di tutte le relazioni che gli oggetti possono prendere, e questa è la tesi centrale.

▪ Pagina B XIV: "Alla metafisica, conoscenza speculativa razionale affatto isolata ..."

Venendo alla metafisica, si noti che le righe che seguono si muovono ambiguamente tra la negazione della metafisica idealizzata, quella intesa dal senso tradizionale del termine, che pretende di conoscere cose oltre l'esperienza e produce ragionamenti solo apparentemente validi, e l'affermazione della metafisica nuova, la scienza intermedia che abbiamo visto menzionata anche nella Prefazione A. L'ambiguità però non sta nella distinzione, ma solo nell'espressione concisa di questa Prefazione B.

▪ Pagina B XV: "Io fui condotto a pensare che gli esempi della matematica e della fisica, che sono ciò che ora sono per effetto di una rivoluzione attuata tutta d'un colpo ..."

Nella forma delle sue rappresentazioni, che il soggetto conosce sperimentando la inviolabilità delle leggi logiche e matematiche, vi è la struttura potenziale di tutta l'esperienza che potremmo avere. Quindi partendo dall'analisi della struttura del soggetto arriveremo tanto alla metafisica nel senso nuovo, quanto alla comprensione definitiva del carattere della metafisica nel senso tradizionale, e del perché essa sempre risorga e sempre fallisca. Kant qui dice che il suo tentativo in questa direzione ha carattere ipotetico, ma si tratta qui di falsa modestia per andare incontro alle aspettative dei lettori. In realtà, la convinzione del carattere completo e definitivo della *Critica della Ragion Pura* si è formata scrivendo il libro, e non vacilla mai.

Ora presenterà il metodo seguito come qualcosa di analogo al procedimento della fisica: ed è una ricapitolazione prematura per il lettore. Siamo infatti nella edizione B, dove Kant inserisce queste varianti considerando il suo lavorio mentale di anni come una sorta di istituzione, non pensando ad agevolare il lettore neofita, bensì a tentare di chiarire i fraintendimenti dei lettori esperti di cui aveva avuto notizia nei sei anni trascorsi, in cui apparvero numerose recensioni e discussioni del libro in tutto il mondo di lingua tedesca. Questa parte suonerà molto più chiara a chi la rileggerà più tardi, avendo cognizione dell'opera nel suo insieme.

  ▪ Pagina B XVIII: "Questo tentativo è riuscito conforme al desiderio, e promette alla metafisica ..."

Ora Kant accenna alla metafisica "nella sua prima parte", quella in cui essa dovrebbe fare da premessa alla scienza empirica descrivendo la forma generale della natura possibile per l'esperienza. Questo accenno conferma che tale metafisica non è quella che tende alla conoscenza della realtà ideale, non empirica, e conferma che elementi di questa metafisica nel senso più debole, che fa da contenitore alla scienza empirica, secondo Kant esistono nella letteratura consegnataci dagli autori antichi e moderni (e ne troveremo numerose menzioni occasionali via via nel testo). Precisazione fondamentale, mai esplicita in Kant, che dava per scontato che il lettore lo capisse, e raramente esplicita negli interpreti successivi, che piuttosto si arrampicano sugli specchi cercando tracce della rifondazione della metafisica nel senso forte e classico.

Poi, passando alla metafisica nel senso forte, il testo ci anticipa che dalla teoria critica saremo persuasi che nulla ne sappiamo, ma che proprio perciò riguardo alla realtà assoluta delle cose fuori dell'esperienza tutte le possibilità restano aperte: la vecchia metafisica, pretendendo di sapere, cade in contraddizioni dalle quali l'agnosticismo della *Critica* è affrancato.

  ▪ Pagina B XXI: "Resta ora a vedere, dopo avere negato alla ragione speculativa ogni passo nel campo del soprasensibile ..."

Ricordi il lettore che "pratico" sta sempre per "morale", riguardando il volere e l'agire umano. Probabilmente a tutti è nota la nozione scolastica della "fede morale" kantiana, che certo sarebbe buffo praticare alla lettera, ma è meno ingenua di quello che sembra a prima vista, se la si intende nel senso che siamo pur obbligati, a questo mondo, a scegliere tra l'agire razionalmente quanto possiamo, con serietà di pensiero, oppure perdere l'anima nell'inferno della futilità.

▪ Pagina B XXII: "In tale tentativo di cambiare il procedimento fin qui seguito in metafisica ..."

Qui il testo passa a dettagliare la metafisica che sarà da costruire sulle fondamenta della *Critica*, e che è sempre quella nel senso debole ed empirico. La certezza che essa sarà dedotta con semplicità e definitivamente non vacilla mai, e queste pagine servono a imprimere in mente al lettore questa idea di fondo, la cui mancata assimilazione rende impossibile la comprensione viva del testo. Ciò che va ben compreso è il progetto di Kant, mantenendo ben chiara anche la riserva che esso era utopico.

▪ Pagina B XXIV: "Ma, si chiederà, che tesoro è mai dunque questo che noi pensiamo di lasciare in eredità ai posteri con una siffatta metafisica epurata ..."

Anche quanto segue presuppone tutto il libro per essere compreso. Ma l'idea di fondo è questa: la critica della ragione ci dà di più della Metafisica idealistica, perché la seconda descrive il mondo per analogia con la necessità che si ritrova nel mondo dell'esperienza, e così approda al determinismo e al servo arbitrio, mentre la prima lascia aperta la possibilità del libero arbitrio perché conduce a sapere di non saper nulla della struttura assoluta della realtà, e quindi a non escludere nessuna possibilità. Il discorso è sviluppato in grande dettaglio nella Dialettica trascendentale, dove il lettore leggerà la teoria (che ora gli apparirà bizzarra) per cui l'agire umano è concepibile insieme come determinato e come libero senza che ciò costituisca contraddizione.

Approfitto per osservare un altro aspetto da tenere in conto: che quello che a Kant stava particolarmente a cuore spesso non corrisponde alle aspettative del lettore di oggi. Noi probabilmente leggiamo Kant per capire proprio la *Critica* in quanto svela la struttura dell'illusione generata dal pensiero che tenta di determinare una realtà ideale; Kant invece, fatta la teoria critica, spendeva molte parole sugli stratagemmi più o meno artificiosi di cui andava in cerca per restaurare il patrimonio di humanitas che era implicito nella vecchia cultura.

• Pagina B XXXI: "Malgrado questo importante cambiamento nel campo delle scienze, e la perdita che la ragione speculativa deve risentirne …"

Non meravigli la difesa della religione che si trova qui di seguito: in Kant il critico tagliente convive sempre con l'ideale dell'uomo onesto che rispetta le istituzioni; e la religione, non diversamente dalla metafisica, ha in sé un nucleo di verità che la *Critica* non distrugge, ma porta a coscienza piena e depura delle illusioni. L'unica istituzione verso la quale Kant è velenoso, è l'accademia (fonte di fastidio eterno per gli spregiudicati).

• Pagina B XXXV: "La critica per altro non è contraria al procedimento dogmatico della ragione nella sua conoscenza pura in quanto scienza …"

Torna l'argomento della metafisica da ricostruire con piena consapevolezza metodologica, quella nel senso debole, ed ora è detto esplicitamente che la letteratura classica ne contiene elementi, sebbene fraintesi dall'illusione "dogmatica", ossia dall'illusione che il ragionamento possa produrre da sé, senza esperienza, informazioni sulla realtà empirica e non empirica. Da qui la lode del leibniziano Christian Wolff, che probabilmente non fu il più grande dei filosofi dogmatici come voleva Kant, ma che sicuramente mise in forma di trattato il patrimonio di pensieri metafisici che si trova espresso in maniera più disparata nei filosofi dell'età moderna.

Si ricordi che in tutto il testo "dogmatico", termine già incontrato e continuamente ricorrente, è sinonimo di "razionalista", mentre quest'ultimo termine curiosamente si incontra una volta sola. Talvolta la parola "dogmatico" ha anche la semplice connotazione polemica che siamo soliti associarle, per esempio in A 407 B 434: "attaccarsi a un'ostinazione dogmatica e intestarsi in certe affermazioni senza voler più porgere ascolto e render giustizia alle ragioni della tesi opposta". Quindi la parola deve essere letta come sinonimo di "razionalista", dunque come termine che fa riferimento a una disposizione seria dello spirito, ma senza dimenticare che Kant poteva associarle anche il senso dispregiativo usuale allora come oggi.

• Pagina B XXXIX **nota**: "La sola vera e propria aggiunta che potrei menzionare …"

La nota seguente è di interesse solo una volta che si sia giunti al luogo cui si riferisce, B 275.

• Proseguiamo la Prefazione B fino alla fine.

Introduzione

> • Pagina A 1: "Idea della filosofia trascendentale. L'esperienza è, fuor di dubbio, il primo prodotto che dà il nostro intelletto quando elabora la materia greggia delle sensazioni. ..."

Si comincia con la distinzione tra proposizioni a priori e a posteriori, che inizialmente è elementare.

> • Pagina B 4: "Ora, è facile mostrare che nella conoscenza umana esistono realmente simili giudizi, necessari ed universali ..."

Qui, nel citare esempi di proposizioni a priori, interviene l'elemento specificamente kantiano. Che i teoremi matematici (e anche gli assiomi) siano proposizioni a priori, indipendenti dall'esperienza, è ovvio, ma qui si aggiunge che anche la proposizione "ogni cangiamento deve avere una causa" lo è: e questo è inaspettato. Non si confonda: solo questo principio generale per Kant è a priori, mentre tutte le infinite proposizioni che dicono che la cosa X è la causa di un'altra cosa Y sono empiriche e a posteriori. Ma quanto al principio generale, secondo Kant esso dovrebbe presentarsi anche a prima vista come una proposizione necessaria (ma occorre leggere oltre per capire come si possa concepire questo), ed è errore di Hume avere creduto che esso sia empirico al pari di tutte le sue applicazioni.

> • Pagina A 2 B 6: "C'è da dire anche più di tutto quel che precede, ed è questo: che certe conoscenze escono affatto dal campo di tutte le possibili esperienze ..."

L'esperienza della certezza prodotta a priori dalla matematica e dal suo metodo è all'origine dell'idea che il puro ragionare possa creare informazioni sulla realtà: atteggiamento a cui corrisponde la metafisica intesa classicamente. Il processo ha origine storicamente nella Grecia antica, e in generale proviene dall'esperienza dell'attività deduttiva del nostro ragionare, alla quale accade di travalicare i propri limiti con assunzioni arbitrarie, e così perviene all'illusione di generare informazioni sia su oggetti ideali, sia sulla struttura profonda e sostanziale delle cose.

Quindi la teoria che è necessario sviluppare consisterà in una presa di coscienza della corretta e legittima relazione tra il mondo del ragionamento e la realtà dell'esperienza. Si ricordi sempre che la metafisica nel senso tradizionale ha una duplice fonte: una più antica che sta nel fraintendimento del ruolo della deduzione logica in genere, cosa in cui gli uomini cadono sempre; e un'altra più propria dei contemporanei di Kant, che sta nel fraintendimento del successo delle scienze naturali moderne.

| • Pagina A 6 B 10: "IV - Della differenza tra i giudizi analitici e sintetici ..." |

A questo punto entriamo nella questione, nota a tutti come nozione scolastica, del giudizio sintetico a priori. Sulla differenza tra giudizi analitici e sintetici non è il caso di dilungarsi, perché il criterio della distinzione è semplice e noto, e le definizioni sono elementari. Invece la questione del giudizio sintetico a priori richiede la massima attenzione e concentrazione, perché inquadrarla esattamente è cruciale per procedere nella lettura del libro.

Kant intende per giudizi analitici quelli deduttivi, che non aggiungono informazioni alle premesse, e ciò per noi può corrispondere a qualsiasi schema di procedimento deduttivo, anche se nel testo di Kant l'archetipo del giudizio analitico è sempre lo stesso, la deduzione immediata ed elementare di un attributo da un aggregato di attributi, in una prospettiva logica intensionale. Per giudizi sintetici invece intende quelli che accrescono l'informazione, e l'esempio ovvio ne è il giudizio di esperienza che prende atto di un evento, o anche generalizza induttivamente un carattere riscontrato in esperienze molteplici, ma comunque ci insegna qualcosa.

Ma poi Kant introduce l'ulteriore distinzione tra giudizi non ricavati oppure ricavati da esperienza, a priori o a posteriori, che non ha lo stesso significato di quella tra giudizi sintetici e analitici, e così i tipi di giudizio possibili diventano quattro, e abbiamo giudizi:

analitici	a posteriori	Il caso è senza senso: consisterebbero nella verifica empirica di ciò che è già certo deduttivamente prima dell'esperienza.
analitici	a priori	Sono le deduzioni logiche (ma per Kant non le deduzioni matematiche).
sintetici	a posteriori	Tutte le esperienze.
sintetici	a priori	Sono quelli a cui nessuno ha mai prima pensato, e che sono l'oggetto della ricerca.

Mentre la distinzione tra giudizi analitici a priori e sintetici a posteriori è nota e corrisponde a quella antica tra verità di ragione e di fatto, il giudizio sintetico a priori è qualcosa che non venne mai in mente a nessuno, e del quale Kant si mette alla ricerca.

Iniziando la lettura del seguito, si noti che il primo esempio di giudizio analitico apportato, "tutti i corpi sono estesi", fa riferimento al concetto di pensiero "confuso", *verworren*, che allora per lunga tradizione si considerava rilevante logicamente, e che noi oggi considereremmo psicologico. In realtà è questione di definizioni, non di contenuti di coscienza. Per fare riferimento al testo, se io per definizione dico che un corpo è qualcosa che ha una forma nello spazio e che è impenetrabile, ma nella definizione non ho detto che è soggetto a gravità, allora dire che ogni corpo è esteso è conseguenza analitica della definizione, dalla quale viene estratto uno dei due caratteri che vi sono stati messi, mentre dire che ogni corpo è pesante aggiunge un carattere estraneo alla definizione, e non necessario, perché in ipotesi potrebbero esistere corpi aventi estensione spaziale e impenetrabilità, ma non soggetti a gravità. Quindi sotto queste premesse "tutti i corpi sono gravi" è un giudizio sintetico.

Però per noi quella del giudizio analitico può essere solo questione di correttezza della deduzione da premesse date, mentre Kant conserva, senza riflettervi, l'idea ingenua che il linguaggio sia una collezione di significati fissi e ben distinti, come se l'avessimo avuto in dono dal cielo. Non che Kant creda questo con la stessa ingenuità con cui sino all'età moderna si credette che la lingua ebraica fosse la lingua creata, e contenesse le parole proprie per tutte le cose: ma non trova mai il modo di esprimersi diversamente, e così continua a formulare esempi e argomenti come se ci fosse nei libri e nelle nostre teste una sorta di enciclopedia universale di concetti definiti da determinate note, che poi qualcuno possiede con rappresentazione "chiara e distinta", altri "oscura e confusa": e siccome per il lettore odierno — che sa che il linguaggio umano evolve nel processo continuo di elaborazione dell'esperienza — questo quadro è inconcepibile, ciò aggiunge ulteriore difficoltà alla comprensione del testo. "Confuso" sarebbe il significato di una parola che conosciamo per avere assimilato l'abitudine a servircene con certe associazioni divenute automatiche, senza sviluppo cosciente del processo che conduce a conoscerlo: per il lettore di oggi ciò non può avere rilevanza per la forma logica.

▪ Pagina B 11: "I giudizi di esperienza, come tali, sono tutti sintetici …"

Quanto segue non presenta difficoltà, ma si osservi che il discorso è sempre inquinato da una residua dimensione psicologica, che si può rimuovere intendendo il giudizio analitico come deduzione di conseguenze da premesse, trascurando il fatto (non logico) che tali premesse siano un contenuto della memoria e della coscienza, più o meno "confuso". L'esempio di giudizio sintetico apportato qui di seguito, ricorrente più volte ("i corpi sono gravi"), può sembrare poco chiaro perché fa uso di concetti completamente noti e ovvi; ma il discorso diventa completamente chiaro se facciamo riferimento, per esempio, al caso in cui conosciamo da sempre un certo numero di caratteristiche d'una data cosa, e poi un giorno, anche con sorpresa, ne veniamo a scoprire una nuova e inaspettata. Ad esempio, uno conosce da sempre le caratteristiche di un dato alimento, ma un giorno scopre con meraviglia che gli fa bene quando ha mal di testa: ecco che l'esperienza apporta un dato prima ignoto, e il giudizio corrispondente è sintetico a posteriori, e aggiunge una "nota" al concetto prima posseduto.

▪ Pagina A 9 B 13: "Ma nei giudizi sintetici a priori questo sussidio manca assolutamente. Se devo uscire dal concetto A per conoscerne un altro B come legato al primo ..."

Ora si incontra per la prima volta l'espressione "giudizio sintetico a priori", e Kant procede assumendo che il lettore la accetti assieme all'idea che la proposizione citata a esempio, "tutto ciò che accade ha la sua causa", sia di questa specie. Al contrario, il lettore attento e guardingo non si accontenterà della definizione di questa specie di giudizi derivante dalla combinatoria, che può servire solo a introdurre la tematica, e resterà perplesso, domandandosi (anche senza sapere qualcosa del principio di incertezza di Heisenberg): e perché mai poi ogni evento dovrebbe avere una causa? e forse si perderà una volta di più nel dilemma che ha impegnato tanti, se vi siano o no eventi casuali nel mondo.

In generale, il lettore resterà del parere che da un lato vi siano deduzioni e teoremi logici e matematici, il mondo delle certezze "a priori" che volendo si può etichettare come "analitico" (e difficilmente il lettore troverà convincente l'idea che le deduzioni matematiche non appartengano semplicemente al mondo del giudizio analitico), e che dall'altro vi siano i dati essenzialmente contingenti e incerti che ci vengono dall'esperienza, etichettabili come "sintetici" e "a posteriori". La nozione del sintetico a priori continuerà a sembrare evanescente e fantastica, prodotto di un gioco combinatorio consentito dalle definizioni poste da Kant, che consentono di compilare la tabellina con quattro tipi di giudizio anziché due, e discendente dell'idea affatto convenzionale che il giudizio analitico sia quello corrispondente alle deduzioni che si fanno mediante i principi stabiliti dalla logica come la descrisse da Aristotele, anzi ancora meno di questo, perché Kant non menziona nemmeno i sillogismi come esempi di giudizio analitico (il motivo emergerà molto più avanti), ma soltanto le inferenze immediate che si fanno enucleando dalla definizione di un concetto una delle componenti che lo definiscono. E peggio ancora, assumendo tra i presupposti la distinzione psicologica e non logica tra la rappresentazione "confusa" e "chiara", come si vede anche nel testo qui immediatamente seguente, dove il giudizio analitico sembra aver la funzione solo psicologica e soggettiva di schiarirci le idee.

Tutto sembra artificioso; dirà il lettore: per quanto riguarda la matematica, se Kant vuole chiamare "sintetiche a priori" le deduzioni che si fanno con mezzi diversi dall'inferenza immediata, lo faccia pure se pensa che sia utile, ma la questione resta solo di parole, di definizioni e convenzioni. Per quanto riguarda un principio come "tutto ciò che accade ha la sua causa", il lettore resterà qui in sospeso, continuando a sospettarne il carattere empirico e non assoluto.

▪ Pagina B 14: "V - In tutte le scienze teoretiche della ragione sono compresi, come principi, giudizi sintetici a priori. I giudizi matematici sono tutti sintetici ..."

Il discorso prosegue dettagliando le specie del giudizio sintetico. Per quanto riguarda la matematica, i cui giudizi sarebbero tutti sintetici e ovviamente a priori, il testo di questo paragrafo non basterà mai a persuadere il lettore che Kant abbia trovato una distinzione essenziale. Si dirà: certo, ogni teorema di geometria o di algebra non si può ridurre alla semplice inferenza logica immediata da definizioni, ma resta il fatto che tutto il mondo dei teoremi logici e matematici non viene dall'esperienza, e dunque etichettare come sintetico a priori ciò per la cui deduzione non basta l'inferenza immediata sembra che sia e rimanga un'operazione puramente convenzionale.

Vi è però una cosa importante da notare, e la si incontra nel primo capoverso del testo qui di seguito: Kant si è accorto che la visione razionalista della matematica non si rendeva conto che tutte le catene deduttive matematiche procedono sulla base di assiomi che dal punto di vista logico sono proposizioni contingenti, non tautologiche. La nozione di assioma è antica: lo è almeno quanto la geometria di Euclide, che è sviluppata su un insieme ristretto di assiomi e postulati enunciati esplicitamente. Ciò che mancava, dice Kant, non è la nozione di assioma, ma la consapevolezza che gli assiomi sono proposizioni non necessarie dal punto di vista logico. Che la linea retta sia la più breve fra due punti, assioma euclideo, è proposizione sì necessaria, ma lo è per le ragioni che Kant argomenterà poco oltre, nell'Estetica trascendentale, e non perché sia riducibile a una tautologia, che invece era proprio ciò che la scuola logica di Leibniz e Wolff asserivano.

▪ Pagina B 15: "Per la verità, a prima vista si potrebbe pensare che la proposizione 7+5=12 sia una proposizione semplicemente analitica …"

L'ordine del discorso ora è rovesciato: prima Kant (prevedendo la resistenza del lettore) si arrampica sugli specchi per persuadere il lettore che le proposizioni aritmetiche non siano analitiche, ma sintetiche. Notate quanto poco persuasiva sia la precisazione per cui le operazioni con grandi cifre dovrebbero apparirci sintetiche: se io ho davanti da fare la moltiplicazione di due numeri di dieci cifre ciascuno, è chiaro che non ho idea del risultato prima di eseguire l'operazione di moltiplicazione secondo la regola, ma so anche benissimo che poi il risultato sarà l'esito di un processo deduttivo nel quale non è entrata l'esperienza. Perché questo dovrebbe avere una differenza qualitativa rispetto alle inferenze immediate che Kant chiama giudizi analitici?

▪ Pagina B 16: "Tantomeno è analitico un qualsiasi principio della geometria pura …"

L'esempio geometrico che segue probabilmente riconcilia un poco il lettore con i giudizi sintetici a priori. Per dare significato al principio (euclideo) per cui la linea retta è la più breve fra due punti, l'ascolto delle parole non serve a nulla, e dall'enunciato del principio in parole non si riesce a ricavare nulla: bisogna disegnare due punti su un foglio, e riscontrare che ogni curva che li congiunga sarà più lunga della congiungente rettilinea. Così ci troviamo davanti a una certezza che non viene da una deduzione, ma da uno stato di coscienza associato alla visione di qualcosa nello spazio, stato di coscienza che per quanti sforzi facciamo non riusciremo mai a immaginare che possa essere contraddetto da un'esperienza. Fate la prova. Riuscite a immaginare che una linea curva possa essere più breve del trattino rettilineo che congiunge i due punti: •———•? E ora, riuscite a immaginare di trasportare questa astrazione nella realtà, per esempio su un terreno, e di poter riscontrare che una misurazione con il metro possa trovare una congiungente curva più breve della retta? Ecco così una certezza che non viene dall'esperienza, ma al contrario viene da uno stato di coscienza che esclude l'esperienza in contrario, e dunque è a priori, e che contiene informazioni su qualcosa, la forma dello spazio, e dunque non è un'analitica tautologia, ma una proposizione sintetica. Faccio qui una raccomandazione al lettore: metta da parte tutto ciò che pensa, o per averlo approfondito o per sentito dire, sull'argomento delle geometrie non euclidee, e sospenda il giudizio riguardo a questo problema, che ovviamente non era noto a Kant. Se ne riparlerà in più occasioni.

Si noti che qui di seguito, però, il carattere sintetico, che comincia ad assumere una plausibilità per la geometria, riguarda gli assiomi, non i teoremi come conseguenze sviluppate dagli assiomi. Il testo infatti menziona subito qui i principi della geometria, non tutte le sue proposizioni.

▪ Pagina B 16: "Alcune poche proposizioni fondamentali [*Grundsätze*] presupposte dai geometri ..."

Infine Kant concede che talune proposizioni preliminari della geometria sono di natura logica, perché precedono ogni carattere dello spazio, e varrebbero se anche lo spazio non fosse quello euclideo. Il che per il principio di identità $a=a$ suonerà plausibile, ma quanto all'altro esempio, $(a+b)>a$, un pignolo potrebbe obiettare a Kant: è davvero sicuro che questa proposizione possa essere compresa senza bisogno di esemplificarla con qualche raffigurazione spaziale? Questo lo osservo solo per notare come la discussione su principi pur così elementari possa rivelare ogni genere di difficoltà.

▪ Pagina B 17: "2. La fisica [*Naturwissenschaft*] (*physica*) comprende in sé giudizi sintetici a priori come principi ..."

Il breve paragrafo che segue asserisce che in fisica ci sono giudizi sintetici a priori e invoca il principio della conservazione della massa, che Lavoisier enunciò poco dopo la pubblicazione della *Critica della Ragion Pura*, ma che ricorreva già in chimici più antichi come Stahl, e il principio di Newton dell'eguaglianza di azione e reazione: principi indubbiamente sintetici, ma davvero a priori? C'è da osservare che lo status epistemologico di questo genere di principi è problema ancora aperto: sono assunzioni arbitrarie, completamente convenzionali? Sono risultati di induzione, assunti con la speranza che la loro universalità venga sempre confermata? Ma in ogni caso, è difficile pensare che siano principi a priori, perché una conoscenza a priori, proprio nel quadro concettuale di Kant, è una conoscenza tale che non vi può essere uno stato di coscienza che la contraddica, e invece noi possiamo benissimo immaginare in ipotesi un mondo nel quale la massa cresce o diminuisce nelle reazioni chimiche, e forse anche un mondo nel quale l'azione meccanica non fosse uguale alla reazione (ciò sarebbe possibile se esistessero movimenti non relativi, a quindi ci fosse modo di esercitare un'azione meccanica ancorandosi a riferimenti spaziali assoluti: qui un corpo potrebbe esercitare una forza allontanando da sé un altro, e il primo potrebbe essere considerato attivo in modo assoluto, l'altro passivo).

Con buona pace dell'autorità di Kant, si continua ad avere l'impressione di essere dentro un gioco di parole: è facile dire che se si premette una definizione della materia nella quale la conservazione di essa nelle trasformazioni chimiche non è compresa, poi l'aggiunta di questa ulteriore proprietà è una proposizione sintetica. Facile, ma ben poco utile. E poi, l'apriori da dove verrebbe fuori?

▪ Pagina B 18: "3. Nella metafisica, considerando questa scienza solo come una scienza finora soltanto tentata ..."

Il paragrafo seguente accenna alla metafisica e fa riferimento a quella nel senso classico, che si occupa di oggetti ideali, non a quella nuova da dedurre dalla critica. È possibile che qui Kant eviti di menzionare la metafisica da fare, quella che dovrebbe descrivere la struttura della natura in genere, perché si sente in difficoltà dal momento che gli esempi appena fatti riguardo alla fisica sono proposizioni che hanno tutta l'aria di essere piuttosto candidate ad appartenere alla sua metafisica nuova che non alla fisica, se davvero potessero essere dedotte a priori. Ma così nella fisica non resterebbe nessun giudizio sintetico a priori, e questo sarebbe fonte di un altro imbarazzo.

Un'avvertenza, che anticipa un tema che si presenterà molto oltre: si tenga sempre a mente che per Kant il concetto dell'universo, per quanto fisico, non è un concetto relativo alla natura, ma è una nozione ideale tanto quanto lo sono i concetti dell'anima e di Dio. Ciò che chiamiamo natura e psiche sono cose finite di cui si ha esperienza; invece ciò che chiamiamo l'universo e l'anima non lo sono, sono idee che la ragione produce nell'illusione di arrivare a conoscenze assolute di ciò che è sottostante ai primi due. Quindi la metafisica idealistica consta di giudizi sintetici a priori "secondo il suo scopo", per ciò che si ripromette, ma non nel fatto. La metafisica nuova conterrà legittimamente giudizi sintetici a priori, una volta coronata da successo questa riforma che Kant si riproponeva, però non relativamente agli oggetti ideali della metafisica antica.

▪ Pagina B 19: "VI - Problema generale della ragion pura ..."

Abbiamo letto il testo sin qui senza prendere troppo sul serio la nozione di giudizio sintetico a priori. Ora dobbiamo capire che uso possiamo fare di questa nozione, che legioni di interpreti e lettori hanno accettato sull'autorità dell'immenso Kant senza averla affatto capita, non riuscendo a dirne nulla al di là della sua collocazione nella tabella dei quattro tipi di giudizio che possono esserci, e tuttavia pretendendo di padroneggiarla, un po' come i cortigiani nella favola dell'abito nuovo del re.

Vediamo tutti gli elementi in gioco. Innanzitutto, è sempre da ricordare che Kant si muove conservando nello sfondo la convinzione che la logica formale sia descritta in modo definitivo dalla sistemazione Aristotelica, e non si pone mai problemi di filosofia del linguaggio: dà per scontato che le parole astratte del lessico filosofico consentano di esprimere concetti con precisione e fuori di metafora; dà per scontato che il linguaggio e la logica siano connessi tra loro in modo necessario, che la logica si esprima solo in parole, e che la logica e la matematica siano ambiti essenzialmente diversi, e distinguibili in modo assoluto.

Poi Kant, non diversamente da noi, riscontra che esiste il mondo delle inferenze necessarie, logiche e matematiche, e qui, a differenza dei suoi predecessori, si accorge che tutte le proposizioni necessarie sono tali perché il soggetto umano, quando pensa coscientemente, si trova nella gabbia di tutti quei principi dei quali non è in grado di rappresentarsi la negazione. Tali sono il principio di non contraddizione, gli assiomi euclidei, gli assiomi dell'aritmetica, e così via. Essi non sono la struttura delle cose (o meglio: potrebbero anche esserlo, ma non lo sappiamo), ma la struttura del soggetto (e questo lo sappiamo dalla certezza dei nostri stati di coscienza quando ci rappresentiamo quei principi). E poi, anche qui non diversamente da noi, Kant riscontra che esistono sensazioni, percezioni ed esperienze, ossia rappresentazioni che noi giudichiamo contingenti, e che perciò consideriamo ricevute da fuori di noi. A questo punto, dice: ma allora l'esperienza si forma perché interroghiamo la natura provando e riprovando a vedere se ciò che accade e ci si presenta nella percezione (il contingente) possa apparire come esemplare di costrutti formali che creiamo mediante le leggi logiche e matematiche che sono in noi.

Se guardiamo il semplice esempio geometrico visto sopra, il discorso si lascia cogliere con semplicità: poiché nello spazio vuoto la congiungente più breve tra due punti è la retta, anche tutte le cose che appaiono nell'esperienza e che riempiono lo spazio erediteranno quella proprietà, perché come non possiamo avere la rappresentazione di una linea curva che sia più breve della retta nello spazio vuoto astratto della geometria, così non la potremo vedere nemmeno in uno spazio pieno di oggetti di qualsiasi specie. Ma per Kant tutto il nostro rapporto con la natura, tutta l'esperienza, si costruisce in questo modo. Per anticipare qualcosa riguardo al concetto di causa, ciò che Kant ne dice, e che costituisce la sua celeberrima critica all'interpretazione empirista, è questo: noi incontriamo nell'esperienza piante, animali, ecc., e relazioni tra loro, ma non incontriamo cause. La causa in se stessa non è un concetto empirico. La causa è un costrutto formale che possiamo pensare prima dell'esperienza, è l'idea che le cose siano in una relazione tale per cui data una di esse, A, segue necessariamente un'altra, B. Cioè, la causa è l'idea, formale e vuota, che A implichi B (dove l'implicazione è una relazione logica) e che B nel tempo succeda ad A (dove la successione è una relazione matematica): non c'è nulla di empirico finché guardiamo solo questo schema vuoto. Poiché possediamo questo strumento, noi oggettiviamo la natura andando a cercare nell'esperienza ciò che si comporta conformemente a questo schema, ed è saggiando in questo modo l'insieme di percezioni che ci arriva che l'umanità da sempre classifica e dà i nomi alle cose e si crea quel sistema di riferimenti che chiamiamo natura; e non può avvenire altrimenti.

Correlativamente, ciò ha un'implicazione fortissima riguardo al carattere della metafisica classicamente intesa. Come noi e come i suoi predecessori, Kant riscontra che esistono tanti e svariati tentativi dell'uomo di conoscere cose ideali oltre l'esperienza, e che non esiste concordia nei raziocini. Qui gli antichi hanno sempre pensato che l'errore fosse nei ragionamenti, taluni hanno pensato che prima o poi la chiave per determinare correttamente gli oggetti ideali si potrebbe trovare, altri hanno abbandonato scetticamente la spugna. E similmente facciamo noi al presente, anche se gli oggetti metafisici in voga nell'età contemporanea non sono più l'anima e Dio, ma piuttosto cose come il capitalismo o il patriarcato. L'universo, per dire la verità, è rimasto in voga e fa da ponte tra le due epoche: professare credenze sull'origine, le dimensioni e l'età del mondo è cosa che si fa ancora oggi come si faceva in antico regime, e anzi senza nemmeno mettere mai in dubbio la liceità di farlo e la bontà delle argomentazioni dei fisici su questi temi. Ma Kant la vede diversamente, e ci dice: non è questione di svolgere bene o male i ragionamenti, è questione che il ragionare a priori non può produrre mai altro che conseguenze e teoremi logici e matematici, quindi mai altro che le strutture vuote di possibili relazioni logiche tra le percezioni, e non produce mai informazioni sull'esistenza delle cose, e meno ancora determinazioni di oggetti assoluti e superiori all'esperienza.

Tornando ai giudizi sintetici a priori, allora tenendo conto di tutto questo potremmo metterla così: non esistono giudizi sintetici a priori, ma esiste la sintesi a priori, che è la costante attività di oggettivazione della natura guidata dalle leggi logiche e matematiche che vincolano l'attività del soggetto umano. Il nostro rapporto con la natura è descritto così da Kant: noi creiamo i concetti delle cose empiriche perché il materiale dell'esperienza si adatta a schemi formali che non sono in se stessi prodotti dall'esperienza, ma sono nel soggetto, che li costruisce con scelte fatte a proprio arbitrio, ma secondo le regole formali che non può violare. E questa attività è una "sintesi", perché crea forme di possibili relazioni tra le cose, ed è "a priori" perché utilizza gli elementi logici e matematici che sono necessari per noi. Così l'espressione "sintesi a priori" ha un senso, anche se l'esempio di un singolo giudizio etichettabile come assolutamente sintetico a priori non si può fare. E alla fine l'espressione "sintesi a priori" ha un senso anche polemico, perché è una perifrasi di tutta l'analisi con cui Kant ci porta a riconoscere le aporie a cui la visione tradizionale dei processi conoscitivi ci conduce sia riguardo alla natura e alla scienza naturale (che per la visione tradizionale è copia della struttura della cose), sia riguardo alla pretesa conoscenza metafisica (che dovrebbe farci conoscere le proprietà di oggetti ideali).

Però Kant al contrario, dati i suoi pregiudizi classici sulla natura della logica e del linguaggio, crede e crederà sempre di poter fare esempi di giudizi sintetici a priori espressamente formulati e riconoscibili come tali, distinti dal giudizio sintetico a posteriori, quando ciò è impossibile, perché sintetica (di elementi empirici) e a priori (mediante strutture formali logiche e matematiche) è l'attività con cui l'uomo investiga la natura, non una qualche singola frase isolata dal suo contesto. Questo problema è stato fonte di enorme difficoltà per i lettori della *Critica della Ragion Pura* in tutti i tempi, che il pregiudizio dell'autorità di Kant ha condotti o a formarsi frammenti di spiegazione fantasiosi ed evanescenti riguardo al significato del giudizio sintetico a priori, oppure al rifiuto della visione kantiana come una cosa chimerica, e all'incapacità di entrare in sintonia con essa.

E allora, non resta che proseguire la lettura lasciando a Kant la sua fiducia nella possibilità di trovare dei giudizi sintetici a priori, lasciando noi questi da parte, con fiducia che la sua descrizione dell'operare del soggetto umano nella costruzione della natura ci farà ugualmente vedere le cose in una prospettiva che merita di essere conosciuta. Nel seguito non ci occuperemo più che tanto della questione del giudizio sintetico a priori, sapendo che esso è una perifrasi che sottende tutta la concezione kantiana del rapporto tanto con la natura empirica, quanto con gli oggetti ideali che la ragione crea da se stessa e tenta di determinare. Un'espressione che sta sopra un pensiero del tutto serio, ma che in se stessa il lettore di oggi non può prendere alla lettera per ciò che essa vorrebbe significare nelle intenzioni originarie di Kant.

Tuttavia, infine, c'è anche da riconoscere che la distinzione tra giudizi sintetici a posteriori e a priori ha una parentela, ma non un'esatta corrispondenza, con la distinzione usuale in tutte le scienze tra leggi e risultati considerati solo occasionali ed empirici e risultati fondati teoricamente: i primi sono indotti da mere generalizzazione dell'esperienza usuale senza essere collegati con il sistema delle proposizioni del complesso di quel settore scientifico, mentre i secondi sono elementi di una visione sistematica d'insieme. Anche qui, la proprietà di essere puramente empirica o teoricamente fondata si attribuisce a una legge o proposizione, non per la lettera del suo enunciato, bensì per la relazione che ha o non ha con tutto il contesto. Lo stesso può dirsi del giudizio sintetico a priori di Kant: una stessa proposizione enunciata lasciando sottinteso il contesto che le dà senso potrebbe apparire come empirica, e invece portando a coscienza tutto il processo di costruzione del suo senso e di verifica della sua corrispondenza all'esperienza potrebbe apparire come sintetica a priori.

▪ Pagina B 19: "La causa per la quale la metafisica è rimasta fin qui in una condizione tanto oscillante di incertezza ..."

D'ora innanzi varrà sempre l'avvertenza: leggendo, sostituire la problematica nozione del singolo giudizio sintetico a priori con quella viva che le corrisponde, la sintesi a priori in genere; nelle righe che abbiamo appena letto, la domanda conclusiva può riformularsi così: cosa fa e cosa può farsi l'uomo della necessità delle leggi logiche e matematiche che ha dentro di sé? Fate questa sostituzione, e vedrete che le righe seguenti prendono subito vita e significato.

▪ Pagina B 20: "Nella soluzione del suddetto problema è compresa ..."

Nell'ultima frase Kant ha osservato che l'empirismo assoluto, non svolto fino in fondo nemmeno da Hume, considerando empirico ogni contenuto della coscienza e quindi disconoscendo l'esistenza della dimensione di necessità delle leggi logiche e matematiche che il soggetto sperimenta in sé, non potrebbe avere una teoria della matematica: ma nessuno arrivò mai a questo perché l'esperienza della necessità delle deduzioni matematiche ha una forza tale da prevenire istintivamente questo errore. La questione però non è che la matematica contenga giudizi sintetici a priori, ma che la matematica la costruiamo sulla base degli stati di coscienza dei quali non siamo in grado di pensare la contingenza, come sono ad esempio gli assiomi euclidei.

• Pagina B 21 **nota**: "Taluno potrebbe ancora dubitare che questa esistenza l'abbia la fisica pura ..."

Per la nota qui seguente vale quanto già osservato prima: il principio della conservazione della massa dei chimici e quello dell'inerzia di Newton, e a maggior ragione il principio dell'eguaglianza di azione e reazione, che per la sua simmetria fa sospettare un carattere matematico più pronunciato, sembrerebbero candidati a far parte della metafisica nuova che viene prima della fisica, che non della fisica. Ma allora la fisica resterebbe tutta empirica, e così si distruggerebbe la simmetria del sistema che Kant sta tentando di costruire attorno alla nozione del giudizio sintetico a priori. A dubitare della fisica pura però non è "taluno", un qualche lettore, ma Kant stesso.

• Pagina B 21: "Ma, tuttavia, anche questa specie di conoscenza deve in un certo senso essere considerata come data, e la metafisica, se pure non come scienza, esiste certo come disposizione naturale (*metaphysica naturalis*) ..."

Nel seguito si parla ovviamente della metafisica classicamente intesa, relativa a oggetti ideali.

• Pagina B 23: "Si può dunque, anzi si deve, far conto che non siano mai esistiti i tentativi fatti sino ad ora per creare dogmaticamente una metafisica ..."

Ricordi il lettore che sopra, a pagina B XXXV, abbiamo letto la definizione esatta dell'atteggiamento dogmatico, che è quello in cui la ragione procede per deduzioni senza avere nozione della chiave della propria relazione con la realtà esterna ad essa, e così tenta arbitrariamente la determinazione di oggetti ideali. Va tenuto conto che il "dogmatismo", ovvero il razionalismo, verso cui Kant è così distruttivo, è un errore teoretico compiuto e sempre rinnovato dalla ragione umana data la sua struttura, e non è ciò che si intende comunemente con questa parola, cioè l'atteggiamento di ottuso e artificioso arroccamento in pretese certezze: questo è una dimensione psicologica della vita umana che deriva dal dogmatismo nel primo senso, che è qualcosa di molto più fondamentale e serio.

Si noti, nelle righe che seguono, il riconoscimento del fatto che nella trattatistica metafisica storicamente esistente, se anche lo scopo principale non è mai raggiunto, esiste una quantità di osservazioni analitiche che sono utili e compatibili con la filosofia critica: Kant cita e usa gli autori del passato in quanto nelle loro analisi dettagliate trova elementi, per quanto disparati, di quello che egli sta mettendo in sistema con criterio.

• Pagina A 10 B 24: "VII - Idea e partizione di una scienza speciale sotto nome di critica della ragion pura …"

Si memorizzi ora la definizione del termine "trascendentale" che occorre nel paragrafo seguente: "ogni conoscenza che si occupa non di oggetti, ma del nostro modo di conoscere gli oggetti, in quanto questa conoscenza deve essere possibile a priori", e si noti, a evitare confusioni, che ciò che possiamo conoscere a priori è sempre e solo il nostro modo di rapportarci agli oggetti, mai gli oggetti; quindi trascendentale è la conoscenza, a priori, che il soggetto può avere della propria strutturazione logica e matematica.

Va avvertito che molto spesso, più avanti nel testo, "trascendentale" sembra diventare sinonimo di "trascendente", confondendo il lettore, perché gli oggetti trascendenti sono il prodotto dell'attività idealizzatrice della facoltà conoscitiva (trattata nella Dialettica). Quando il termine occorre in questo senso, Kant con esso intende dire che una qualche proposizione usa una funzione logica, un concetto, per ciò che esso significa senza considerare le condizioni in cui può assumere significato in rapporto all'esperienza; quella proposizione usa così quella funzione logica per il significato che essa avrebbe rispetto a qualsiasi cosa in genere, senza la restrizione a ciò che esiste nell'esperienza. La definizione esplicita di "trascendentale" in questo senso si trova intercalata nel testo a pagina A 238 B 298 (dopo che Kant ne ha già fatto uso più volte), e consiglio il lettore di annotare la formula, il cui senso forse ora non è chiaro, ma poi lo diverrà: "L'uso trascendentale di un concetto, in un principio qualsiasi, è questo: che esso viene riferito alle cose <u>in generale</u> e <u>in se stesse</u>, laddove l'uso empirico si ha quando esso viene riferito solo a <u>fenomeni</u>, cioè a oggetti di un'<u>esperienza</u> possibile". L'uso "trascendentale" in questo senso è pressoché sempre distinto come correlato illegittimo dell'uso "empirico", che è quello lecito e significativo. Il lettore obietterà con ragione che la scelta di usare il termine in due sensi così distinti non è stata felice dal punto di vista espressivo, ma così è, e non è difficile riconoscere per la parola "trascendentale" il senso corretto da attribuirle in tutte le sue occorrenze.

Di seguito ritorna, inoltre, il tema consueto della certezza che sia possibile svolgere definitivamente il compito proposto; ciò che è in noi, leggiamo nel testo, "non dovendo essere cercato fuori di noi, non ci può restare celato", e questa è la ragione per cui dovremmo essere in grado di svolgere la scienza dell'a priori completamente e con facilità.

▪ Proseguiamo la lettura dell'Introduzione sino alla fine.

Dottrina trascendentale degli elementi

Parte Prima - Estetica trascendentale

▪ Pagina A 19 B 33: "§ 1. In qualunque modo e con qualunque mezzo una conoscenza …"

Non occorre spendere parole sul fatto noto che Kant qui immaginò di dettare legge al linguaggio, e non vi riuscì, chiamando "Estetica" (da αἴσθησις, percezione) la sua teoria trascendentale della sensibilità, quando lo stesso termine era già in uso da qualche decennio per fare rifermento alla filosofia dell'arte e della bellezza. Oltre a ciò, è anche ben noto e si ricorderà che per Kant l'intuizione (*Anschauung*) è la dimensione della conoscenza presente al soggetto e non elaborata da un processo di pensiero, e che pertanto la parola "intuizione" nel contesto kantiano non ha mai niente a che vedere con il fenomeno psicologico che intendiamo ordinariamente con questa parola, cioè un'inferenza condotta in modo parzialmente istintivo e senza piena coscienza di tutti gli elementi del ragionamento.

Iniziando la lettura, si ricordi sempre che l'intuizione per Kant è un genere del quale "almeno per noi uomini" esiste di fatto una sola specie, la nostra sensibilità, ma che potrebbe comprendere altre specie, cioè altri modi immediati di portare informazioni al soggetto. L'intelletto divino, nel concetto che la ragione umana se ne fa, sarebbe privo delle limitazioni della sensibilità, e pertanto avrebbe un'intuizione completa di tutto ciò che è, e questa presenza immediata del reale sarebbe da chiamarsi intuizione, sebbene si tratti di un'intuizione (per noi completamente indeterminabile, impensabile e inimmaginabile) di specie completamente diversa dalla nostra sensibilità. L'apertura verso questa ipotesi è sempre nello sfondo, non per pretendere di determinare l'intelletto divino, bensì per esprimere il carattere relativo della visione umana del mondo fenomenico.

▪ Pagina A 20 B 34: "Nel fenomeno io chiamo materia ciò che corrisponde alla sensazione …"

Entra la distinzione tra materia e forma nel senso specifico kantiano: la forma è il carattere del soggetto, o dello "spirito", con cui il traduttore qui rende la parola tedesca *Gemüt*.

• Pagina A 20 B 34: "Tutte le rappresentazioni nelle quali non è mescolato nulla di ciò che appartiene alla sensazione, le chiamo pure …"

Tutta la dimensione della forma è pertinente al soggetto. Ma nell'ambito della forma, Kant ora fa una distinzione a prima vista inaspettata, che però non è difficile da capire, ed è correlata con il suo duplice pregiudizio che la logica aristotelica sia assoluta, e che l'espressione attraverso il linguaggio tecnico della filosofia abbia la capacità di esercitare il puro pensiero intellettuale. Kant distingue due famiglie della forma logico-matematica che è nel soggetto: una riguarda la ricezione dei dati sensibili, l'altra la loro elaborazione nel pensiero. Alla prima, forma dell'intuizione, appartiene la nostra conoscenza immediata delle caratteristiche dello spazio e del tempo, e quindi gli assiomi euclidei, alla seconda, forma dell'intelletto, appartengono i principi della logica formale generale e i principi più specifici con cui elaboriamo l'esperienza, trattati oltre. La distinzione non corrisponde esattamente a quella tra matematica e logica, perché fuori della geometria il resto della matematica, aritmetica e algebra, si basa su principi che appartengono all'intelletto, non all'intuizione.

Non credo che comprendere il senso di questa distinzione sia problematico per il lettore (dico solo comprendere il senso, che non implica accettarla per vera); ma ad ogni modo, si pensi all'esempio dell'assioma per cui la linea retta è la più breve fra due punti e a quanto discusso più sopra al riguardo: nella mentalità di Kant, l'atto di immaginazione spaziale che è necessario compiere per avere coscienza della necessità di quell'assioma è cosa completamente diversa dalla teoria aristotelica dei giudizi, dei sillogismi, ecc. Con il senno di poi, questa radicale diversità per noi potrebbe essere problematica, non assoluta, perché potremmo chiederci: potremmo mai capire noi le leggi logiche senza farcene una rappresentazione metaforica nello spazio, come insiemi? E questo potrebbe rivelarci un'omogeneità di fondo persino tra logica e geometria, della quale Kant stesso avrebbe potuto avere sentore se avesse osservato che le parole con cui egli tratta dei giudizi analitici sono piene di metafore spaziali a cui non si riesce a rinunciare: le note sono "contenute" in un concetto, il giudizio analitico le "estrae", e così via. Ma il testo di Kant deve essere letto stando al suo gioco, e quindi considerando intuizione e intelletto come cose completamente eterogenee, a cui corrispondono due forme a priori altresì eterogenee, da un lato quella dell'intuizione che si concretizza nella geometria, dall'altro quella dell'intelletto che si attua nella logica (nel senso tradizionale e nel senso lato kantiano) e anche nell'aritmetica e algebra, sebbene a queste Kant attribuisca anche un legame con l'intuizione (che è uno dei temi che gli sono più difficili da chiarire compiutamente).

• Pagina B 36 **nota**: "I tedeschi sono i soli che si servano al presente della parola estetica per indicare ciò che gli altri chiamano critica del gusto ..."

Tra le edizioni A e B Kant andava riflettendo sui giudizi di gusto, come mostra la parola "principali" aggiunta dentro questa nota nella seconda versione: al tempo della prima edizione Kant considerava la questione del gusto completamente psicologica, poi non più solo tale, ma tutto il resto della prima *Critica* non ha alcuna relazione con la successiva teoria dei giudizi sul bello e sull'arte.

Sezione Prima - Dello spazio

• Pagina A 22 B 37: "Sezione Prima - Dello spazio ..."

Tutte le espressioni e tutti i capoversi dell'Estetica trascendentale, che si svolge da qui in avanti impegnando circa trentasei pagine nel testo B, sono chiarissimi, e presi uno alla volta non presentano difficoltà quanto al loro senso letterale: ma l'insieme di essi, soprattutto alla prima lettura, lascerà il lettore con la sensazione di avere percorso un cammino evanescente, e di non avere colto l'essenziale dell'argomento.

Nel primo paragrafo Kant si propone di descrivere senza ambiguità (con il solito requisito psicologico residuo della "chiarezza"), ovvero di "esporre", ciò che sappiamo a priori dello spazio, ossia in via "metafisica". Qui il termine è usato nel senso nuovo: metafisica è ciò che possiamo sapere effettivamente a priori, e che riguarda unicamente il carattere formale del soggetto.

Prima di venire specificamente allo spazio, Kant introduce senza discuterli i concetti del senso esterno (di fatto i cinque sensi) e del senso interno, che è la nostra capacità di provare stati d'animo contingenti (attenzione, disattenzione, desiderio, gioia, melanconia, e tutto quanto si dice psicologico): gli oggetti del senso interno, gli stati d'animo, sono contingenti al pari di quanto si presenta ai sensi esterni, e pertanto la conoscenza che il soggetto ha della propria esistenza e delle sue caratteristiche psicologiche è empirica quanto quella che ha delle cose esterne, e non ha alcuno status privilegiato: ciò è accennato qui con il dire che il soggetto non ha nessuna intuizione assoluta di se stesso come "anima", argomento che sarà discusso in dettaglio molto più oltre.

Poi il testo pone il problema dell'idealità dello spazio e del tempo:

sono questi proprietà delle cose, o del soggetto umano? La risposta è la seconda, e viene poi argomentata. Ma senza dubbio l'idea è strana, e necessita di un'introduzione semplice. Preliminarmente, introduciamo il discorso solo riguardo al tempo: immaginiamo di vedere svolgersi dinnanzi a noi nel tempo un documentario che ci illustra i dettagli di una statua, e la inquadra prima nell'insieme girandole attorno, poi porta l'attenzione sul dettaglio di molte sue parti, mentre una voce ne spiega le caratteristiche. Noi sappiamo che quella statua è un volume di pietra che sta lì tutto insieme e presenta, immutabili, le caratteristiche che il filmato sta esplorando (per la verità sappiamo che esse sono destinate a mutare lentamente nei millenni, ma che sarà impercettibile e insignificante il mutamento che avviene mentre oggi le percepiamo); quindi sappiamo che la serie delle immagini che vediamo non corrisponde a una sequenza di eventi della statua, ma di eventi della nostra attenzione. Il tempo che ci è necessario per osservare quest'opera dunque è una necessità nostra: più vogliamo conoscere dettagliatamente questa cosa, più ci serve tempo per studiarla. Così, generalizzando il discorso, il tempo potrebbe non essere altro che il punto di vista umano sull'esperienza, come sospettato in ogni epoca e già dalla filosofia greca, che ne proclamò il carattere apparente. Potrebbe essere che le cose del mondo non siano nel tempo, ma la mente umana sia destinata ad apprenderle poco alla volta in una sequenza di suoi stati diversi l'uno dall'altro, mentre la mente divina le intuisce tutte insieme in un eterno istante. L'ipotesi sembra un gioco, nemmeno tanto persuasivo, perché diremo subito: se guardiamo una statua girandole attorno, allora sappiamo che gli eventi nel tempo sono solo relativi alla nostra attenzione che si concentra su aspetti diversi della cosa, la quale in se stessa resta nello stesso stato; ma se vediamo un veicolo che percorre una strada, o una pentola in cui qualcosa cuoce, allora necessariamente pensiamo che anche l'oggetto che vediamo stia cambiando di stato nel tempo, insieme alla nostra immagine di esso. Tuttavia, e qui sta la particolarità della teoria di Kant, ciò che sappiamo del tempo, e per le stesse ragioni anche dello spazio, fa sì che una concezione coerente del tutto della nostra esperienza la possiamo raggiungere solo concependo il tempo e lo spazio come prospettive sulle cose alle quali la mente umana ha avuto il destino di essere obbligata, per quanto strano ciò sembri a prima vista. Ora vedremo come questa idea possa essere argomentata, ma teniamo conto che nello spirito del gioco di Kant ci è dato sì sapere che le cose stanno così, ma non ci è dato sapere perché le cose stiano così:

tutto quanto segue vuole essere la constatazione dello stato di cose riguardo a se stesso che nessun uomo, se vi riflette, sarà in grado di negare, ma non una dimostrazione che le proprietà del soggetto umano debbano essere queste, né una spiegazione della loro origine (che Kant esclude dall'ambito della filosofia rigorosa, come è stato da lui accennato più sopra).

▪ Pagina A 23 B 38: "1. Lo spazio non è un concetto empirico ricavato da esperienze esterne ..."

Ora il primo punto dell'esposizione non presenta difficoltà, ma può essere utile premettervi alcune parole, come se il capoverso cominciasse così: "I concetti del colore rosso o del sapore del pane sono concetti empirici; essi sono ricavati da esperienze esterne, senza di queste non sarebbero nella mente, e abbiamo coscienza del fatto che potrebbero non presentarsi mai e non esistere. Al contrario, ..."

▪ Pagina A 24 B 38: "2. Lo spazio è una rappresentazione necessaria, a priori, che sta a fondamento di tutte le intuizioni esterne ..."

Il secondo punto (e anche il terzo nella prima edizione) usano l'argomento che la rappresentazione dello spazio e delle sue caratteristiche specifiche a cui corrispondono gli assiomi euclidei è tale per cui noi non siamo in grado di produrne una diversa: perciò è qualcosa di necessario. Si sa che secondo la filosofia corrente nel ventesimo secolo e nel presente l'impossibilità di visualizzare una rappresentazione dello spazio non euclideo sarebbe un fenomeno psicologico, per quanto generalmente sperimentato, e quindi qualcosa di non assoluto e non rilevante dal punto di vista logico. Kant, ignaro della possibilità delle geometrie non euclidee, ci prospetta un punto di vista completamente diverso: che sarebbe esercizio futile ed illusorio tentare di determinare ciò che non possiamo rappresentare in concreto. La questione, per farsene un'opinione, richiederebbe molto più di studio: bisognerebbe capire perché lo spazio euclideo è considerato non necessario in modo assoluto in conseguenza delle acquisizioni della fisica non classica, a cominciare dall'argomentazione usata da Einstein per la semplice relatività ristretta[1]. Se il lettore per ora è motivato a conoscere Kant, si contenti di rendersi conto che Kant, se avesse avuto nozione della geometria non euclidea, l'avrebbe considerata un gioco metafisico nel senso tradizionale, privo di relazione con l'esperienza, perché di

---

[1] Per chi voglia orientarsi, è disponibile la mia guida *La relatività da Lorentz a Einstein*, 2017.

qualsiasi cosa che si incontri nell'esperienza deve essere possibile creare e immaginare a priori una struttura vuota, fatta di elementi logici e matematici rappresentabili nel concreto dell'intuizione, alla quale l'esperienza apporta il carattere dell'esistenza. Se qualcosa esiste nello spazio, deve avere una forma rappresentabile nello spazio togliendone quanto è pertinente all'esperienza ed esistenza, cioè togliendone la qualità delle sensazioni. Il resto, per Kant, sarebbe gioco di parole e illusione.

▪ Pagina A 24: "Su questa necessità a priori si fonda la certezza apodittica di tutti i principi geometrici ..." (Testo della prima edizione)

L'argomento qui di seguito (punto tre della prima edizione) è per assurdo, e non vuole essere particolarmente rigoroso, però è espressivo; dice Kant: poiché sapete benissimo che negando l'assioma euclideo dell'esempio qui addotto vorreste solo scherzare, si evince anche che il carattere necessario e non empirico della rappresentazione dello spazio vi è ben noto. Il pensiero opposto condurrebbe a una concezione empirica della matematica, che è un'assurdità manifesta. Notate che questo chiarimento è stato tolto da Kant nell'edizione B probabilmente con la motivazione di restringersi all'espressione più rigorosa della teoria eliminando le divagazioni, e che così anche altrove ha fatto sparire chiarimenti utili.

▪ Pagina A 24 B 39: "3. Lo spazio non è un concetto discorsivo o, come si dice, universale dei rapporti delle cose ..."

Il punto successivo insiste, in semplici parole, che la geometria non è la stessa cosa della logica classificatoria, e che lo spazio non è un genere diviso poi in tot specie, ma è un tutto, nel quale si possono delimitare spazi parziali (che non sono specie del genere "spazio", ma delimitazioni tanto lecite quanto arbitrarie dello spazio totale). La constatazione di questo carattere dello spazio è facile da capire, dato che corrisponde a uno stato di coscienza che possiamo verificare in noi stessi in qualsiasi momento, e che non possiamo immaginare di sostituire con una condizione diversa: c'è uno spazio in cui possiamo disegnare triangoli, quadrati, cubi e sfere a piacimento, ma non possiamo rappresentarci più spazi come specie del genere.

Va osservato che questa constatazione secondo Kant aggiunge forza alla teoria della idealità dello spazio, ma ciò è connesso con il suo solito pregiudizio riguardo alla logica e al linguaggio. Per noi è difficile che questa constatazione, per quanto vera, abbia forza di argomento al di là della descrizione del carattere dello spazio intuibile che ci fa riconoscere. Per quanto riguarda il termine "discorsivo", ora provvisoriamente lo si accetti come sinonimo di "logico e intellettuale": più oltre vedremo esattamente il senso tecnico con cui Kant lo usa.

• Pagina A 25 B 39: "4. Lo spazio viene rappresentato come una grandezza infinita data. ..."

Anche il quarto punto insiste sul fatto che lo spazio è un elemento a priori della sfera dell'intuizione, e non del pensiero. Su ciò Kant insiste sempre, perché gli serve da argomento per la sua tesi secondo cui ogni considerazione che usi argomenti relativi allo spazio e al tempo non può avere nessun valore in rapporto a ciò che è esterno all'esperienza, e quindi nella metafisica nel senso classico, quella relativa a oggetti ideali: che sono concepiti dalla ragione umana come estranei allo spazio come al tempo.

• Pagina B 40: "§ 3. Esposizione trascendentale del concetto di spazio ..."

La descrizione chiara (ovvero "esposizione") non più metafisica, ma trascendentale, determina ora il concetto dello spazio in una prospettiva diversa, guardandone non le caratteristiche, ma le conoscenze che esso consente.

• Pagina B 40: "La geometria è una scienza che determina le proprietà dello spazio sinteticamente e nondimeno a priori ..."

Le proprietà formali dello spazio, che noi conosciamo a priori nella geometria, si trasferiscono alle cose reali che appaiono nello spazio. Kant sta dicendo una cosa elementare: se noi conosciamo il teorema, poniamo, di Pitagora, sappiamo anche che esso vale: per i triangoli disegnati sulla carta; e anche per triangoli disegnati con linee immaginarie nella mente; e anche per triangoli di mattoni che possono esistere nell'esperienza, e così via. Ciò che deduciamo dalle proprietà formali dello spazio si ritrova identico nell'esperienza, senza bisogno di verifica. Così prende corpo la concezione kantiana dell'oggettività: oggettivare è prendere coscienza dell'elemento formale necessario in ciò che prima è puramente soggettivo perché è semplicemente percepito. Quando l'oggettivazione avviene attraverso la geometria, essa significa superare le impressioni soggettive generate dalla percezione per sostituirle con misurazioni, con una precisa coscienza delle proprietà formali dello spazio astratto che si ritrovano nell'esperienza che lo riempie.

Kant ora insiste sul fatto che la natura dell'a priori spaziale appartenga all'intuizione, considerazione come sappiamo per lui fondamentale in conseguenza del suo pregiudizio riguardo alla logica, e insieme insiste sulla considerazione veramente rilevante: che la formalità dello spazio è una proprietà del soggetto, il quale altrimenti non conoscerebbe le caratteristiche dello spazio in modo necessario, e pertanto le caratteristiche dello spazio sono proprietà del soggetto trasmesse all'esperienza, non intrinseche alle cose, la cui realtà assoluta potrebbe essere, per quanto ciò sembri strano, non spaziale. Il punto centrale dell'argomento, in parole semplici, è questo: noi sappiamo come è fatto lo spazio, perché sperimentiamo stati di coscienza che ci obbligano a riconoscere per veri gli assiomi euclidei, dei quali non possiamo rappresentarci le negazioni. Dunque lo spazio è una componente dell'esistenza del soggetto cosciente: sappiamo con certezza quali sono le sue proprietà formali (gli assiomi euclidei), mentre se cerchiamo di rappresentarcelo come una cosa, diventa completamente evanescente, fatto di nulla. Dunque lo spazio per noi non può essere niente più della geometria, e ciò che sappiamo dello spazio, è che esso è il modo geometrico in cui vediamo le cose: cioè la "forma dell'intuizione"; oltre a questo non ne sappiamo nulla. Si ricordi sempre, leggendo il seguito, che ciò che importa veramente è la congiunzione di queste due circostanze: che la forma tridimensionale dello spazio euclideo è una condizione della rappresentazione impossibile da sopprimere una volta portata a coscienza, e che dello spazio sappiamo soltanto questo, che è fatto secondo le relazioni geometriche, quindi niente più che la geometria. Insisto su questo: ciò che Kant chiama l'idealità dello spazio è una perifrasi che sottende il fatto che conosciamo la forma dello spazio senza poter concepire alcuna esperienza che ce la presenti diversa, e che lo spazio è fatto di nulla: come tale non interagisce con le cose contingenti che ci appaiono, e che chiamiamo reali e fisiche.

Il lettore probabilmente sa che la relatività generale di Einstein (non quella ristretta) attribuisce la capacità di interazioni fisiche proprio allo spazio e al tempo come tali, rompendo una consuetudine della fisica moderna, che ha sempre negato tali interazioni (e Kant eredita questo atteggiamento dalle discussioni sullo spazio e sul tempo della filosofia precedente). Il lettore che vorrà dovrà giudicare da sé la questione, che ovviamente qui non può ricevere né risposta né soluzione.

• Pagina B 41: "Solo la nostra definizione pertanto rende comprensibile la possibilità della geometria ..."

Le parole qui seguenti si potrebbero traslitterare lasciando da parte l'espressione "sintetico a priori", mantenendo solo l'"a priori": solo la nostra definizione ci rende comprensibile come la conoscenza dello spazio ci faccia conoscere a priori certi caratteri dell'esperienza, quelli geometrici.

▪ Pagina A 26 B 42: "Lo spazio non rappresenta punto una proprietà di qualche cosa in sé, né rappresenta le cose nel loro mutuo rapporto ..."

È ora di fare una digressione riguardo al concetto della *cosa in sé*, che viene definito da Kant molto più avanti, ma al quale il testo ha fatto riferimento più volte già qui nell'Estetica, dove Kant tenta di persuaderci che lo spazio condivide le sue caratteristiche con la rappresentazione delle cose come fenomeni, e non con le cose in se stesse. La famigerata cosa in sé nella filosofia successiva è stata oggetto di discussioni d'ogni genere per il fatto che è il veicolo di una visione delle cose che trascende il problema dell'oggettività: in una parola, perché ha valenze metaforiche politiche, o ideologiche, o culturali che oltrepassano il problema gnoseologico astrattamente considerato. Cioè, molti hanno detto: non c'è bisogno della cosa in sé perché ciò che conosciamo è ciò che è, perché la cosa in sé è una metafora dell'autorità del trascendente, perché lo spirito crea il suo mondo di valori e di verità e non c'è nulla fuori di questo, e così via. Però, se lo scopo è quello di comprendere il senso dell'opera di Kant, prima di ogni discussione sul suo significato culturale e metaforico, allora l'idea della cosa in sé si può prendere per buona prescindendo dalle sue implicazioni ulteriori, in quanto il processo di pensiero che porta alla sua comprensione compendia e integra la concezione kantiana positiva dell'oggettività con un ragionamento complementare, che avviene per assurdo e in negativo.

Kant concepisce l'oggettività prendendo le mosse dal requisito che comunemente ne distingue il concetto: cioè, che essa sia pensiero rispetto al quale le condizioni particolari in cui ciascun individuo umano pensa e sente, nonché le condizioni in cui ciascun individuo è in disaccordo con se stesso perché pensa diversamente in diversi momenti, divengano irrilevanti. Constata poi che l'espressione di questo requisito è legittima per porre il problema, ma non è sufficiente per dare alcun criterio dell'oggettività, e perviene a definirla come il risultato dei processi in cui noi interpretiamo le cose come oggetti di relazioni che traiamo dalla forma necessaria del nostro rappresentare: quella strutturazione logica che consente agli uomini di avere un loro mondo di pensieri e conoscenze, rispetto ai quali la percezione contingente delle cose diventa la mera attestazione della realtà delle cose stesse. Questo implica però una altra conseguenza: il riconoscimento del fatto che pensare oggettivamente non significa conoscere le cose al di fuori del rapporto di rappresentazione, ma soltanto trasformarle in oggetti che consideriamo permanenti sotto il mutare delle rappresentazioni. Le cose conosciute oggettivamente non sono conosciute nelle loro caratteristiche assolute, ma sono conosciute in una specie del rapporto di rappresentazione che non è la semplice sensibilità, ma è l'attività della correlazione delle sensazioni nel pensare mediante elementi formali necessari.

Accade anche, però, che il nostro modo di conoscere oggettivamente, proprio perché è fondato sulla correlazione necessaria del materiale percettivo nell'unità della strutturazione logica, faccia sì che noi ci possiamo creare un'idea della realtà delle cose in un senso e in un modo assoluti, cioè fuori di ogni relazione con la rappresentazione: cioè, accade che a noi viene in mente, naturalmente, di formarci un'idea delle cose come esse dovrebbero essere tanto fuori della sensazione, quanto fuori del pensiero. Infatti, il nostro pensare appartiene a noi, e non agli oggetti eterogenei rispetto a noi: e poiché sappiamo questo, non è strano che ci sembri che potremmo realizzare un'oggettività perfetta, se solo riuscissimo a estendere l'oggettività aldilà di ogni confine dei nostri pensieri. L'evento del formarsi di questo pensiero è un dato di fatto costante: in effetti, è naturale pensare ed è concepibile che le cose siano indipendenti da ogni specie della nostra rappresentazione. Le cose, ossia tutto quanto è nella sfera dell'oggetto, sono estranee al soggetto che le rappresenta. Questo basta a indurci al pensiero e al dubbio che le cose, in quanto conosciute necessariamente in un rapporto di rappresentazione, possano essere così conosciute in un modo che ne falsa il vero essere: concetto che Cartesio ha esposto figuratamente prendendo in esame l'ipotesi di un Genio Maligno, il quale potrebbe mistificare intenzionalmente la rappresentazione delle cose per ingannarci. Così l'eterogeneità delle cose rispetto al soggetto che le rappresenta ci induce al pensiero (del tutto legittimo) che le cose debbano possedere un loro modo di essere assolutamente indipendente dal nostro rappresentare, e cioè essere cose in sé.

Per Kant, questo pensiero sarebbe del tutto legittimo e scevro di problemi, se non gli si aggiungesse proprio mai niente d'altro, se non gli si ponesse accanto mai una sola parola che tentasse di dare determinazioni di questa cosa in sé. Ma non accade affatto così: al contrario, la nostra esperienza del pensiero oggettivo ci conduce costantemente a pensare che il problema razionale per eccellenza sia quello di trovare il modo di conoscere le cose in questa loro realtà indipendente e assoluta, come cose in sé, e quindi a tentare di determinarle come tali: e per farlo, non c'è altra via da tentare che sviluppare ragionamenti privi di relazione con l'esperienza, sicché la cosa in sé, che dovrebbe essere indipendente dal pensare umano, così diventa nient'altro che una cosa puramente pensata, un puro prodotto della soggettività pensante logicamente, un *noumeno*, come dirà Kant più avanti. Processo che è il percorso del pensiero metafisico (classicamente inteso) dai suoi albori sino al tempo di Kant, e al nostro presente, nel quale gli oggetti del pensare metafisico non coincidono del tutto con quelli tradizionali, ma i metodi metafisici e le forme mentali corrispondenti imperversano come un tempo.

Eppure, così posto si vede subito che il problema è contraddittorio: infatti esso si propone di trovare un modo di pensare le cose, ossia di averne una rappresentazione nel pensiero (una rappresentazione non sensibile, ma che è pur sempre rappresentazione, altrimenti non ci sarebbe nulla nella nostra coscienza), e assieme di conoscerle senza la mediazione di alcuna rappresentazione dove l'oggetto dei pensieri sia in rapporto a una soggettività rappresentante. Noi abbiamo esperienza della conoscenza oggettiva delle cose della natura, e non soltanto nell'evento relativamente recente della costruzione delle scienze della natura; ne abbiamo anzi un'esperienza molto più fondamentale e generale nella vita di ogni umanità capace di servirsi della natura, di possedere qualsiasi tecnica in cui si lasci riconoscere la forma del pensiero logico. Questa conoscenza oggettiva della natura non conosce oggettivamente le cose in quanto sia capace di sopprimere il rapporto di rappresentazione, ma soltanto perché arricchisce l'originaria e immediata rappresentazione della sensibilità con quella rappresentazione mediata che ha luogo nel pensiero logico che impiega l'elemento formale: produrre un concetto delle cose non è che un modo di rappresentare diverso dall'averne sensazione. E l'esistenza del pensiero oggettivo e formale che conosce cose reali non ci autorizza per nulla a pensare di poter conoscere le cose nella loro assolutezza estranea a ogni rappresentazione. Quest'ambizione nasce nel nostro animo dalla mancata consapevolezza della natura della nostra conoscenza oggettiva, ed è chiaro che è destinata a dissolversi in nulla se questa consapevolezza si raggiunge. Così, il concetto della cosa in sé non è altro che il prodotto di un ragionamento svolto per assurdo, ed è solo un diverso punto di vista sulla constatazione del fatto che l'oggettività è il prodotto della necessità della forma dei nostri pensieri, una diversa espressione di quest'idea.

C'è un dettaglio da notare: se la comprensione del processo di pensiero che porta alla costruzione di questo concetto è completa, allora non si deve nemmeno porre il problema della realtà della cosa in sé. Questa realtà, come è noto, fu affermata da Kant, e fu negata polemicamente dal successivo idealismo (per ragioni extralogiche ed ideologiche, ma anche per motivi di coerenza con le stesse autentiche premesse ereditate da Kant): ma perché il concetto della cosa in sé serva a qualcosa di utile, è necessario soltanto comprenderne la definizione senza tentarne alcuna ulteriore determinazione. La comprensione di esso costituisce, per così dire, una verifica della comprensione del principio per cui l'oggettività costruita dagli uomini mediante la strutturazione logica del rapporto di rappresentazione è un oggettività sufficiente: è un'oggettività che corrisponde proprio a ciò che riteniamo oggettivo nelle espressioni della conoscenza oggettiva che di fatto rintracciamo nelle manifestazioni della cultura e dell'agire degli uomini. E questa comprensione esclude ogni presa di posizione riguardo al problema della realtà della cosa in sé: cioè, implica un atteggiamento che non soltanto rifiuta di affermare o negare quella realtà, ma rifiuta anche di porne la questione in chiave dubitativa. Rifiuta, cioè, di porre la questione sotto qualsiasi aspetto, perché è consapevole che ogni nozione di cui sia capace la mente umana è impotente a dare qualificazioni della cosa in sé.

Mentre si legge Kant, l'uso da fare della nozione della cosa in sé è esclusivamente che il processo della costruzione del suo concetto deve essere autenticamente riprodotto e compreso, mentre il problema della realtà della cosa in sé non può e non deve essere posto (almeno idealmente), perché è un problema contraddittorio, che si propone di giungere a una determinazione conoscitiva (il giudizio relativamente alla realtà, o all'esistenza) di ciò che per definizione è completamente indeterminabile in qualsiasi espressione di pensiero. Questo principio dovrebbe essere assimilato fino a dare luogo all'atteggiamento soggettivo di non pronunciare nemmeno nessun giudizio in chiave di possibilità o impossibilità rispetto al problema della realtà della cosa in sé: cioè non ha senso nemmeno dire che la cosa in sé è qualcosa di possibile, perché la possibilità (distinta da realtà e necessità) è un carattere della rappresentazione concettualmente mediata della cose, e quindi, come ogni altra determinazione concettuale, è al di fuori della sfera del concetto della cosa in sé.

Quindi alla fine della cosa in sé si potrebbe dire: farne a meno è un punto di arrivo. Idealmente, cioè, sarebbe bello eliminare ogni parola che la riguarda: c'è un mondo d'esperienza che riusciamo a oggettivare in modo relativo alla comunità degli esseri pensanti secondo la strutturazione logica la cui necessità sperimentiamo in noi stessi, c'è una fonte di dati sensibili che organizziamo in un mondo oggettivo, e come questa fonte ci apparirebbe in assenza dei nostri processi di oggettivazione è un'idea alla quale non possiamo dare nessuna qualificazione. Però, la soppressione completa dell'idea della cosa in sé sarebbe possibile solo quando ci si fosse resi davvero ben conto, in spirito kantiano, del fatto che i tentativi umani di determinare l'in sé sono chimere intessute di nuvole. Prima di questo, comprendere il concetto della cosa in sé è esperienza che ci consente di capire a fondo un'acquisizione fondamentale del pensiero moderno: che la sola conoscenza non meramente empirica che a noi è dato concepire e progettare è conoscenza della strutturazione logica della rappresentazione, proprio perché non può essere conoscenza della cosa in sé. In conseguenza di questa acquisizione, poi ci rendiamo conto anche che tutte le espressioni di cultura in cui gli uomini hanno tentato la determinazione concettuale della realtà in sé, hanno sì valore, ma l'hanno in quanto la ricerca delle strutture assolute dell'essere dà luogo, non importa se consapevolmente o meno, a conoscenza della struttura logicamente formale della rappresentazione, ovvero della soggettività. Questo risultato è stato enunciato dalla filosofia idealistica in età romantica mediante le sue formule, secondo cui la vicenda della razionalità umana nel tempo è vicenda del cosiddetto spirito che raggiunge l'autocoscienza: formule nate già pregne di significati spuri e connotazioni ideologiche, che noi sappiamo capire come suggestioni proprie di una data epoca storica, ma che tuttavia dobbiamo anche sempre rimeditare, perché in esse vi è anche la chiave della possibilità di formarci un concetto coerente della nostra stessa razionalità.

Con questo, acquista senso ciò che leggiamo nelle righe qui di seguito, che un senso non l'avrebbero se la cosa in sé si concepisse come sinonimo di cosa conosciuta con perfetta oggettività, anziché come un ideale impossibile.

▪ Pagina A 26 B 42: "Lo spazio non è altro se non la forma di tutti i fenomeni dei sensi esterni …"

Si noti che il capoverso precedente ha invocato come premessa la circostanza che lo spazio e le figure geometriche costruire in esso non hanno relazioni fisiche con le cose esistenti, e ora quello successivo ne trae la conclusione dell'idealità.

• Pagina A 28 B 44: "… lo spazio non è più nulla appena prescindiamo dalla condizione della possibilità di ogni esperienza e lo assumiamo come qualcosa che stia a fondamento delle cose in se stesse"

Quanto alle ultimissime parole lette, si consideri che l'insistenza su questo tema ha per sfondo la polemica con l'errore di metodo che esiste nella metafisica classica: usare (tra l'altro) le proprietà dello spazio per determinare cose che non sono date in esperienze determinate e finite: ad esempio, nei ragionamenti sul limite dell'universo. Se Kant insiste a ripetere constatazioni apparentemente ormai acquisite e ovvie, è perché l'atteggiamento opposto ad esse, per lui erroneo, esiste come attitudine umana.

Sezione Seconda - Del tempo

• Pagina A 31 B 46: "Sezione Seconda - Del tempo …"

Riguardo al tempo, gran parte del discorso, ma non tutto, apparirà molto semplice perché è analoga a quanto detto riguardo allo spazio.

• Pagina A 31 B 47: "3. Su questa necessità a priori si fonda anche la possibilità di principi apodittici dei rapporti di tempo, o assiomi del tempo in generale …"

Lo vedremo meglio tra breve, ma il lettore leggendo quanto qui segue si chiederà: se l'intuizione dello spazio ci dà modo di conoscere gli assiomi euclidei e quindi la geometria, l'intuizione del tempo quale conoscenza genera? Qui Kant accenna a "assiomi del tempo".

• Pagina A 33 B 49: "Il tempo non è altro che la forma del senso interno, cioè dell'intuizione di noi stessi e del nostro stato interno …"

Qui troviamo ciò che corrisponde alla geometria quanto al tempo: è la scienza del tempo lineare, che non necessita di essere svolta esplicitamente perché tutto il suo contenuto sta già nella geometria della retta, o dell'unica dimensione. Il tempo non è propriamente una linea, perché non è spazio, tuttavia la rappresentazione della durata dei fenomeni come una linea è quella che consente l'oggettivazione dei fenomeni. Dietro a questo asserto, implicito nella teoria dell'Estetica, non c'è un ragionamento da dimostrare (che per Kant sarebbe impossibile, dato il carattere elementare della forma dello spazio come del tempo), ma la constatazione che la rappresentazione del tempo come una linea dà luogo a rappresentazioni oggettive, come accade in qualsiasi grafico del moto che rappresenti lo spazio e il tempo come coordinate. Semplicemente, se io rappresento le distanze lungo una strada sull'asse delle x, il tempo su quello delle y e la traiettoria di due veicoli che camminano in verso opposto come due linee, so che lì dove le due linee si incrociano nel grafico, anche i due veicoli passano l'uno accanto all'altro, al punto x della strada e al tempo y: e questa è una conclusione di valore oggettivo.

Discutendo con un collega professore di matematica dell'università di Königsberg, che si chiamava Johann Schultz, Kant pervenne a riconoscere che nel corpus delle conoscenze matematiche vi è, accanto alla geometria, la "cronometria", che tuttavia non necessita di essere svolta esplicitamente dato che è identica alla geometria dell'unica dimensione, e che pertanto viene sempre data per acquisita e utilizzata senza essere notata. A titolo di curiosità, Schultz menzionò la cronometria per completezza in un suo manuale[2] generale pubblicato qualche anno dopo. Osservo questo, perché anche se questa nozione della "cronometria" è molto semplice e facile da aggiungere al contesto dell'Estetica trascendentale, la sua mancata menzione esplicita ha scatenato per secoli negli interpreti la ricerca della scienza pura del tempo andandola a cercare nell'aritmetica (con ragionamenti cervellotici), mentre la scienza dei numeri nel contesto della *Critica* è collocata diversamente, come si vedrà oltre.

• Pagina A 36 B 53: "§ 7. Chiarimento. Contro questa teoria ..."

Questo paragrafo è una digressione accessoria, in cui troviamo prima una curiosità, l'eco di come il problema della realtà o irrealtà di ciò che è fuori della coscienza appassionasse la cultura del tempo di Kant, nel cui contesto, come leggeremo qui di seguito, molti lettori non trovavano nulla di strano nella teoria dell'idealità dello spazio. Poi troviamo alcune precisazioni sulla ragione per cui Kant ritiene che ogni altra teoria dello spazio e del tempo sia incapace di spiegarci perché "il libro della natura è scritto in lingua matematica, e i caratteri son triangoli, cerchi ed altre figure geometriche", per dirla con le celebri parole di Galileo. Se il tempo e lo spazio sono conosciuti e necessari a priori, e se essi non sono altro che il filtro attraverso cui le cose entrano nella nostra coscienza, allora è immediato che le proprietà del tempo e dello spazio saranno anche proprietà delle rappresentazioni delle cose che si dicono fenomeni. Altrimenti, se essi si concepiscono come entità esistenti in se stesse (Newton), oppure come testimonianze imprecise delle relazioni tra le cose in se stesse da noi difettosamente percepite (Leibniz), il fatto che la matematica ci consenta di fare calcoli e deduzioni i cui

---

[2] *Anfangsgründe der reinen Mathesis*, Königsberg 1790.

risultati poi si verificano nelle cose d'esperienza diventa una sorta di fortuita casualità, della quale si resero conto i filosofi leibniziani, che se la spiegarono come un'armonia prestabilita voluta dalla mente divina.

▪ Pagina A 38 B 55: "Ma la causa per cui tale obiezione è fatta così concordemente ..."

Qui di seguito si spiega perché nel contesto di cultura del tempo di Kant i lettori erano più propensi ad accettare l'idealità dello spazio che non quella del tempo (mentre per i lettori della nostra epoca probabilmente accade il contrario, perché l'onnipresenza della rappresentazione cinematografica nella nostra vita ci ha reso familiare l'idea di ricomporre arbitrariamente e invertire l'ordine del tempo): la cultura filosofica di allora era pervasa dal dubbio sulla realtà delle cose fuori della coscienza, risalente a Cartesio e Berkeley.

▪ Pagina A 41 B 59: "§ 8. Osservazioni generali sull'estetica trascendentale ..."

Le osservazioni di questo paragrafo hanno senso se si tiene a mente che esse servono a Kant sempre polemicamente verso l'errore metodologico della metafisica classicamente intesa, che crede di determinare razionalmente oggetti ideali. Un aspetto ne è la credenza, ricorrente fin dall'antichità, che interpreta il sensibile come conoscenza imperfetta, ma in qualche modo strutturalmente analoga alla conoscenza perfetta, ideale.

▪ Pagina A 43 B 60: "Quindi, la dottrina che tutta la nostra sensibilità non sia altro che una rappresentazione confusa delle cose ..."

Di seguito, la dottrina per cui la sensibilità sarebbe una rappresentazione umanamente confusa delle cose è la filosofia di Leibniz. Per quanto riguarda l'esempio del concetto del diritto, si noti che l'idea del diritto di Kant è antica, previchiana, potremmo dire. Kant non pensa che il diritto si costruisca per risolvere i conflitti, ma che esso esista nella ragione, e che gli uomini lo scoprano nel tempo, quasi fosse un minerale da depurare dalla sua rappresentazione "confusa" che è connaturata alla ragione. Questa rappresentazione è sempre nello sfondo, ed emerge in molti esempi, ed è ingenua per il nostro tempo.

▪ Pagina B 69 **nota**: "I predicati del fenomeno possono essere attribuiti all'oggetto stesso in rapporto al nostro senso ..."

Dall'esempio riguardo a Saturno qui di seguito, si capisce che qualche astronomo del tempo di Kant ritenne, contro quanto se ne pensava in precedenza, che gli anelli del pianeta che appaiono nel telescopio fossero il prodotto di un'illusione ottica (oggi si sa che sono fatti di ghiaccio e polveri minerali).

▪ Pagina B 71: "IV - Nella teologia naturale, nella quale si pensa un oggetto che non solo non può essere punto per noi oggetto d'intuizione …"

Nel concetto metafisico di Dio — come intelletto che conosce la realtà intuendola tutta insieme, totalmente, ma non la pensa (perché pensare è il processo di una mente finita che necessita di svolgersi nel tempo e sempre con capacità finita), e che però intuisce in modo a noi ignoto e privo delle limitazioni dello spazio e del tempo — Kant vede adombrata la sua teoria dell'intuizione, senza perciò concedere che la metafisica possa determinare in alcun modo il concetto di Dio. Il rapporto di Kant con la metafisica classica è sempre questo: egli vi vede dentro distinzioni e analisi logiche corrette, ma poi usate illegittimamente nel tentativo di determinare ciò che trascende l'esperienza.

▪ Pagina B 72: "Non è né nemmeno necessario che noi limitiamo il modo di intuire nello spazio e nel tempo alla sensibilità dell'uomo …"

Nell'ultimo capoverso di queste Osservazioni, qui seguente, il verbo "ci sembra" contiene una sfumatura semantica da notare: ciò che attribuiamo all'Ente primo (*Urwesen*) non è scienza, ma parvenza dialettica.

▪ Pagina B 73, Considerazione generale riguardo all'Estetica trascendentale.

Per chiudere l'Estetica trascendentale, è opportuna ora una precisazione riguardo al rapporto dell'interpretazione dello spazio di Kant con la nozione delle geometrie non euclidee, che a Kant erano sconosciute. Prima però il lettore metta a fuoco quello che Kant osservò di particolare e di nuovo: ovvero il fatto che gli assiomi euclidei non sono proposizioni identiche, bensì dal punto di vista logico contingenti, fatto che era tradizionalmente disconosciuto dalla filosofia dell'età moderna, dove l'ideale "geometrico" significava l'ideale del conoscere per via di deduzione logicamente rigorosa. Notando il carattere contingente degli assiomi euclidei, Kant osservò sì espressamente che essi non sono proposizioni identiche come si pensava fraintendendoli, ma non per questo asserì che essi avessero carattere arbitrario, perché giudicò che essi descrivano la forma dello spazio, la quale si rivela a noi uno stato di coscienza che si dà in un solo modo: un solo spazio infinito, di tre dimensioni, in cui la retta è la più breve congiungente tra due punti, in cui se tracciamo due rette parallele non siamo in grado ci concepire che qualcosa ci impedisca di prolungarle oltre ogni limite, e così via. Sicché per Kant lo spazio euclideo ha una necessità d'altro genere rispetto alla logica generale, ma comunque proveniente da quanto sperimentiamo in noi come stato di coscienza imprescindibile: se qualcosa pensiamo, se organizziamo mentalmente le cose attorno a noi, allora non possiamo non concepire lo spazio, e non possiamo concepirlo diversamente dalla forma euclidea.

Ora, da quando esistono le geometrie non euclidee, e cioè già dai primi decenni dell'Ottocento, nella nostra cultura si è via via stabilizzata un'interpretazione che accoglie la prima parte dell'interpretazione di Kant, e cioè che gli assiomi euclidei non siano proposizioni necessarie dal punto di vista della logica formale, bensì contingenti, ma rigetta la seconda, cioè che essi abbiano una necessità d'altra specie, intendendo tutti gli assiomi come arbitrari, e questo in qualsiasi contesto dove vi sia uno sviluppo deduttivo su assiomi (non soltanto la geometria). Questo atteggiamento conduce al pensiero concomitante, che il fatto che non possiamo visualizzare uno spazio che non abbia le caratteristiche di quello euclideo sarebbe un'abitudine culturale, oppure un carattere psicologico della percezione, o comunque sia qualcosa di empirico e di valore relativo. Probabilmente non tutti condivideranno questa esperienza, perché molti non hanno mai incontrato il problema delle geometrie non euclidee, o non hanno avuto occasione di riflettervi. Ma chiunque abbia una certa cognizione dei risultati della fisica particolare del Novecento, implicitamente pensa che i concetti di spazio e tempo siano relativi, proprio nel senso che la loro immagine intuitiva non costituisce niente di necessario.

Spesso però non si mette a fuoco un elemento del problema: cioè, che la questione non è se le geometrie non euclidee siano strumenti utili come tecniche di calcolo più economiche in rapporto a date classi di problemi (il che è pacifico), ma è se l'uso delle geometrie non euclidee nella fisica contemporanea giunga davvero a dimostrarci che la struttura profonda della realtà fisica sia non euclidea, confermando così il carattere apparente della necessità degli assiomi euclidei che sperimentiamo quando tentiamo di visualizzare uno spazio non euclideo. Si osservi che su questo punto la risposta istintiva di chi abbia beneficiato di una certa acculturazione nella nostra epoca è che sì, la necessità degli assiomi euclidei è solo una superstizione ricevuta tradizionalmente; tuttavia, non perciò si ha coscienza distinta del problema in tutti i suoi elementi.

Prendiamo il caso della meccanica razionale: qui in luogo delle rappresentazioni del moto nello spazio tridimensionale, viene utilizzata una rappresentazione che per ciascuna delle tre dimensioni euclidee ha due assi, e pone in ascissa la posizione di un oggetto rispetto alla dimensione considerata, e in ordinata la componente di velocità corrispondente a quella posizione e relativa alla stessa dimensione. In questo modo abbiamo uno spazio a sei dimensioni legate dalle opportune relazioni di geometria analitica, e ciò porta vantaggi, primo tra tutti quello che la rappresentazione del moto diventa irreversibile, perché è rappresentato il segno della velocità (mentre il moto in una rappresentazione su tre dimensioni può sempre essere rappresentato invertendone il verso). Ma qui non esiste alcun problema concettuale: il fatto che la rappresentazione su sei dimensioni sia vantaggiosa per semplificare certi calcoli non rende falsa la rappresentazione intuitiva su tre dimensioni: questa rimane una descrizione equivalente all'altra. Lo stesso accade se usiamo una geometria del tipo di Riemann per rappresentare una superficie a curvatura costante: anzi, in realtà lì ci accorgiamo che la geometria in questo caso è da dirsi non euclidea in un senso solo nominale, perché si è deciso di chiamare "rette" le linee che nel linguaggio euclideo hanno il nome di meridiani di una sfera o di un ellissoide.

Se guardiamo le cose in questo modo, se la rappresentazione con geometrie (analitiche) anche non euclidee non implica che la corrispondente rappresentazione euclidea sia da considerarsi erronea e approssimativa, allora la rappresentazione scientifica attraverso strumenti matematici complessi ci appare sì non immediatamente intuitiva e visualizzabile, e tuttavia rimane costruita con un processo di sviluppo privo di implicazioni paradossali e di fratture; la rappresentazione scientifica ci appare in una continuità di sviluppo con la rappresentazione naturale e con quella prescientifica, e l'idea che lo spirito umano, il quale così si conserva unitario, si rappresenti le cose secondo gli assiomi euclidei appare non più e non meno inspiegabile di ogni altra cosa data alla nostra coscienza: nello spazio la congiungente più breve tra due punti è la retta, cosa per noi inspiegabile, ma non più e non meno inspiegabile del fatto che vediamo il sole, che esistiamo noi pensanti, che qualcuno di noi abbia la passione di spendere energie attorno a problemi filosofici, e così via. Se vi è continuità di sviluppo tra l'orientamento geometrico intuitivo e primitivo e l'uso di geometrie analitiche complesse quanto si vuole, se la rappresentazione più complessa considera la rappresentazione euclidea comparativamente più semplice rispetto a se stessa, ma non perciò inesatta e approssimativa, non esiste un problema metodologico o filosofico al riguardo.

Ma invece c'è una forte linea di frattura tra la visione intuitiva delle cose e la fisica detta classica (con essa compatibile) da un lato, e dall'altro la cultura del nostro presente e la fisica non classica. Infatti, è noto, sebbene ben pochi comprendano il processo di pensiero che conduce a questi risultati, che la fisica del Novecento, quella detta non classica, sostiene che la struttura fondamentale delle cose è descritta da geometrie che non sono sviluppi più complessi costruiti sopra la visione intuitiva dello spazio euclideo, ma che proprio la negano. Per la fisica non classica, la visione euclidea non solo è di origine psicologica, ma ci dà approssimazioni, non misure esatte, le quali invece si otterrebbero con strumenti non euclidei, che sono quindi quelli che conducono a una concezione compiutamente oggettiva dei fenomeni fisici. E detto questo ci fermiamo, perché su queste cose qui non possiamo i dare giudizi, ponendo solo il problema: come può essere strutturato un processo di pensiero che conduce a uno stato di coscienza per il quale una mente accetta l'idea che la congiungente più breve tra due punti non sia la retta, come ad esempio accade nella geometria di Minkowski, che è associata alla relatività ristretta di Einstein? Potrebbe obiettare il lettore: ma perché anche qui la certezza di uno stato di coscienza dovrebbe essere il criterio del vero? Perché, provate a trovarne un altro: scoprirete che non vi resta altra alternativa che credere nell'autorità dei libri sacri, dei profeti, o peggio ancora degli accademici.

Così, non resta che invitare il lettore di Kant a studiare a fondo la questione, cominciando proprio dalla semplice teoria della relatività ristretta, e a trarre poi da sé le proprie conclusioni: cosa indispensabile da fare se si legge Kant nel ventunesimo secolo.

Parte Seconda - Logica trascendentale

Introduzione - Idea di una logica trascendentale

▪ Pagina A 50 B 74: "Parte Seconda - Logica trascendentale ..."

Probabilmente è noto a tutti che la *Critica* qui disegna una logica "trascendentale" che è cosa completamente diversa dalla logica formale aristotelica. Si faccia attenzione a non fraintendere il testo pensando che Kant abbia inventato qualcosa. La logica trascendentale è universalmente e da sempre nell'animo umano, e l'apporto che Kant rivendica di aver dato è di averla notata (osservando l'agire degli uomini nei processi di oggettivazione), e portata a coscienza e descritta per la prima volta.

Tra le due logiche c'è un rapporto di subordinazione: la logica trascendentale, che in esseri diversi dall'uomo potrebbe essere diversa, è subordinata alle regole di coerenza della logica formale. Quanto a quest'ultima, si vede dal testo che Kant inclina sempre a pensare che essa vincoli anche le cose in sé e gli dei, in fondo andando così contro le sue premesse, ma la questione, sebbene possa incuriosire e far riflettere, non è determinante per la comprensione del testo.

Il seguito immediato del testo parla della logica formale, o generale, insomma quella aristotelica, non trascendentale.

▪ Pagina A 52 B 76: "A sua volta la logica può essere presa da due punti di vista ..."

Attenzione a un possibile equivoco: la distinzione seguente non si riferisce ancora alla differenza tra logica generale e trascendentale, ma tra il nucleo della logica generale più astratto e la metodologia delle scienze che si usava trattare nei manuali di logica di quel tempo.

▪ Pagina A 52 B 77: "La logica generale poi è o pura o applicata ..."

Di nuovo, la distinzione non è tra logica generale e trascendentale, ma tra logica in senso proprio, e logica mescolata a considerazioni psicologiche su cose come l'immaginazione e la memoria (necessarie per ragionare, ma ovviamente estranee alla logica come scienza della forma a priori del ragionare), come la si trovava nella trattatistica di allora. Si osservi che Kant estromette dalla logica tutto questo, ma come sappiamo vi mantiene la distinzione tra la cognizione chiara e oscura, cosa che non è ben coerente con le sue premesse, ma avviene perché senza di essa Kant non trova modo di qualificare i giudizi analitici, che per lui portano a rappresentazione "chiara" quello che è "oscuro", ovvero, potremmo dire, cognitivamente inconscio.

• Pagina A 55 B 80: "II - Della logica trascendentale ..."

La logica trascendentale sarà qualcosa di analogo all'estetica: essa descriverà il modo in cui l'intelletto umano pensa non qualsiasi cosa, ma solo gli oggetti che cadono nell'esperienza — quindi non gli oggetti ideali della metafisica (classicamente intesa). Così in ipotesi potrebbero esserci diverse specie di logica trascendentale per diverse specie di esseri pensanti finiti e aventi esperienza (ciascuna specie a modo suo), e le diverse logiche trascendentali potrebbero essere subordinate alla stessa logica generale. Sia ben chiaro che il senso di questa subordinazione è: se parli di qualsiasi cosa, sia essa nell'esperienza o no, devi attenerti alle regole di consistenza prescritte dalla logica generale; non puoi contraddirti né non puoi fare deduzioni analitiche illecite. Se invece parli dell'esperienza, la logica trascendentale ti darà strumenti in più per ragionarne, e con essi ulteriori restrizioni a ciò che è lecito dire e dedurre. Se parli (o tenti di parlare) di cose ideali fuori dell'esperienza, la logica trascendentale non sarà pertinente e non avrà applicazione, se non in modo illusorio.

• Pagina A 56 B 80: "E qui io fo un'osservazione che riguarda tutte le considerazioni che seguiranno ..."

Si precisa una volta di più il senso del termine "trascendentale".

• Pagina A 57 B 81: "Nell'aspettazione, dunque, che si diano forse concetti ..."

Si precisa cosa sia la logica trascendentale: conoscenza delle funzioni del pensiero che determinano (a priori) la forma generale nella quale possono incontrarsi oggetti di esperienza. Probabilmente il lettore non si sentirà a proprio agio con la nozione così enunciata in via introduttiva, ma in tal caso (come sempre) non resta che proseguire a leggere lo svolgimento della logica trascendentale per vedere cosa essa sia.

• Pagina A 57 B 82: "L'antica e famosa questione con la quale si credeva di mettere in imbarazzo i logici ..."

La dotta parola "diallele", usata qui da Kant, si può modestamente tradurre "circolo vizioso". L'incipit del capitolo invita ironicamente a non chiedersi cosa sia la verità in via generica, credendo così di evitare il duro lavoro di analisi delle condizioni della verità nei diversi tipi e modi di impiego della ragione umana.

• Pagina A 59 B 83: "Ma, per ciò che riguarda la conoscenza quanto alla semplice forma ..."

Il seguito torna sulla funzione della logica generale.

• Pagina A 60 B 84: "La logica generale risolve dunque l'intera opera formale dell'intelletto ..."

Si introduce ora la nozione dell'errore dialettico della ragione: credere di poter dedurre logicamente informazioni che vadano oltre le limitazioni al pensiero che ci vengono dalla logica generale.

• Pagina A 61 B 85: "Per vario che sia il significato in cui gli antichi usarono questa denominazione ..."

Vi è una parentela (ma ovviamente non una corrispondenza esatta) tra la descrizione rigorosa della dialettica che ci sarà nel libro e quanto gli antichi intesero sotto lo stesso nome.

• Pagina A 62 B 87: "In una logica trascendentale noi isoliamo l'intelletto ..."

Si noti che "oggetto" nel testo seguente è sinonimo di oggetto d'esperienza, anche se la specificazione è omessa. Si noti anche che la dialettica trascendentale, che è il meccanismo generale della metafisica classicamente intesa, nel testo è sempre collegata a caratterizzazioni psicologiche: la ragione cade in "illusione" perché tenta di determinare con deduzioni oggetti ideali perché ciò è "molto seducente" [*anlockend*] e "pieno di attrattiva" [*verleitend*]. Parole simili si sono lette poco sopra, e così sarà nel seguito.

I - Analitica trascendentale

| • Pagina A 64 B 89: "I - Analitica trascendentale ..."

Continuiamo a leggere mantenendo sempre presente la distinzione di Kant, per cui lo spazio e il tempo sono un a priori dell'intuizione, non del pensiero logico. Per quanto questa distinzione possa rivelarsi problematica se la si considera da presupposti diversi da quelli di Kant (cioè, se si pensa che l'a priori è un unico genere che si specifica in innumerevoli attuazioni logiche e matematiche), non è difficile capire il senso che Kant le assegnava. Qui di seguito Kant enuncia quattro requisiti del contenuto della logica trascendentale; i primi tre sono che essa dovrà parlare di funzioni del pensiero pure (a priori) e non empiriche, logiche e non intuitive, elementari e non composte. Il quarto requisito, è che si dovrà trovarne la tavola completa. Come trovare la tavola delle funzioni logiche? Vedremo poi come procede il testo, ma qui intanto notiamo che l'enunciato del problema svela un asserto che nell'estetica è stato fatto passare tacitamente. Lì infatti Kant ci ha detto che l'a priori dell'intuizione consta dello spazio e del tempo, e di niente altro: e noi lettori abbiamo consentito a questa affermazione senza molto pensarci sopra, perché a nessuno verrebbe mai in mente che vi sia una qualche terza cosa simile allo spazio e al tempo, un'altra forma ancora nella quale incontrare le cose che ci danno le sensazioni e i nostri stati d'animo. Però, in questo modo è stato dato per acquisito, assunto da una consuetudine condivisa da tutti e non argomentato, che la tavola completa dell'a priori dell'intuizione per un soggetto strutturato come quello umano sia completa con l'enumerazione dei due elementi dello spazio e del tempo. Vedremo nel seguito quanto più complesso è il problema per quanto riguarda l'intelletto; in questa prima pagina Kant ci anticipa che occorrerà trovare un criterio metodico per la descrizione dell'insieme delle funzioni dell'intelletto, e che non si potrà darne per acquisita la completezza semplicemente constatando ed esemplificando quali esse siano. All'inizio c'è solo l'espressione di questo requisito, non alcuna soluzione.

Libro Primo - Analitica dei concetti

| • Pagina A 65 B 90: "Libro Primo - Analitica dei concetti. Intendo per analitica ..."

Il proposito iniziale enunciato qui di seguito non dovrebbe sorprendere ormai il lettore, il quale riconoscerà anche una semplice metafora illustrativa nel cenno naturalistico ai "germogli": la forma della coscienza per Kant è un dato primario statico e inspiegabile, e ciò che si svolge in un processo temporale è solo il lavorio filosofico necessario per portarla in luce.

Capitolo Primo - Del filo conduttore per la scoperta di tutti i concetti puri dell'intelletto

| ▪ Pagina A 66 B 91: "Capitolo Primo - Del filo conduttore …" |

Di seguito troveremo la trattazione dei seguenti quattro argomenti, che ricapitolo qui perché il lettore facilmente perderà il filo senza uno schema preliminare di riferimento:

1. dapprima Kant si dà una risposta alla domanda: "come trovare la tavola completa delle funzioni logiche dell'intelletto"? Avverto che il lettore troverà la risposta poco persuasiva, e facile da obiettare, una volta che siano chiare le premesse tacite e pregiudiziali di cui Kant non si rendeva conto.

2. poi espone la sua tavola delle funzioni logiche, in due passi: prima come tavola dei "giudizi", poi come tavola delle "categorie" (vedremo allora in cosa differiscono le due prospettive).

3. poi tenta di dimostrare esattamente la sua concezione generale dell'oggettività come produzione delle funzioni logiche del soggetto che è quella che il lettore ha assimilato poco a poco arrivando qui. È la sezione della "Deduzione trascendentale" delle funzioni logiche, molto impegnativa da scrivere (Kant la riscrisse nella seconda edizione) e da leggere, perché Kant vi svolge il tentativo di dimostrare in modo rigoroso e assoluto ciò che ha descritto come interpretazione plausibile della condizione della coscienza pensante. È possibile aggiungere una dimostrazione rigorosa alla descrizione plausibile della materia in questione? Diciamo che il lettore si risponderà da sé a patto di capire il senso letterale del testo di Kant, ma per fare questo occorrerà leggere il testo spregiudicatamente, ammettendo la possibilità che il tentativo di dimostrazione possa essere disperato e senza successo, basato com'è sui pregiudizi di Kant attorno alla natura della logica.

4. infine si passa alla sezione successiva, l'Analitica "dei principi", in cui Kant discute in dettaglio quel che ci facciamo di ciascuna funzione logica dell'intelletto, e come il processo avviene. Lì troveremo pagine tra le più affascinanti di tutta la teoria dell'oggettività per il modo singolare di argomentare e per

l'acume analitico.

Questo è l'ordine nel libro, ma vedremo che per afferrare il senso del testo sarà opportuno leggere il primo, secondo e quarto punto, l'Analitica dei principi, prima del terzo, la Deduzione, perché prima è necessario conoscere ciò di cui si parla, poi misurarsi con il tentativo fatto da Kant di darne una dimostrazione assoluta.

• Pagina A 66 B 91: "Quando si adopera una facoltà conoscitiva ..."

Ora, quanto al problema del metodo della scoperta della tavola delle funzioni logiche dell'intelletto, per prima cosa Kant descrive ciò che si propone di evitare, e cioè evitare di fare la tavola semplicemente enumerando senza criterio gli elementi che possono venirci in mente, in qualsiasi ordine e a caso.

• Pagina A 67 B 91: "La filosofia trascendentale ha il vantaggio, ma anche l'obbligo ..."

Il primo pregiudizio di Kant, l'abbiamo rilevato più volte, ha due aspetti: che la logica aristotelica sia l'unico modo possibile di descrivere la logica generale, e che le parole della lingua filosofica possano riferirsi a strutture logiche in maniera univoca, esatta e completa. Adesso viene in luce il secondo pregiudizio che Kant ha sempre nello sfondo: che poiché la sorgente delle leggi logiche e matematiche è la struttura del soggetto cosciente, il soggetto possa conoscerla guardando in se stesso, e possa conoscerla nella sua astratta purezza e in modo perfetto, completo e sistematico, senza fare altro lavoro che concentrarsi su se stesso. Il fatto che la coscienza sia una (e lo è: tutto ciò che penso e ricordo fa parte di uno stesso "me") implicherebbe che si possa estrarne immediatamente le forme molteplici con cui essa si mette in rapporto con l'esperienza. Questo ci dicono le righe qui di seguito, prospettando che la compilazione della tavola delle funzioni logiche dell'intelletto sia un lavoro semplice, e che sarà facile trovare il "filo conduttore" [*Leitfaden*] per il compito menzionato nel titolo.

• Pagina A 67 B 92: "Sezione Prima - Dell'uso logico dell'intelletto in generale ..."

Ora ci viene detto quale sia il filo conduttore, in righe che probabilmente risulteranno ostiche al lettore. Innanzitutto, facciamo un'osservazione che vale per tutto quanto segue, anche oltre questo capitolo: Kant attribuisce sempre all'intelletto, in quanto eterogeneo rispetto all'intuizione, l'epiteto di "discorsivo" (il termine, che per Kant è tecnico, si è già incontrato tre volte sinora). Si tratta di una metafora: poiché l'intelletto umano deve sviluppare i suoi ragionamenti isolando oggetti finiti riguardo ai quali ottiene risultati finiti che gli costano fatica e tempo, il lavoro dell'intelletto somiglia a un "discorso", cioè a qualcosa che si esprime mediante una sequenza di parole che va pronunciata e ascoltata nel tempo, e non somiglia invece all'immagine, che rappresenta un'insieme di cose tutte insieme e, volendo, in modo atemporale. Abbiamo visto sopra che, dato il carattere intrinsecamente limitato dell'intelletto, una mente infinita non avrebbe un intelletto "discorsivo", ma un'intuizione assoluta e completa di tutto il reale, diversa dalla nostra e per noi indeterminabile. Per la condizione dell'intelletto umano, che processa i suoi dati in operazioni che chiedono dispendio di tempo ed energie, la metafora del "discorsivo", del discorso, regna sovrana perché il tempo di Kant non aveva migliori immagini con cui rappresentare questo carattere di processo finito che ha l'intelletto: oggi potremmo ricorrere ad altre metafore, il ventesimo secolo potrebbe usare quella del film (che anch'esso è "discorsivo", non lo si vede tutto insieme), il ventunesimo potrebbe trarre metafore anche più appropriate assimilando l'intelletto al calcolatore e all'elaborazione dei dati eseguita da questo (e si è fatto). Il punto però è che quando Kant attribuisce all'intelletto l'epiteto di discorsivo, ritiene di avere detto qualcosa di esattamente determinato, il che non è necessariamente vero. E in più, la metafora del "discorso" si connette all'altra idea pregiudiziale e ingenua di Kant e del razionalismo, quella per cui la lingua possa parlare esattamente di funzioni e categorie logiche, e il lessico filosofico porti in sé un insieme di significati statici e perfettamente definiti in rapporto alle funzioni logiche a cui si riferiscono.

Venendo al "filo conduttore" per la scoperta delle funzioni logiche, il ragionamento di Kant è questo:

- la logica generale, come tutti sappiamo, tratta: di concetti — di relazioni tra concetti, ovvero giudizi, o proposizioni — e di relazioni tra giudizi, ovvero sillogismi;
- il pensare si risolve sempre in proposizioni, o giudizi, in cui diciamo che il concetto A è o non è nel concetto B, e così via;
- dunque tutte le funzioni del pensare, ovvero dell'intelletto, corrispondono ai tipi di giudizio, cioè ai tipi di relazione tra concetti, che esistono.

Notate che il ragionamento si basa, come al solito, sul presupposto che la descrizione tradizionale scolastica della logica generale, con la sua progressione: concetti — giudizi — sillogismi, sia l'unico modo possibile di descrivere questa materia, e abbia valore assoluto. Dal punto di vista nostro, dovrebbe essere lampante che il ragionamento non vale, perché se per esempio facciamo un'inferenza usando le tavole di verità della logica proposizionale, come rientriamo nello schema di Kant?

Ora leggiamo quanto segue, argomentato da Kant in modo non elegante e un po' arruffato; il senso del testo ci sarà chiaro tenendo conto che il "filo conduttore" per la scoperta della forma dell'intelletto starebbe nel fatto che il pensare si risolve sempre nella pronuncia di giudizi. Si noti che questo modo di vedere è lontanissimo dalla realtà: pensiamo semplicemente al caso di un uomo che si stia costruendo una capanna di pietra mettendo in equilibrio dei sassi, ponderando e saggiando i movimenti in un modo che solo l'intelletto umano sa controllare, e che però magari non sa nemmeno parlare perché è sordomuto: quest'uomo sta certamente pensando con l'intelletto, ma altrettanto certamente non pronuncia giudizi nella forma "A è B" come piacerebbe a Kant.

• Pagina A 70 B 95: "Sezione Seconda - Della funzione logica dell'intelletto nei giudizi ..."

A questo punto, la pretesa tavola completa delle funzioni logiche ci viene presentata, e il lettore viene inevitabilmente reso perplesso dalla scarsità e convenzionalità del risultato. Kant è partito dall'idea di trovare la tavola delle funzioni logiche in modo sistematico e secondo un principio, ma non ha trovato proprio niente del genere, e ci propone una raccolta delle forme del giudizio logico consolidata da secoli nei manuali di logica. Il "filo conduttore" non ha affatto trovato il criterio assoluto cercato, che però Kant insiste a voler persuadere se stesso e il lettore di avere ora in mano.

Consiglio di mandare a memoria la tavola, per non dover tornare a cercarla nel seguito, dato che i riferimenti ad essa sono costanti fino alla fine.

• Pagina A 70 B 96: "Poiché questa divisione sembra allontanarsi dalla tecnica solita dei logici in alcuni punti ..."

Stiamo leggendo il testo seguendo un certo criterio: come si struttura il discorso generale sull'intelletto e le sue funzioni logiche, come possiamo interpretare il testo di Kant per dargli un senso. Ora però bisogna mettere da parte il problema generale della logica trascendentale e leggere la lettera delle seguenti osservazioni specifiche che riguardano la tavola dei giudizi, osservazioni che non danno indicazioni quanto al problema generale, e tuttavia determinando il discorso aiutano a comprenderne meglio il senso. Avverto però che talune affermazioni dei prossimi capoversi saranno incomprensibili alla prima lettura, perché anticipano temi trattati molto oltre, e possono essere trascurate.

• Pagina A 71 B 96: "I logici dicono con ragione che, nell'uso dei giudizi nei ragionamenti, i giudizi singolari ..."

Kant inserisce la prossima osservazione perché era tradizionalmente ritenuto che i giudizi singolari ("Socrate è mortale") fossero della stessa specie dei giudizi universali ("tutti gli uomini sono mortali"), perché in entrambi i casi il giudizio esprime un attributo di tutto il soggetto (tutta la sua "estensione" nel senso tecnico logico), mentre i giudizi particolari ("qualche uomo è biondo") sono diversi perché esprimono un attributo di parte dell'estensione soggetto. Alla logica trascendentale (alla quale non siamo ancora arrivati) servirà mantenere la distinzione tra giudizi singolari e universali, e quindi dividere in tre specie il primo titolo, come gli altri.

• Pagina A 71 B 97: "Bisogna pure distinguere, in una logica trascendentale, i giudizi infiniti dagli affermativi ..."

Quanto al secondo titolo, "infinito" tradizionalmente traduce l'aristotelico ἀόριστος, che si dovrebbe meglio tradurre "indefinito". L'errore è mantenuto da Kant. I giudizi secondo qualità sono di tre tipi: A è B – A non è B – A è non B (questo terzo è l'indefinito, ἀόριστος), e Kant sa che il terzo caso può sembrare inutile e uguale al secondo, ma conclude che "forse" la distinzione dei tre casi sarà utile, qui con "forse" intendendo dire che adesso essa è poco comprensibile, ma poi si rivelerà fondamentale. L'esempio riguardante l'anima infatti con ogni probabilità per ora è incomprensibile al lettore (esso anticipa un tema della Dialettica).

• Pagina A 73 B 98: "Tutte le relazioni del pensiero nei giudizi sono ..."

I tre casi sono: A è B – se A allora B – o A o B o C ... (dove "o" è l'operatore aut, o xor). Le osservazioni al riguardo anticipano la tecnica argomentativa della dialettica trascendentale nella sezione dedicata all'idea dell'universo fisico, ma è impossibile che ora il lettore veda la relazione.

• Pagina A 74 B 99: "La modalità dei giudizi è una loro funzione tutta particolare ..."

Infine, viene anticipato un importante tema ripreso nel seguito: in parole semplici, che essere "possibili", "reali" o "necessarie" non è una proprietà delle cose, ma dei giudizi che pronunciamo su di esse dato il complesso di conoscenze che ne abbiamo. Per esempio, immaginiamo che uno si trovi all'uscita di una galleria ferroviaria, e dica: "è possibile che di qui tra pochi secondi esca un treno"; un altro invece si trova dall'altra parte e vede un treno che imbocca la galleria ad alta velocità, e poiché sa che lo spazio di frenatura è molto lungo e il treno non potrebbe ormai fermarsi là dentro, dice: "è necessario che tra pochi secondi un treno esca da questa galleria". Il possibile e il necessario dunque non sono proprietà dell'evento fisico "il treno esce dalla galleria all'ora x", ma della proposizione "il treno uscirà dalla galleria all'ora x" in rapporto con l'insieme delle conoscenze del soggetto che la pronuncia. Kant qui introduce questa osservazione per rimarcare che la modalità dei giudizi non è un quarto titolo della tabella accanto agli altri, ma è qualcosa che viene attribuito in più ai giudizi pronunciati secondo i primi tre titoli.

A margine, che i giudizi modali siano così, proprietà non delle cose fisiche ma di quello che ne diciamo, pensandoci un attimo potrebbe sembrare ovvio e pacifico: e invece la fisica quantistica sostiene esattamente il contrario (se ne riparlerà), così come Aristotele aveva inteso la potenza come un modo oggettivo dell'essere, distinto dall'atto.

 • Pagina A 76 B 102: "Sezione Terza - Dei concetti puri dell'intelletto o categorie …"

Si torna ora al problema generale della logica trascendentale. Proseguendo a leggere, teniamo conto che dopo Kant nessuno ha mai preso sul serio l'idea che la tavola dei giudizi che abbiamo appena visto insieme a quella delle categorie che vedremo ora di seguito siano davvero risultati assoluti e completi; cioè, che la tavola delle categorie sia davvero quella espressa qui di seguito. E allora, che fare di questo testo? Contiene una visione delle cose per noi intrinsecamente erronea, legata alla cultura del suo tempo, da conservare nel museo delle idee, o conserva la potenzialità di descrivere il nostro rapporto con le cose che ci appaiono e con i nostri pensieri, magari se la leggiamo concependo come relativo ciò che per Kant era assoluto?

Alla fine di questa sezione proveremo a darci una risposta. Ora proseguiamo, e vediamo come le funzioni logiche fondamentali della tavola dei giudizi, che pretende di essere definitiva, divengano funzioni trascendentali per l'oggettivazione dell'esperienza, e soltanto di questa. Si consideri bene la distinzione: i giudizi dei paragrafi precedenti sono le funzioni logiche generali, che si impiegano anche nel procedere dialettico della metafisica, nel suo tentativo di determinare oggetti ideali. Di Dio essa dirà che è tutto, non che è parte (su questo concorderanno tutti). Ne dirà che è affermazione, non negazione. Poi ne dirà che è possibile, o impossibile, o necessario (secondo le opinioni), ma comunque le funzioni logiche saranno quelle della logica generale e della tavola dei giudizi.

Nel seguito invece i giudizi logici si convertono nelle funzioni trascendentali che loro corrispondono, dette categorie. Leggiamo con l'avvertenza di non spingere l'ammirazione per Kant fino alla credulità: quanto più i periodi di tutto questo libro appaiono difficili da capire, tanto più dietro ad essi si cela un obiettivo impossibile da raggiungere che Kant inseguiva in conseguenza dei presupposti culturali suoi e del suo tempo. Quando si mettono in chiaro gli obiettivi come tali, raggiunti o meno, immediatamente di solito il testo assume senso, ma non perciò cattura il consenso di un lettore del nostro tempo, che ha presupposti (e anche pregiudizi) diversi da quelli di Kant.

• Pagina A 76 B 102: "Come è già stato detto più volte, la logica generale astrae ..."

Le funzioni della logica generale viste nella tavola dei giudizi si riferiscono a argomenti x di natura completamente interminata: anzi, proprio questa indeterminazione distingue la logica generale come tale. La funzioni della logica trascendentale (tavola delle categorie) si riferiranno invece a ciò che appare nell'intuizione spaziale e temporale. Gli atti di sintesi della logica trascendentale, dice Kant, "percorrono, raccolgono e collegano" ciò che appare nell'intuizione. Noi probabilmente diremmo istintivamente che li "elaborano", usando una metafora più familiare per il nostro tempo.

• Pagina A 77 B 103: "Ma io intendo per sintesi, nel senso più generale di questa parola ..."

Il testo continua a caratterizzare la nozione di sintesi. Vi è una sintesi pura, ed è quella, per capirci, in cui l'intelletto costruisce i concetti e i teoremi della geometria. Si badi che per Kant ciò che nella geometria è propriamente intuitivo è la forma tridimensionale dello spazio con le sue proprietà che si esprimono negli assiomi euclidei: ma l'enunciato cosciente di questi è già opera astrattiva dell'intelletto, e a maggior ragione lo sono le catene deduttive successive, in cui si costruiscono concetti (come triangoli, quadrati) e se ne trovano le proprietà (con i teoremi). Dopo l'accenno alla sintesi pura, c'è un accenno al procedere effettivo del cervello dell'uomo, che inizia ogni conoscenza con una "sintesi ancora grossolana e confusa", che altro non è che tutto l'immenso mondo della percezione, dell'istinto, di ogni cultura anche primitiva e dell'immagine familiare del mondo che tutti abbiamo: si ricordi sempre che non stiamo parlando dei processi di oggettivazione della scienza moderna, ma di quelli di ogni cultura umana in genere, anche se questo ci viene ricordato solo per accenni da Kant.

L'osservazione che aggiungo ora non è direttamente pertinente al testo che stiamo leggendo in questa parte, ma la faccio cadere qui perché riguarda un dubbio che qui potrebbe sorgere nel lettore; poi sarà utile ricordarla sempre nello sfondo. Nel quadro che ci prospetta la *Critica*, vi sono infiniti percorsi di oggettivazione dell'esperienza possibili e che incontriamo storicamente attestati, ma non è concepibile che vi siano sistemi di categorie diverse nei diversi tempi e luoghi: riconosciamo l'umanità comune in tutte le culture diverse di cui abbiamo esperienza perché la medesima forma logica guida gli atti elementari di oggettivazione che osserviamo, accompagnati o meno da una scienza astratta della matematica e della logica. Su questo punto la cultura storica e antropologica dei due secoli successivi a Kant commette quello che per Kant sarebbe un errore di analisi, ritenendo che le diverse culture possano avere diversi sistemi di categorie fondamentali. Le diverse culture, e anche i diversi individui umani nell'ambito di una data cultura, hanno diverse assunzioni sulla struttura empirica della natura, non diverse categorie logiche. Un fraintendimento in particolare è rilevante, ed è quello del concetto della magia. Noi uomini interagiamo tra noi e ciascuno di noi, che ha esperienza del pensiero logico solo nei propri stati di coscienza, attribuisce una soggettività analoga alla propria anche agli altri in quanto riscontra che gli altri danno risposte sensate a segnali. Perché so (o meglio, perché credo di sapere) che un altro pensa come me? Perché a una mia domanda risponde nel modo che mi attendo, perché ai miei segnali reagisce nel modo che mi aspetto, perché quando gli indico con la mano una cosa a cui fare attenzione, l'altro volta la testa e guarda lì dove indico, e così via. Si noti che non attribuiamo la soggettività analoga alla nostra a chi pensa come noi (perché questo non possiamo saperlo), ma a chi a una nostra domanda mostra di capirla rispondendo "sì, "no" "non so". Se uno a una nostra domanda risponde in modo per noi insensato, non compreso nell'insieme delle risposte che crediamo pertinenti, allora dubitiamo delle sue facoltà, fino a negarle completamente in certi casi. Per questa strada sappiamo che gli altri condividono con noi la stessa logica elementare, geometria e aritmetica, che hanno un grado diverso di capacità e attitudine a farne uso, che hanno sentimenti e desideri talvolta simili e talvolta contrastanti con i nostri, e così via. La cosa vale anche per gli animali, della cui intelligenza ci facciamo dei concetti empirici differenziati per le diverse specie animali, con talune delle quali abbiamo anche certi rapporti di scambio reciproco di segnali e comunicazione. Ora, la magia, componente onnipresente delle culture umane e dell'età infantile degli individui, è l'attribuzione della soggettività a cose che non rispondono ai nostri segnali, a cose che non sono né gli altri uomini né quelle specie animali cui è sensato attribuirla. La magia è l'attribuzione della soggettività alle cose in genere, è la rappresentazione che gli oggetti, le piante, il clima, i pianeti, pensino come noi, desiderino come noi, ci siano benevoli oppure ostili, e in più ci ascoltino e possano prendere decisioni per modificare il loro comportamento in modo a noi favorevole. La magia, attribuire alla natura la soggettività e tentare di parlarle, è cosa che l'uomo fa sempre, salvo il fatto che la cultura dell'età moderna ha sviluppato la capacità critica che ci fa riconoscere il carattere arbitrario di questa operazione, e ci conduce a pensare che essa non sia altro che la ricerca di una strada comoda e illusoria per soddisfare certi desideri. Ma nello sviluppo del pensiero prima si pensa magicamente (l'abbiamo fatto tutti almeno da bambini), poi si impara a rivolgere l'attenzione non alle cose, ma alle nostre idee delle cose e ai processi di esperienza con cui ce le formiamo, e così si arriva a capire che non abbiamo nessun motivo per attribuire la soggettività alle cose che non danno mai risposte ai nostri segnali. Però, e questa è la ragione di questa digressione fuori tema, comunque l'uomo pensi la natura, anche in ogni forma del pensiero primitivo, le funzioni logiche e matematiche elementari sono le stesse, perché altrimenti non riconosceremmo la comune umanità. Sono le interpretazioni della natura che vengono tentate che sono diverse tra culture diverse e tempi diversi. E le funzioni logiche basilari sono anche quelle che troviamo attribuite arbitrariamente alla natura nel pensiero magico, che le attribuisce la soggettività.

Il testo di Kant porta con sé costantemente l'idea che vi sia un'unica forma della coscienza pensante identica ovunque si manifesti, e che le forme logiche siano assolute e non storiche, mentre i pensieri determinati che produciamo mediante esse sono relativi e storici. Il lettore di oggi probabilmente reagisce dicendo: ma questo corrisponde a un'idea antica, anche le forme devono essere storiche, relative e soggette a evoluzione; e Kant qui risponderebbe: e allora, quale altra può essere la chiave con cui attribuisci la comune umanità alle diverse culture che incontri in tempi e luoghi diversi? A margine, invito a riflettere su una cosa: che l'interpretazione psicologica delle leggi logiche che fu corrente nell'Ottocento fu quantomeno contemporanea (non voglio dire correlata) con la massima espansione delle teorie razziste pretese scientifiche.

▪ Pagina A 78 B 103: "La sintesi in generale, come vedremo in seguito …"

La sintesi dell'intelletto è attiva, e qui entra in gioco l'elemento psicologico dell'immaginazione: pensare significa provare a spostare, comporre, scomporre e ricomporre l'insieme di suoni, colori, stimoli che ci viene dall'intuizione; esercitare queste attività immaginative in modo arbitrario, per cercare ciò che finalmente ci appare con una struttura, i cui archetipi sono nella componente necessaria, nelle funzioni dell'intelletto. Può darsi che il discorso qui appaia poco chiaro, ma il senso prenderà forma quando questi stessi concetti verranno discussi da Kant nel dettaglio dei casi determinati, nell'Analitica dei principi.

▪ Pagina A 78 B 104: "La sintesi pura, intesa in generale, ci conduce ora al concetto puro dell'intelletto …"

Qui c'è una definizione dell'intelletto: è il luogo delle funzioni che consentono di raccogliere ciò che nell'intuizione è molteplice, immediato e informe. Si pensi, per chiarire con una similitudine le righe qui seguenti, a due mucchi di grano: l'intuizione ci presenta due cumuli di tanti elementi e niente più, mentre l'intelletto è quella cosa che ci consente, volendo, di contare e sapere che nel primo cumulo c'è per esempio un milione di chicchi, e nel secondo ce ne sono due milioni.

▪ Pagina A 78 B 104: "Procedendo analiticamente, rappresentazioni diverse sono ricondotte sotto un concetto …"

Il capoverso che segue serve a introdurre le funzioni trascendentali.

▪ Pagina A 79 B 104: "Quella stessa funzione che dà unità alle diverse rappresentazioni in un giudizio …"

E così Kant perviene a dire che le funzioni logiche trascendentali, che servono alla sintesi di ciò che appare nell'intuizione, corrispondono una a una alle funzioni logiche generali. Il senso della conclusione è chiaro, l'argomentazione probabilmente meno; è legittimo, volendo, continuare a domandarsi perché mai i due piani debbano corrispondere, ma la risposta è che qui dobbiamo leggere con un grano di sale, e ricordare che Kant si inerpica sempre in tentativi di dimostrazione che servono a mantenere fede all'edificio di concetti e distinzioni con cui va descrivendo la struttura formale del soggetto umano. Contentiamoci di capire che secondo Kant le funzioni logiche trascendentali corrispondono alle funzioni generali, semplicemente perché il testo dice che è così e non altrimenti, e per questa via finalmente arriviamo alla nozione di categoria nel senso kantiano.

▪ Pagina A 80 B 106: "Tavola delle categorie ..."

Ecco dunque la tavola delle categorie. In cosa differiscono dai giudizi? Notate, per capire di che si parla, che nel terzo titolo il giudizio ipotetico, ovvero la relazione logica se x allora y, si è convertito nella relazione causale, dove x e y non sono genericamente contenuti qualsiasi del pensiero, ma specificamente oggetti esistenti nell'intuizione. Per tutti le altre categorie la differenza si chiarisce leggendo oltre.

▪ Pagina A 80 B 106: "Ecco dunque l'enumerazione di tutti i concetti puri originari ..."

Un lettore che il tempo trascorso abbia reso più smaliziato di Kant non crederà mai che questa tavola sia davvero la tavola assoluta delle categorie, e di conseguenza considererà illusione quella che Kant qui ribadisce, di averla trovata con un metodo di valore assoluto. Si noti, tuttavia, che le successive considerazioni su Aristotele conservano per noi una plausibilità: per il modo a cui Kant vi è pervenuto, la tavola delle categorie di Kant ci appare davvero qualcosa che almeno idealmente è meno empirico, meno arbitrario e più astratto rispetto a quella di Aristotele.

▪ Pagina A 81 B 107: "Quanto a questi ultimi concetti, resta infatti ancor da notare che le categorie ..."

Segue un cenno al lavoro da fare, che già conosciamo: la descrizione completa della forma potenziale dell'esperienza, la metafisica nel senso nuovo, che Kant crede di poter estrarre con tutta semplicità dall'intelletto come ovvia conseguenza della credenza di avere trovato la tavola assoluta e definitiva delle categorie. I due capoversi che seguono ci fanno capire meglio che genere di cosa avrebbe dovuto essere la metafisica nuova.

▪ Pagina A 82 B 108: "Mi dispenso, a ragion veduta, di dare in questo trattato le definizioni ..."

La parola "categorie", subito qui di seguito, sembra un lapsus (rilevato in genere dagli interpreti), perché dati i presupposti non si vede come si potrebbero definire le categorie, da cui ogni pensiero si sviluppa e alle quali ogni pensiero è successivo. È da ritenere, dato il contesto, che le definizioni ora accennate dovrebbero essere quelle dei "predicabili" derivati da composizione di categorie, dei quali Kant ha appena parlato.

Può darsi che nell'excusatio che c'è nel seguente capoverso sia da vedere un risvolto serio, ossia il riflesso dell'aver Kant urtato contro il fatto che la definizione dei predicabili mediante combinatoria di categorie non gli riesce, anche dopo averci provato, perché proprio quelle nozioni di cui egli vorrebbe trovare la definizione in questo modo, come la "forza", in realtà corrispondono al senso di parole ricchissime di connotazioni dipendenti dalla visione della natura e dal contesto culturale in cui sono intese, e su cui, proprio per questo motivo, la discussione metodologica è infinita: che è il fattore che tutta la *Critica* ignora. In un certo senso, questa ingenuità di Kant mostra che egli non aveva assimilato del tutto la lezione metodologica di Newton, il quale come si sa assunse una sola grandezza relativa alla realtà fisica, il concetto di massa, e concepì la forza come prodotto della massa per un'accelerazione, senza darne alcuna definizione qualitativa, che sarebbe stata superflua oltre che sempre discutibile. Kant, data la sua ingenuità rispetto alla possibilità del linguaggio di essere univoco, crede di poter fare più di Newton trovando le definizioni dei concetti fisici basilari, ma non categoriali, con la combinatoria delle categorie, per poi trovarsi deluso davanti alla constatazione che l'opera non gli riesce, cosa che dati i suoi presupposti probabilmente doveva apparirgli come un'inspiegabile stranezza, e magari un suo limite soggettivo.

• Pagina B 109: "Intorno a questa tavola delle categorie si possono fare diverse considerazioni ..."

Seguono osservazioni particolari, cominciando con il consueto tema della metafisica nuova da costruire.

• Pagina B 110: "La prima classe io la chiamerei delle categorie matematiche, la seconda delle dinamiche ..."

La distinzione tra categorie "matematiche" e "dinamiche" sarà sviluppata nell'Analitica dei principi, come tutto quanto qui segue.

• Pagina B 113: "Ma nella filosofia trascendentale degli antichi si trova ancora un capitolo contenente certi concetti puri ..."

Quest'ulteriore osservazione, facile da seguire, riguardo al termine tecnico "trascendentale" degli scolastici ci fa immaginare perché Kant usò proprio quel termine come etichetta per il suo metodo: per lui qui gli antichi fraintendevano clamorosamente una funzione logica facendone una proprietà delle cose, e lo spirito dell'opera di Kant sta tutto nel portare a coscienza questo errore in tutti i modi in cui si manifesta; così essa è "trascendentale" nel senso nuovo, corretto. Gli antichi, per essere nel giusto, avrebbero dovuto casomai dire non *quodlibet ens est unum...* ma *quilibet sermo esto unus, verus, bonus.*

▪ Pagina B 116, considerazione generale sulle categorie.

Prima di passare all'osso durissimo della Deduzione trascendentale, è ora di considerare cosa possiamo farci dell'insegnamento di Kant. Conoscerlo è erudizione, oppure cambia la nostra prospettiva sulle cose?

È sensato il problema della tavola delle categorie, e in generale il proposito della descrizione metodica completa della struttura del soggetto? No, perché la forma logica e matematica dei nostri processi di oggettivazione dell'esperienza non è una cosa che noi vediamo come oggetto dei nostri pensieri, ma è ciò che mettiamo in atto sperimentando le cose e cercandone la struttura. Il pensiero ingenuo non ha alcuna idea della scienza della logica, eppure pensa logicamente, quantomeno quando risolve problemi tecnici per conservare l'esistenza umana. Via via, sollecitato dalle contingenze dell'esistenza, l'uomo cerca di oggettivare le stesse sue operazioni di pensiero, e così percorre il cammino senza fine di isolare la componente formale dei suoi pensieri, e perviene a conoscenze logiche e matematiche astratte, differenziate rispetto alla loro applicazione in rapporto all'esperienza. Così gli egizi, come si sa, praticavano l'agrimensura per ripristinare i confini dopo le inondazioni, ma ci volle un processo di pensiero ulteriore per concepire come oggetto di conoscenza l'aspetto formale che guidava quell'attività pratica, ed estrarne la geometria euclidea. Ed è così che le nostre conoscenze logiche e matematiche non sono definitive, evolvono insieme alle condizioni storiche dell'esistenza, e quanto ai loro principi generali non abbiamo un modo assoluto per rappresentarli ed esprimerli. I principi, li torniamo a riscoprire con prospettive che cambiano, e la semantica delle parole con cui ci riferiamo ad essi non è nulla di certo, perché per riferirci a tutto ciò che è formale del nostro pensiero non abbiamo mezzi diretti, ma solo perifrasi e metafore. Intendo dire: sappiamo tutti che questa rappresentazione: ▪ non è la figura di un punto geometrico astrattamente inteso, perché un punto geometrico non ha alcuna dimensione, e quindi nessun colore, e così via. Tuttavia, è un fatto che noi riusciamo a farci capire e a dare un senso a un'espressione come "punto geometrico". Ma come? Sempre con parole che si riferiscono a qualcosa di reale nell'intuizione, e invitano a sviluppare un processo di pensiero che toglie l'empirico (cioè, che astrae) rivelando l'elemento formale, il quale però come tale nella sua purezza rimane sempre soltanto uno stato di coscienza incomunicabile. Così, se dovessimo far capire a un bambino la nozione di "punto geometrico", diremmo: guarda questo: •; ora immagina di restringerlo fino a ridurne il diametro a niente; ora immagina che esso corrisponda solo a una posizione sulla pagina; e così via. L'ascoltatore, di fronte al tentativo di esprimere qualsiasi astrazione che punti a fargli portare a coscienza un aspetto formale, o capisce, e di solito capire corrisponde a uno stato d'animo entusiasta facile da riconoscere, oppure non capisce, e resta perplesso come lo abbiamo trovato.

E così la tavola delle categorie di Kant non può essere la tavola completa e definitiva, ma non ha nemmeno senso metterci a correggerla: nessuno troverà mai una tavola delle categorie che non sia relativa al proprio modo di analizzare la cultura umana. In più, è sempre stato osservato dagli interpreti che tutta la *Critica della Ragion Pura*, e anzi tutto il sistema di Kant, che pretende di disegnare l'architettura dello spirito umano descrivendo tutto un insieme di elementi correlati, con fiducia incrollabile nel suo sistema di concetti, è una specie di supertavola delle categorie, della quale la tavola delle categorie dell'intelletto è un elemento, l'intuizione pura un altro, la ragione teoretica (che vedremo oltre) e la ragione pratica e la facoltà di giudicare sono altri ancora; il sistema è la vera tavola delle categorie di Kant, la cui pretesa completezza e assolutezza è una chimera che Kant inseguiva perché aveva ancora un piede nel razionalismo dell'età moderna, del quale condivideva certi aspetti di metodo mentre ne distruggeva la pretesa di usare la logica per determinare oggetti reali.

Tuttavia, se anche il problema della tavola delle categorie non ha soluzione, e quindi ogni cultura e ogni visione filosofica d'insieme crea le sue tavole delle categorie, esplicite o implicite, denominate così o diversamente, ma sempre relative al contesto di una data epoca storica — nonostante questo noi ci rapportiamo all'esperienza davvero come descrive Kant, perché, volenti o nolenti, ci regoliamo su quelle rappresentazioni che, portate a coscienza, non possiamo più negare, e così danno forma dall'esperienza. È difficile pensare che non vi sia in noi una forma assoluta e costante del soggetto, che vincola i nostri pensieri, ed è ciò che ci fa riconoscere la comune umanità in tutte le culture; solo che, a differenza di Kant, non la scopriamo guardando introspettivamente in noi stessi, ma vivendo e nel mutare delle condizioni storiche, con operazioni astrattive che sono retrospettive rispetto al complesso dell'esperienza che accumuliamo vivendo. L'unità, unicità e assolutezza della struttura formale della coscienza è una nozione che possiamo assumere e usare anche se sappiamo che non possiamo fare alcuna enumerazione dei suoi elementi che pretenda di avere valore assoluto.

A questo punto, probabilmente per il lettore sarà chiaro anche perché il progetto della metafisica nuova di Kant fosse impossibile per ragioni essenziali: esso dipende interamente dalla soluzione del problema della tavola assoluta delle categorie, che soluzione non può avere.

Capitolo Secondo - Deduzione dei concetti puri dell'intelletto

▪ Pagina A 84 B 116: "Capitolo Secondo - Deduzione dei concetti puri dell'intelletto ..."

Ciò che Kant si propone sotto questo titolo è spiegato chiaramente nel primo capoverso che segue. Poco oltre troveremo la versione della Deduzione nella prima edizione, seguita da quella della seconda. Le edizioni in genere propongono la seconda versione nel testo principale, e relegano la prima in appendice. Scelta pessima: le due stesure si devono leggere in sequenza, e non c'è speranza, senza conoscere la prima, di trovare un senso nella seconda, che Kant riscrisse quando i suoi concetti erano diventati un'istituzione, almeno per lui stesso, e quindi assumendo che un lettore potesse capirlo avendo reso il discorso ancora più astratto. Kant riscrisse il ragionamento della Deduzione principalmente perché la prima versione era stata fraintesa, e il lettore vedrà da sé con quali risultati, dal punto di vista espressivo.

La grande difficoltà del testo, come abbiamo già osservato, sta nel fatto che Kant pretende di dimostrare assolutamente la visione delle cose che ci ha proposto; se noi riusciamo a comprendere il punto di vista trascendentale come un'interpretazione plausibile e coerente dei processi di oggettivazione della natura, ma impossibile da dimostrare, seguiamo anche il testo della Deduzione. Se lo prendiamo troppo sul serio, alla maniera letterale di Kant, ci troviamo costantemente in imbarazzo, non riuscendo a far nostra la forza che vorrebbero avere i pretesi argomenti dimostrativi di Kant. Kant in questo capitolo ci ripete innumerevoli volte gli stessi concetti introducendo varianti espressive, e va cercando di persuadere se stesso come il lettore che sta svolgendo una catena di deduzioni in cui ogni passaggio appare come conseguenza del precedente. Non è così, e questo testo per prima cosa produce l'effetto inevitabile di annoiare ogni lettore, e poi di disorientare il lettore più costante ed attento, quello che vorrebbe seguire l'argomentazione. Del resto, data l'importanza della materia in questione, se le cose fossero come Kant sperava e pretendeva che fossero, e dunque qui vi fosse davvero una dimostrazione persuasiva della necessità di concepire il soggetto umano e il suo rapporto con la natura al modo della *Critica della Ragion Pura*, allora la Deduzione trascendentale si insegnerebbe nelle scuole insieme all'algebra, come una cosa che nessuno si potrebbe permettere di ignorare. Il che non è. E noi dobbiamo leggere questo testo come un tentativo che aumenta la nostra comprensione di tutto il resto del libro, senza lasciarci sgomentare dal fatto di non poter consentire con la pretesa necessità degli argomenti di Kant.

Indicazione al lettore: in genere conviene leggere prima la parte successiva, l'Analitica dei principi, per poi tornare alla Deduzione, perché nell'Analitica dei principi vengono discussi aspetti dettagliati del processo di oggettivazione dell'esperienza tramite le categorie, e se ne esce avendo un'immagine molto più determinata di ciò di cui Kant sta parlando. Se il lettore trovasse completamente ostica la Deduzione (come avverrà alla prima lettura), tenti questa strada: scorra la Deduzione (A e B) solo per farsene un'idea, poi passi alla sezione successiva, dove sarà molto più facile comprendere le nozioni lì descritte dello schematismo (il rapporto delle categorie con l'intuizione temporale) e dei principi dell'intelletto (le applicazioni concrete delle categorie alla costruzione dell'oggetto d'esperienza), poi torni alla Deduzione e vedrà che lo schematismo e i principi sono proprio le nozioni che danno senso al procedere della Deduzione, che le presuppone, perché Kant ovviamente aveva concepito tutto l'insieme dell'opera prima di scrivere la Deduzione, solo che aveva in mente di dover persuadere il lettore della necessità del suo ragionamento prima che il lettore conoscesse in cosa esso consistesse, quindi come una premessa logica necessaria, che però corrispondeva a una scelta espressiva disastrosa. Anche i miei commenti esplicativi antecedenti ogni capoverso faranno riferimento talvolta a nozioni dell'Analitica dei principi.

Quanto alla domanda: perché tutta questa difficoltà? — la risposta non è che essa provenga da un limite soggettivo di Kant, incapace di mettere ordine nelle sue idee, ma anzi essa proviene dal solito pregiudizio di Kant sulla potenzialità del linguaggio tecnico filosofico (ereditato dalla tradizione dei trattati logico-metafisici) di esprimere distintamente e univocamente tutto ciò che riguarda l'a priori. Dato questo presupposto, e poiché egli non teneva conto che la sua filosofia, non diversamente da ogni altra, si basava sulle connotazioni della lingua nel contesto della cultura del suo mondo tempo, a Kant appariva possibile svolgere la Deduzione delle categorie parlando della nozione di categoria in genere, prima di far conoscere al lettore quelle specificazioni del sistema che gli danno senso e vitalità, con ragionamenti in cui egli dice: date le premesse A e B, segue C, senza rendersi conto non solo che il senso di A e B era relativo al contesto di cultura del suo tempo, ma anche che le parole usate avevano ormai connotazioni private, note a lui nel suo lavorio di pensieri. Quindi, che la cosa non potesse riuscire, è il fattore che ha dato luogo all'esprimersi incerto ed erratico di Kant, nella prima stesura come nel rifacimento della Deduzione.

Sezione Prima

• Pagina A 84 B 116: "§ 13. Dei principi di una deduzione trascendentale in generale. I giuristi, quando trattano di facoltà e pretese, distinguono ..."

Ora viene definita la nozione di deduzione, che è la dimostrazione della legittimità dell'uso di un concetto; per i concetti empirici essa consiste semplicemente nella loro verifica nell'esperienza: si noti che riguardo alla verifica dei concetti empirici il testo non contiene alcuna indicazione metodologica, né considera che vi sia alcunché di problematico. Quanto ai concetti di "felicità", "destino" e simili, il rapido accenno del testo implica che il lettore capisca da sé e condivida che essi sono concetti ibridi in cui gli strumenti logici di oggettivazione della natura si mescolano con proiezioni di desideri umani, e pertanto sono illegittimi.

• Pagina A 85 B 117: "Ma fra i concetti di tanti tipi che formano il tessuto ..."

I concetti a priori esigono una "deduzione" nel senso definito: l'asserto non ha bisogno di giustificazione, perché il problema è quello della filosofia di ogni epoca.

• Pagina A 85 B 118: "Abbiamo adesso già due specie di concetti, di genere affatto diverso ..."

In realtà, il lettore sa già in cosa consista la Deduzione, ed è l'argomento di fondo di tutto: se la forma della soggettività è necessaria (ciò che sappiamo dagli stati di coscienza che non possiamo negare), e se i dati sensibili non hanno nessuna struttura intrinseca perché ci appaiono nella "rapsodia" completamente disparata degli stimoli, allora non esistono nella coscienza altre strutture che quelle a priori, e le cose d'esperienza possono apparire al soggetto solo secondo le strutture contenute nella forma del soggetto, che il mondo di esperienza va a riempire di contenuti sensibili. Dunque i concetti a priori descrivono l'esperienza potenziale, della quale l'esperienza attuale sarà poi il caso che chiamiamo realtà empirica. E così diremo che i concetti a priori hanno "diritto" di riferirsi all'esperienza, visto che Kant ha voluto usare questa metafora, perché ne sono la forma. Leggendo lo svolgimento della Deduzione vedremo come questa prospettiva si arricchisce, ma lo schema generale del ragionamento è questo.

Nel paragrafo seguente, il lettore attento noterà una stonatura, l'espressione "concetti dello spazio e del tempo", che a rigore non sono concetti nella prospettiva di Kant. Ma non c'è contraddizione: il testo parla ora del metaconcetto filosofico che ce ne facciamo qui, discutendo dello spazio e del tempo e portando a coscienza il loro carattere: questo è un concetto, anche se non lo sono lo spazio e il tempo in se stessi.

| • Pagina A 86 B 118: "Di questi concetti, come di ogni conoscenza ..." |

Il paragrafo seguente distingue la scienza empirica del soggetto esistente, vivente (potremmo dire oggi, le scienze cognitive) dalla scienza a priori delle forme logiche. Gli atti di pensiero che il soggetto vivente diviene in grado di attuare in condizioni empiriche, possono darsi o meno, sono fatti psicologici e hanno un grado quantitativo. Chi non capisce questa distinzione, suggerisce Kant, è meglio che chiuda il libro. Si osservi che Kant non sta dicendo che la ricerca empirica psico-fisiologica (nel seguito chiamata "fisiologia dell'intelletto") sia illegittima, ma che essa non può valere come deduzione.

| • Pagina A 87 B 119: "Sebbene l'unico modo di una possibile deduzione della conoscenza pura a priori ..." |

La Deduzione trascendentale dello spazio e del tempo è implicita nell'Estetica, ma non vi è nominata, perché data la natura del problema essa ha avuto facile soluzione: che le cose ci appaiano in forma geometrica e nella sequenza del tempo per Kant è un dato ovvio. Segue un argomento poco lineare, i cui elementi sono questi: i concetti della tavola delle categorie non hanno forma spaziale e temporale (l'unità, l'affermazione, la negazione, la causa non hanno forma spaziale e temporale): dunque la giustificazione del loro uso in rapporto all'esperienza non è immediata; e poi, poiché i ragionamenti dialettici della metafisica fanno uso di concetti spaziali (ad esempio, nelle speculazioni sull'infinito), ecco che alla fine anche la deduzione dello spazio come forma dell'intuizione è meno ovvia di quanto non sembri quando consideriamo solo l'uso empirico dello spazio e della geometria. La geometria sembra esente dal problema, ma di fatto anche essa viene idealizzata.

C'è un problema retrostante, non affrontato da Kant: egli insiste ovunque a dire che le categorie, nell'uso dialettico della ragione che dà luogo alla metafisica classicamente intesa, danno luogo a proposizioni sensate, sebbene indecidibili, come quelle sull'essenza divina. Che queste proposizioni siano indecidibili, è la tesi centrale della Dialettica trascendentale. Ma da dove viene il senso di tali proposizioni e di tale uso delle categorie? Qui non c'è risposta, il testo procede sulla base dell'assunzione di Kant, il quale assume che una frase come "Dio è infinito" ha un senso determinato, e potrebbe essere vera o falsa, mentre una frase come "Dio è verde" ovviamente non l'ha, e non è né vera né falsa; ma Kant assume anche che il lettore consentirà con questo istintivamente, senza riflettervi. Quest'osservazione non è pertinente al testo qui prossimo, ma la metto qui perché al lettore potrebbe venire in mente il problema. Dobbiamo accettare che Kant assume che le categorie possano dare luogo a proposizioni sensate, ma non decidibili, riferendosi a oggetti fuori delle condizioni di spazio e di tempo, e dobbiamo tenere conto che molte asserzioni del testo della Deduzione hanno un senso compiuto solo perché dietro c'è questa assunzione tacita.

▪ Pagina A 89 B 121: "Più sopra, con piccola fatica, per i concetti di spazio e di tempo …"

La concezione trascendentale dell'oggettività è immediatamente chiara in rapporto alle forme dell'intuizione. Se le proprietà geometriche dello spazio ci sono necessarie, ciò che ci appare nello spazio le eredita.

▪ Pagina A 89 B 122: "Le categorie dell'intelletto al contrario non ci rappresentano punto le condizioni a cui gli oggetti ci sono dati nell'intuizione …"

Non accade così per le categorie, che non hanno forma spaziale né temporale. L'esempio invocato qui di seguito da Kant è il più naturale: perché mai le cose dovrebbero necessariamente stare in rapporti causali, e non capitare a caso? Si presti particolare attenzione alle parole: "potrebbero in ogni caso darsi fenomeni così fatti, che l'intelletto non li trovasse punto conformi alle condizioni della sua unità" (cioè, fenomeni disordinati e casuali): questa è l'interpretazione comune e naturale in rapporto al problema, e Kant riconosce che il lettore partirà con questa idea, come tutti al mondo. Ma non è così, perché il contenuto materiale disordinato dell'esperienza è solo la "rapsodia" degli stimoli sensibili, e nessuna forma di relazione ci viene dall'esperienza: quindi non possono esserci fenomeni che presentino una forma di relazione che non sia una relazione logico-matematica a priori.

▪ Pagina A 91 B 123: "Se poi si pensasse di trarsi dall'imbarazzo di queste ricerche, dicendo …"

Qui Kant dice che il senso del concetto ordinario di causa comprende (per qualche motivo, che per quanto ne sappiamo sinora potrebbe essere razionale oppure chimerico) l'idea che la connessione causale sia necessaria, e che sinora non abbiamo capito mai come questo sia possibile, dato il carattere essenzialmente contingente dell'esperienza: si noti che qui non è detto nulla più che questo, c'è solo il problema, non la risposta.

• Pagina A 92 B 124: "§ 14. Passaggio alla deduzione trascendentale delle categorie ..."

Nel seguito, le parole dell'inciso "giacché qui non si parla della sua causalità mediante il volere" non sono chiare, se non si sa che è ricorrente in Kant la definizione del volere come causalità di una rappresentazione a produrre il suo oggetto: questa definizione qui riceve un accenno, e per capire il testo si osservi che essa coglie effettivamente l'aspetto oggettivo della volontà, lasciando fuori la componente soggettiva che ne fa parte. Se io voglio una cosa e me la costruisco, per esempio un riparo dalla pioggia con dei rami, effettivamente dal punto di vista oggettivo la rappresentazione nell'immaginazione di ciò che volevo è stata la causa del disporsi di certi oggetti esterni in un dato ordine, che altrimenti non si sarebbe posto in essere; il fattore soggettivo, il disagio che provo, la qualità percettiva del desiderio, è fuori dalla definizione.

Qui Kant dice che una rappresentazione può essere la condizione di possibilità di un oggetto, ma in un senso che non ha nulla a che vedere con la sua solita definizione della volontà. Cioè, la forma della rappresentazione nel soggetto umano determina in modo univoco la forma delle immagini che ci facciamo delle cose, ma non ne determina l'esistenza, che è essenzialmente contingente ed estranea. La forma generale a priori della soggettività comprende spazio, tempo e categorie: anche queste ultime determinano la forma concreta dell'esperienza così come la determinano lo spazio e il tempo? Quest'ultimo è il problema ora.

Si osservi nel testo l'espressione: "ogni esperienza, oltre l'intuizione dei sensi, per cui qualcosa è dato, racchiude anche il concetto dell'oggetto che è dato o appare nell'intuizione". Essa è consonante con l'idea oggi corrente per cui ogni oggetto è identificato come tale in conseguenza di presupposti culturali, ma non le è equivalente, perché l'atteggiamento antropologico invalso nel Novecento tende a trascurare completamente gli elementi formali concentrandosi sulle consuetudini empiriche.

• Pagina A 94 B 126: "La deduzione trascendentale di tutti i concetti a priori ha dunque un principio ..."

Qui il testo ripete il programma della deduzione.

[A - *Deduzione Trascendentale nel testo della prima edizione]*

▪ Ora, passare al testo della Deduzione trascendentale A, che probabilmente si trova in appendice.

Pagina A 93. La prima edizione conclude il paragrafo precedente introducendo alcune nozioni usate nel seguito, espanse dopo. Il testo A è il seguente: "Però, ci sono tre fonti originarie (attitudini o facoltà dell'anima) che contengono le condizioni della possibilità di ogni esperienza, e non possono venir derivate da nessun'altra facoltà dello spirito, e cioè il <u>senso</u>, l'<u>immaginazione</u> e l'<u>appercezione</u>. Su di esse si fonda: 1) la <u>sinopsi</u> a priori del molteplice mediante il senso; 2) la <u>sintesi</u> di questo molteplice mediante l'immaginazione; e finalmente 3) l'<u>unità</u> di questa sintesi mediante l'appercezione originaria. Tutte queste facoltà hanno, oltre l'uso empirico, un uso trascendentale, che riguarda solo la forma, ed è possibile a priori. Di questo abbiamo discorso più sopra nella prima parte con <u>riguardo al senso</u>; ma ora vogliamo considerare le altre due secondo la loro natura."

Dati i fattori del ragionamento elencati come introduzione nel capoverso precedente, prima di proseguire vediamo come l'argomento sarà strutturato nelle linee generali.

Kant fa un ragionamento che a prima vista appare psicologico, ma in realtà non è tale (o almeno, così vorrebbe lui), e dice: come avviene la conoscenza di qualcosa?

Prima ricevo una sequenza di stimoli, nella sensibilità, e sempre nel tempo (ovviamente anche nello spazio se esterni).

Poi, secondo momento, se avessi solo la sequenza degli stimoli, non si potrebbe dire che penso qualcosa: bisogna che gli stimoli passati rimangano nella coscienza, e che questa possa averli dentro di sé tutti insieme; questo vuol dire che devo poter immaginare e ricordare gli stimoli passati, anche se Kant non menziona mai la memoria, concetto troppo psicologico, salvo in un punto dell'argomentazione che incontreremo dopo. Quindi per esempio: sono passate tre automobili, in sequenza fuori dalla finestra, e io sono capace di avere la rappresentazione di tutte tre, anche quando vedo solo l'ultima, o non più nessuna. L'immaginazione-memoria che fa questo è da dirsi appartenente al mondo dell'a priori, perché in essa ciò che importa è unicamente il fatto di poter richiamare alla coscienza dei dati molteplici della sensibilità, e come lo faccia è fuori della discussione. Cioè, la memoria certamente fa parte dell'empirico, perché che uno ricordi una cosa rilevante, ne dimentichi un'altra poco importante, ne rimuova un'altra ancora che sarebbe importante ma è un ricordo doloroso, e così via, sono tutti eventi empirici contingenti, ma il carattere psicologico del ricordare non ha relazione con il ragionamento sulla logica dell'oggettivazione. Serve solo il fatto ridotto all'osso, che qualcosa possa essere riportato alla coscienza quando non c'è nella sensibilità, in qualsiasi modo ciò avvenga, e questo Kant lo annovera come elemento dell'a priori. Oltre a ciò, questa immaginazione-memoria rilevante per la logica dell'oggettivazione è da chiamarsi "produttiva", perché essa è capace di costruire gli enti della geometria, attività in cui non riproduce alcun dato empirico ma produce delle forme non empiriche, e perché similmente essa è capace di ricomporre le cose nello stato della coscienza in qualsiasi ordine arbitrario: come possiamo immaginare un quadrato geometrico (e da lì cercarne le proprietà coerenti con la forma euclidea dello spazio), così possiamo immaginare che prima uno muoia e poi parta il colpo di pistola che l'ha ucciso, se questo ci serve a qualcosa: l'esempio così espresso sembra futile, ma la sperimentazione scientifica non potrebbe arrivare mai a nulla se non potesse immaginare ogni relazione concepibile delle cose prima di verificarla.

C'è poi il terzo momento, l'unità della sintesi: quando scopriamo che ci giova pensare che prima avviene lo sparo e poi muore l'uomo che ne è colpito, e non viceversa, abbiamo impiegato una categoria, quella della causalità, ovvero lo schema dell'implicazione di due eventi in un dato ordine del tempo.

A questo punto, il lettore dirà: ma questa allora è una descrizione del processo con cui si conoscono gli oggetti nella sperimentazione scientifica, è un abbozzo di metodologia, ma Kant risponderà: no, è una descrizione del processo con cui sempre e soltanto trasformiamo i dati sensibili in oggetto, creandone i concetti, che sono tutti applicazioni delle categorie (e non solo nel pensiero scientifico moderno, ma fin dall'inizio di ogni pensiero: già i nomi, i "sostantivi", che ogni umanità assegna alle cose sono "sostanze", cioè quel qualcosa che ci giova concepire stabile mentre muta di forma).

E infatti, a questo punto Kant si chiede: cos'è un oggetto? È quel qualcosa che resta quando togliamo tutto l'accidentale delle sensazione, ma poiché tutto il reale è nell'accidentale delle sensazioni, tolto quello l'oggetto ci resta in mano come qualcosa di completamente indeterminato, una x, dice Kant. Allora quali caratteristiche, quali relazioni interne potrà avere? Quelle che la coscienza è in grado di rappresentarsi, nel suo lavoro, diciamo così, di adattamento alla ricezione dei dati sensibili. Perciò l'unità dell'oggetto è ereditata dall'unità della coscienza che lo pensa.

E qui Kant si fa uno scrupolo che forse non verrebbe nemmeno in mente al lettore, ma per lui è fondamentale. Tutta l'analisi della *Critica* è costruita sulla premessa che i fenomeni "interni", psichici, sono contingenti ed empirici al pari dei fenomeni nello spazio. Quindi il soggetto vivo, senziente e pensante in concreto, e nel quale la coscienza è sì unitaria, ma non lo è assolutamente, date le dissociazioni a cui è soggetta, va spogliato di tutti i caratteri empirici, come si è fatto per l'immaginazione, per mettere a fuoco che al centro di tutta l'attività di interpretazione dell'esperienza c'è una coscienza la cui unica funzione è quella di mettere in atto le funzioni logiche distinte, le diverse categorie. Questo nucleo della coscienza è puramente logico, è un prodotto di astrazione, ed è ciò che Kant chiama "appercezione trascendentale", concetto molto misterioso per tanti lettori a cui la definizione nominale è stata fatta conoscere sui banchi di scuola. Data questa distinzione, Kant insiste sul fatto per nulla paradossale per cui il soggetto vivo, l'insieme dei fenomeni psichici, è oggetto del pensiero del soggetto trascendentale: questo tema però è espanso in particolare nella seconda versione della Deduzione.

Di tutto ciò il "diritto" delle categorie di riferirsi agli oggetti è la conseguenza.

• Pagina 95: "Sezione Seconda - Dei fondamenti a priori della possibilità dell'esperienza. Che un concetto possa essere prodotto completamente a priori e assieme riferirsi a un oggetto ..."

La rappresentazione da cui iniziare è questa: la sensibilità non ci dà concetti empirici, ma ci dà colori, suoni e tutti gli altri stimoli che idealmente sono completamente informi (idealmente, perché non possiamo fare davvero l'esempio di una esperienza completamente disordinata e informe: possiamo riferirci ad essa, per esempio, attraverso la metafora di un'orchestra che suoni gli strumenti completamente a caso, ed è la metafora a cui allude Kant quando usa il termine "rapsodia" per descrivere l'esperienza informe prima del lavoro dell'intelletto). L'insieme informe dei dati percepiti da Kant è chiamato sempre "il molteplice", perché esso non ha altro attributo che quello di essere una pluralità di stimoli sensibili. L'intelletto cosa fa? Cerca nella "rapsodia", ovvero nel molteplice, ciò che gli appare simile, e classifica, distingue, numera, cerca le relazioni causali. Le forme con cui far questo le ha in sé, e sono le categorie.

I primi capoversi introducono l'idea discutendo la nozione di concetto a priori, ma sono inquinate dal problema che pervade tutto il testo di questa sezione: il tentativo di dimostrare assolutamente per necessarie quelle che invece sono le tesi di Kant, e come tali mantengono per noi un carattere inevitabile di contingenza. Egli dice: i concetti dell'intelletto non hanno altro uso che quello di dare forma all'esperienza, e fuori dell'esperienza non hanno significato. Da questa tesi scaturisce una descrizione pregnante del nostro rapporto con l'esperienza, ma la tesi non è dimostrabile, è solo rinforzabile con l'argomento che la tesi contraria, la pretesa di conoscere cose oltre l'esperienza mediante il ragionamento, dà luogo ad aporie e risultati contraddittori.

• Pagina A 95: "Se dunque vi sono concetti puri a priori …"

Si noti nel capoverso seguente il "dunque" (*also*): la tesi che vi siano sì concetti a priori, però utili solo in rapporto all'esperienza, viene presentata come se fosse dedotta, quanto invece è l'assunzione. In generale, tutto il seguito si capisce se si legge ascoltando ciò che Kant descrive, e lasciando da parte la sua pretesa di dimostrarlo. Al contrario, se si cerca di cogliere la pretesa forza dimostrativa degli argomenti si perde il filo.

• Pagina A 95: "Se si vuol quindi sapere come siano possibili concetti puri …"

Il capoverso seguente è un excursus: le categorie dell'intelletto possono essere connesse per definire enti immaginari a cui manca solo in parte ciò che si trova nell'esperienza, come ad esempio uno "spirito", un qualche ente di potenza sovrumana, un semidio, oppure alcunché di ideale completamente fuori dell'esperienza, Dio. Però le invenzioni metafisiche, come quelle meno che metafisiche delle credenze e superstizioni, compongono elementi a priori che sono nel soggetto; Kant non lo dice qui, ma si osservi che questo è ciò che distingue la critica kantiana dalla critica illuminista di sempre: questa, fin da quando i presocratici osservarono che "se i cavalli avessero i loro dei, se li immaginerebbero in forma di cavallo", vede solo l'elemento psicologico empirico nell'immaginazione metafisica, non accorgendosi proprio di quello a priori: e anche la cultura corrente del nostro presente è cieca per questo aspetto.

Poi qui si ripete la tesi che le categorie hanno uso solo in rapporto all'esperienza, esprimendola con il solito tono che allude alla sua pretesa necessità dimostrata.

▪ Pagina A 96: "Ora questi concetti che contengono a priori il pensiero puro ..."

Segue la tesi centrale della Deduzione: senza strutture logiche proprie della coscienza, le categorie, non vi sarebbe proprio esperienza, ma solo il "molteplice" degli stimoli sensibili senza alcuna connessione. Si notino le parole: "è già una sufficiente deduzione di esse e una giustificazione della loro validità oggettiva, se noi possiamo dimostrare che soltanto per loro mezzo un oggetto può essere pensato"; queste parole sono il cuore dell'argomento: non abbiamo altro oggetto che quello che costruiamo così, e la parola "oggetto" non ha altro senso.

▪ Pagina A 97: "Se ogni singola rappresentazione fosse affatto estranea, e per dir così isolata ..."

Ora il testo accenna ai passi che la Deduzione seguirà, dicendo: se nel senso le cose sono percepite connesse, se c'è una "sinossi", allora non basta il senso, ma ci vuole un modo, un mezzo per connetterne il molteplice di stimoli. Si ricordi sempre che il "molteplice" comprende anche gli stati d'animo, gli eventi psichici, non solo le sensazioni attribuite alle cose eterogenee rispetto alla psiche, e che leggendo bisogna pensare sempre all'immagine dell'esperienza quale sarebbe prima del lavoro dell'intelletto come a qualcosa di simile a un'orchestra completamene stonata che ci manda suoni, colori, odori, insieme a gioia, tristezza, euforia, attenzione, fantasia svagata, e così via.

▪ Pagina A 98: "Avvertenza preliminare ..."

Vale relativamente il consiglio che Kant ora ci dà: considerare le pagine da qui ad A 114 come una preparazione della Deduzione vera e propria, che poi segue. Vale relativamente, perché la conclusione viene tratta anche nella parte preparatoria. Conforta sapere che Kant si rendeva conto della difficoltà della sua prosa.

▪ Pagina A 98: "1. Della sintesi dell'apprensione nell'intuizione ..."

La Deduzione A argomenta introducendo una molteplicità di momenti del processo di costruzione dell'esperienza che è soppressa nel testo B. Qui si introduce il momento dell'"apprensione", che sarebbe quel qualcosa per cui, dopo che ci sono passate davanti due cose in sequenza, entriamo in uno stato di coscienza unico che si rende conto del fatto che le cose viste sono state due: inizio della correlazione.

Il primo capoverso osserva che ogni specie di stimolo sensibile ci giunge nel tempo, osservazione semplice, ma che sottolinea perché il carattere del tempo sia il criterio più generale dell'argomentazione.

• Pagina A 99: "Ogni intuizione contiene in sé un molteplice, che pure non potrebbe ..."

Già il momento della ricezione contiene una sintesi, che quantomeno porta gli stimoli sensibili nello stesso tempo.

• Pagina A 99: "Ora questa sintesi dell'apprensione deve esercitarsi anche a priori ..."

Senza l'apprensione, non avremmo nemmeno una rappresentazione dello spazio e del tempo come cose uniche, composte di un molteplice (infinito).

• Pagina A 100: "2. Della sintesi della riproduzione nell'immaginazione ..."

Qui Kant tenta di darci un'immagine dell'esperienza completamente informe, che possiamo esprimere solo per metafore, e la cosa gli riesce anche con una certa qualità poetica consonante con il gusto dell'epoca. Lo fa per notare che le associazioni con cui stabilizziamo l'esperienza, per quanto dettate dall'esperienza, presuppongono funzioni formali non empiriche: per esempio, la funzione logica dell'implicazione, se A allora B, applicata all'elemento, altresì a priori, del tempo nel concetto di causa; il quale però qui non è nominato, perché Kant sta tentando di parlare delle categorie in genere senza alcuna menzione delle singole categorie della tavola, complicando le cose per il lettore.

Il capoverso può suonare poco chiaro perché anticipa le conclusioni, non senza suscitare un certo sospetto di *petitio principii*, come molte altre parti di questa Deduzione.

• Pagina A 101: "Dev'esserci dunque qualche cosa che rende possibile questa riproduzione ..."

Ora Kant sottolinea che l'apprensione necessita della "riproduzione" del precedentemente appreso per formare immagini delle cose: senza questa riproduzione è dubbio che potremmo dire di avere coscienza di qualcosa, ricevendo la semplice sequenza temporale degli stimoli. La "riproduzione" è poi la memoria, che Kant non vuole chiamare con il suo nome: in generale, la Deduzione fu da lui riscritta nella seconda edizione anche per eliminare gli elementi evidentemente psicologici di questa prima stesura, a rigore non pertinenti con il ragionamento, ma usati da Kant per illustrare ciò a cui tende.

Il testo argomenta ora la possibilità di astrarre dall'immaginazione-memoria tutto quanto è psicologico per ridurla a una funzione trascendentale, capacità che si rende evidente quando costruiamo figure geometriche o intervalli temporali. Si noti che l'esempio che invoca i costrutti geometrici o nel tempo serve a dire: abbiamo un'immaginazione nella quale l'elemento psicologico è irrilevante, come ci testimonia la capacità di usarla nella geometria; ma questa immaginazione non serve solo alla costruzione degli enti geometrici: serve a comporre i dati sensibili secondo lo schema di tutte le categorie, per esempio a formulare l'ipotesi che tra dati eventi possa esserci un rapporto causale.

▪ Pagina A 103: "3. Della sintesi della ricognizione nel concetto. Senza la coscienza ..."

Ora Kant vuole caratterizzare il terzo momento, quello dell'unità della rappresentazione nella coscienza, e trova difficoltà ad esprimersi perché questo aspetto in se stesso non è intuitivo, sicché è difficile trovare parole con cui descriverlo: eppure qui è il cuore del pensare cosciente. Volendo cominciare con un esempio per dare l'idea di ciò che subito leggeremo, potremmo dire così: sto alla finestra e passa tre volte la stessa automobile, che vedo in tempi diversi: questa è ciò che abbiamo chiamato apprensione nell'intuizione; poi sono in grado di rappresentarmi i tre eventi: riproduzione nell'immaginazione (ossia memoria, non nominata, perché il punto è la sequenza logica del formarsi del concetto, non l'elemento psicologico della memoria, che pure ne è condizione); infine dico: ho visto per tre volte lo stesso oggetto, e qui avviene la "ricognizione", nella quale finalmente abbiamo l'oggetto, perché siamo coscienti che "che ciò che noi pensiamo è appunto quel medesimo che pensavamo un momento prima", come dice il testo qui di seguito. Adesso l'oggetto sta fermo, e viene rappresentato come esterno e indipendente dal nostro essere coscienti e vivi a percepirlo, ciò che fino al momento della riproduzione non avveniva.

Si noti che in questo capoverso si trova l'espressione "se dimenticassi" (*vergesse ich*), e dunque l'unico accenno alla memoria, forse involontario. L'espressione "se dimenticassi" vale proprio come elemento intrinseco al passo del ragionamento qui svolto; probabilmente quello che qui Kant dimenticò fu l'intenzione programmatica di astenersi dal menzionare la memoria.

▪ Pagina A 103: "La parola «concetto» potrebbe già da se stessa condurci a questa osservazione ..."

Nel termine "concetto", *Begriff*, ricalcato su *concipio*, "raccolgo insieme", quindi nella parola tedesca come in quella latina, c'è una metafora che allude all'attività di sintesi che crea i concetti.

L'accenno successivo al caso in cui la coscienza è "debole" rimarca che tutti i processi di oggettivazione, siano essi automatici, ingenui, cognitivamente inconsci, o scientifici, procedono secondo la stessa logica sintetica: per Kant è inconcepibile che possano esservi differenze qualitative tra essi, se non per l'aspetto empirico dell'attività psichica.

• Pagina A 104: "E qui è necessario farsi un'idea chiara di quel che si intende con l'espressione «oggetto delle rappresentazioni» ..."

Ora si entra nel cuore della questione dell'oggettività. Il fatto che noi abbiamo rappresentazioni delle cose, e nessun contatto con esse fuori della rappresentazione, fa sì che l'oggetto che pretendiamo essere indipendente dalla nostra rappresentazione sia qualcosa di completamente indeterminato.

• Pagina A 104: "Ma noi troviamo che il nostro pensiero del rapporto di ogni cognizione ..."

Per semplificare quanto segue, rendiamolo così: noi abbiamo in mente l'idea che il vaso di fiori che vediamo ora davanti a noi esisterebbe anche se non lo vedessimo, ed esisterà quando non lo vedremo più; quindi possediamo la nozione di oggetto. Ma la stabilità dell'oggetto implica una nozione di necessità: noi (per qualche ragione) non pensiamo che l'oggetto sia un'apparizione a caso che c'è ora mentre la vediamo, ma che sia lì indipendentemente da noi, e che ci sarà anche più tardi: così gli attribuiamo una necessità che lo sottrae alla contingenza assoluta della sensibilità. Ma se gli attribuiamo una necessità, entra in gioco un elemento a priori, perché l'unica necessità che conosciamo è quella dentro di noi, quella degli elementi formali della rappresentazione che ci obbligano a ordinare le nostre rappresentazioni in dati modi e non in altri. Si noti che qui non è in questione l'analisi di ciò che facciamo per giudicare che il vaso di fiori esiste indipendentemente da noi, ma vi è solo la constatazione del fatto che gli attribuiamo un carattere non contingente, quando la sua percezione è intrinsecamente contingente.

• Pagina A 105: "Ma poiché noi abbiamo a che fare solo col molteplice delle nostre rappresentazioni ..."

Adesso Kant enuncia la tesi dell'oggettività come produzione della forma necessaria della coscienza: le righe seguenti dovrebbero essere chiare, dato che dicono in formula quello che abbiamo illustrato commentando il testo sin dall'inizio di tutto il libro. L'oggetto non è la cosa in sé, ma è ciò che ne pensiamo in quel modo a cui ci costringe il carattere formale (logico e matematico) del nostro modo di pensare. Si noti che l'esempio che menziona il triangolo, relativo quindi a un oggetto geometrico a priori, lascia sottinteso che tutto il discorso vale anche per ogni oggetto empirico, definito come tale dall'unità delle operazioni logiche con cui ne creiamo il concetto. Vale per un triangolo geometrico come per un triangolo di legno, ma anche per le relazioni causali che definiscono gli oggetti, e tutte le categorie. Per quanto riguarda le categorie in genere, aldilà delle relazioni matematiche geometriche, il testo non sarà persuasivo per il lettore, ma diventerà più chiaro dopo la lettura dell'Analitica dei Principi.

• Pagina A 106: "Ogni conoscenza richiede un concetto ..."

Ne segue che esiste un solo tipo di rapporto con le cose, quello in cui da un lato c'è la forma nel soggetto, dall'altro il materiale sensibile informe (che però non portiamo mai a coscienza in maniera letteralmente e assolutamente disordinata e informe). La percezione automatica e istintiva, cioè il concetto "oscuro", non è cosa di qualità diversa dal pensiero cosciente "chiaro". Qui Kant porta l'esempio del concetto fisico di "corpo", con i suoi elementi formali, e intende dire: esso è condizione necessaria del conoscere oggettivo sia mentre lo uso esplicitamente concentrandomi sulla meccanica di Newton, sia mentre me ne servo senza porvi attenzione, quindi "oscuramente", quindi nell'inconscio cognitivo, come quando cammino per la strada badando automaticamente a non urtare gli ostacoli, ma pensando a tutt'altro.

Si osservi che tutto l'argomento non fa riferimento alle categorie, ma alla nozione di concetto assolutamente in genere (quindi anche alle categorie): l'esempio addotto infatti usa il concetto di corpo, composto di elementi geometrici a priori, di elementi qualitativi come l'impenetrabilità, e della categoria di sostanza, qui non menzionata.

Si osservi anche che l'argomentazione è qui che ha l'elemento più importante: vi è un'unica modalità del rapporto del soggetto con le cose, quella in cui il materiale contingente dell'intuizione prende forma dal soggetto stesso.

• Pagina A 106: "Ma a fondamento di ogni necessità c'è sempre ..."

Nelle righe seguenti Kant ripete che dove vi è necessità vi è l'a priori, il trascendentale, perché altra fonte del necessario non abbiamo.

• Pagina A 106: "Ora questa condizione originaria e trascendentale non è altro che l'appercezione trascendentale ..."

Ora il testo introduce il termine "appercezione trascendentale", che legioni di lettori e studenti hanno incontrato senza riuscire ad attribuirgli un ragionevole significato. Eppure, è semplice. Il soggetto, l'io, è di duplice natura: da un lato è la sequenza degli stati d'animo, dei fenomeni psicologici, che sono contingenti e appaiono al senso detto "interno". Dall'altro, è la forma logico-matematica, trascendentale, della rappresentazione, la quale è stabile e identica a se stessa, a differenza dell'io empirico. Ora, Kant assegna all'aspetto formale un'etichetta, "appercezione trascendentale", con il quale si intende l'astratto "io" stabile e non materiale che sta al centro di tutte le rappresentazioni, e che, volendo, non è altro che una espressione concisa del ragionamento svolto complessivamente sull'oggettivazione, sin dall'inizio.

Kant dice che questa componente trascendentale "deve" esserci: ed effettivamente, potremmo dire, se uno è in grado di pensare qualcosa oggettivamente, la sua personalità non sarà proprio del tutto dissociata. Introducendo questo termine Kant, come sempre in questo contesto, ritiene di avere fatto un passo decisivo verso la dimostrazione assoluta di ciò che ha descritto. Cioè, Kant ritiene di avere trovato l'argomento decisivo per far stare sicuri noi suoi lettori e lui stesso del fatto di avere un'esperienza stabile: che l'unità della coscienza garantisce l'unità dell'oggetto di esperienza. E questo è una tautologia date le premesse kantiane; ma la teoria di Kant rimane un'interpretazione della condizione umana, non una verità dimostrata: anche se Kant non poteva rendersene conto, dati i presupposti culturali suoi e del suo tempo. Si osservi questo: i resoconti manualistici della *Critica della Ragion Pura* si ostinano ad accreditare questo ricorso all'appercezione trascendentale come un colpo di genio pienamente riuscito nel centrare il suo fine (il che non è, perché altrimenti la Deduzione trascendentale apparterebbe alla cultura comune del nostro mondo non meno dell'eliocentrismo e della gravità di Newton); e questo è uno degli elementi che più mostrano come il rapporto di molti con Kant sia quello di una poco critica devozione all'autorità del gigante. Nel suo atlante degli elementi della coscienza pensante Kant introduce l'appercezione trascendentale per svolgere un sillogismo, per cui l'identità di questa garantisce la stabilità dell'oggetto della rappresentazione. Su questo tentativo di dimostrazione definitiva è qui concentrato Kant, il quale era posseduto da un problema del suo tempo: quello di realizzare una sorta di conciliazione tra le istituzioni di antico regime e la distruzione che ne era in corso nel suo secolo, anche se non sapeva collocare questo in una prospettiva storica, come noi vediamo chiaramente leggendo nelle prefazioni della *Critica* gli scrupoli ingenui di Kant riguardo allo scetticismo e all'irreligiosità, avvertiti come mali da curare. Similmente, la fortuna del concetto dell'appercezione trascendentale, e dell'immagine delle cose in genere che ci si forma con la *Critica*, e della "rivoluzione copernicana" di Kant, non viene dal fatto che la posterità si sia appassionata del dettaglio dei ragionamenti di Kant, ma perché li ha presi per il loro valore metaforico, per quanto valgono da simbolo dell'ideale moderno di emancipazione umana. Bisogna leggere tenendo sempre distinti i due piani, l'intrinseco dei ragionamenti di Kant e la loro valenza metaforica.

• Pagina A 107: "Ora in noi non possono aver luogo conoscenze ..."

Continua a dire: vi è una coscienza, che consente di rendere oggettivi i ragionamenti basati sulla geometria, perché è capace di accorgersi che vi è uno spazio (dentro di sé), che ha tre dimensioni, nel quale si possono disegnare figure, che hanno certe proprietà e non altre, e così via, e così mette in relazione tutti i suoi contenuti. Per il solo fatto di essere rappresentazioni di una coscienza, i contenuti hanno relazioni formali tra di loro. Kant sta ripetendo ciò che ha già detto, ma con il tono di avere aggiunto qualcosa che lo dimostra.

• Pagina A 108: "Ma appunto questa unità trascendentale dell'appercezione ..."

Quanto segue a questo punto è ovvio: se l'io non avesse un'unità in se stesso, non vi sarebbero nemmeno oggetti nella sua rappresentazione, ma solo intuizioni, perché non potrebbero avvenire i passi del processo di oggettivazione sopra descritti. E si potrebbe aggiungere: non avrebbe nemmeno intuizioni, perché non esisterebbe come "io". Dopo questa considerazione, l'argomentazione sulla nozione di oggetto viene ricapitolata: le relazioni tra gli elementi intuitivi della rappresentazione sono l'unica specie di relazione che abbiamo, e chiamiamo oggetto ciò che risulta da queste relazioni.

• Pagina A 109: "Il concetto puro di quest'oggetto trascendentale ..."

La nozione dell'oggetto nel senso assolutamente generico, definito dalla struttura formale del soggetto, si chiama "oggetto trascendentale". La nozione ritornerà nel seguito. Ogni oggetto determinato è una specificazione dell'oggetto trascendentale, ovviamente. Il punto focale del discorso è nell'insistere sul fatto che la forma generale di ogni oggetto è nella struttura del soggetto, e tutti gli oggetti d'esperienza sono casi determinati di questa forma generale.

Se il lettore ha il dubbio di perdere il filo, ricordi sempre che lo scopo di tutto ruota intorno alla distruzione di quel modo di procedere che è tanto comune nel pensiero umano, quanto evidentemente illusorio date le premesse di Kant, che è il tentativo di produrre informazioni sulla realtà mediante deduzioni logiche e matematiche pretese autosufficienti, "la logica generale utilizzata come preteso organo". Allora, ciò che diciamo oggetto è tutt'altro che quello che crediamo da sempre, cioè quello che da sempre tentiamo di determinare con ragionamenti senza esperienza, ed è la forma che l'esperienza prende dato il carattere del soggetto umano: la cui unità di fondo è ciò che ci consente di avere degli oggetti (empirici).

• Pagina A 110: "C'è una sola esperienza, nella quale tutte le percezioni sono rappresentate ..."

La ricapitolazione seguente introduce varianti terminologiche ed espressive a quanto argomentato.

• Pagina A 111: "Le condizioni a priori di un'esperienza possibile in generale ..."

Il capoverso seguente è costruito assumendo che il lettore possa avere seguito l'argomentazione sin qui accettando il concetto dell'appercezione trascendentale come Kant pretende di averlo definito, come un'idea generale dell'unità del pensiero logico, senza menzionare le categorie. Quindi qui annuncia che l'unità della coscienza nel pensare si mette in atto applicando le categorie, come se questo asserto fosse una conclusione: ma ovviamente il contenuto di questo asserto il lettore lo ha già assimilato, perché non avrebbe potuto seguire l'argomento senza conoscerlo. L'artificio consente a Kant di pronunciare l'"ergo" fondamentale, e annunciare che le categorie hanno validità oggettiva.

• Pagina A 111: "Ma la possibilità, anzi la necessità, di queste categorie ..."

Ora il testo specifica il capoverso precedente, menzionando una delle categorie a titolo di esempio.

• Pagina A 112: "Tutti i tentativi di ricavare quei concetti puri dell'intelletto ..."

È bene richiamare, a questo punto, che la dimostrazione non ci ha dato le rassicurazioni che ingenuamente potevamo aspettarcene. Tutti questi discorsi sulla necessità delle categorie, della causalità, e così via, ci rassicurano forse che domani il pianeta su cui poggiamo non possa per qualche ragione esplodere e così risolvere una volta per tutte i problemi filosofici degli uomini? Evidentemente no. La posta in gioco di Kant è un'altra: quella di delimitare cosa possiamo farci e cosa non possiamo farci del fatto che esistono in noi rappresentazioni formali necessarie.

Segue quindi qui una ricapitolazione più colloquiale, in cui Kant introduce varianti terminologiche con cui ripete l'idea che tutte le relazioni empiriche sono casi di relazioni rappresentabili a priori. Vi appare per la prima volta il termine "affinità", che poi ricorre ancora, e che è una perifrasi di tutto il ragionamento svolto, ma introducendo il quale Kant suppone di avere aggiunto qualcosa all'argomentazione (in realtà molto evanescente). Questo termine "affinità" intende ora quanto di strutturato troviamo non nel soggetto ma nell'oggetto, ma proiettatovi dalla forma della coscienza.

 • Pagina A 114: "Che la natura debba regolarsi secondo il nostro principio soggettivo ..."

Qui il discorso arriva a una conclusione provvisoria: Kant ritiene di essere riuscito a creare nel lettore l'idea che la chiave della forma della natura sia nel soggetto, e che da qui ricaviamo il motivo per considerare oggetto tutto ciò che poi nei diversi casi che si presentano consideriamo tale. Si tenga conto che il lettore del testo originario, non assistito dalla successiva lunga tradizione della letteratura interpretativa kantiana, è qui che si imbatte in questa idea, che Kant ha espresso come ha potuto, con la lingua che aveva a disposizione e con il contesto che formava la sua personalità.

 • Pagina A 115: "Sezione Terza - Del rapporto dell'intelletto con gli oggetti ..."

Qui si svolge a rigore la Deduzione, riformulando quanto detto sopra. L'argomento, alla fine, è di una semplicità disarmante; si noti però che esso usa la nozione di immaginazione in un senso inconsueto. Noi abbiamo una capacità di immaginare riproducendo elementi sensibili della conoscenza, ma questa immaginazione "riproduttiva" qui non è rilevante; e abbiamo una capacità di immaginare "produttiva" che crea strutture complesse a partire dagli elementi formali che abbiamo in noi: la creazione della geometria è l'esempio principe dell'immaginazione produttiva e a priori. L'immaginazione produttiva a priori è quella alla radice di qualsiasi ipotesi sulla natura: per esempio, di ogni ipotesi che una cosa sia causa di un'altra, in quanto il concetto di causa (come funzione logica) è una forma a priori, che consiste nella rappresentazione che l'esistenza di una cosa x implichi quella di un'altra y e in un dato ordine temporale. Ora, noi con l'immaginazione produttiva creiamo strutture complesse componendo proprietà dell'intuizione pura e categorie: e chiamiamo oggetti le esperienze che si adattano a queste strutture. La lunga rielaborazione dell'argomento ruota intorno a questa nozione di immaginazione.

Qui si può ricordare quanto Kant ha accennato nella Prefazione B riguardo al metodo sperimentale nella scienza moderna, dove menziona Galileo, Torricelli e il protochimico Stahl: però il processo di oggettivazione descritto da Kant non è specificamente quello del metodo sperimentale moderno, ma è quello della formazione dei concetti degli oggetti in tutto il rapporto della mente con l'oggetto dei suoi pensieri: quello istintivo, quello automatico della percezione, quello delle tecnologie primitive; il metodo sperimentale, dice Kant, è il passo definitivo del processo, che ci dà nel presente l'occasione di isolarne il carattere strutturale. Si obietterà: ma in questo modo la differenza tra il rapporto prescientifico con la natura e la scienza moderna diviene una questione quantitativa, mentre sembra esservi anche un discrimine qualitativo ben noto, che è la componente magica delle culture prescientifiche. Sì, ma tutta la dimensione magica — che consiste in proiezioni del desiderio umano sulla natura, che l'età moderna considera criticamente, e che altrimenti interviene naturalmente ed è accettata senza critica, — è un di più che sovrasta i processi di oggettivazione, i quali in se stessi non sono mai magici e mai diversi in qualità: perché negare questo significherebbe negare l'efficacia delle tecnologie premoderne, negare che gli uomini sapessero coltivare, addomesticare gli animali, costruire utensili, abitazioni, navi e così via in tutta la loro vicenda storica. Il discrimine culturale, per cui l'età moderna prende coscienza delle proiezioni del desiderio sul rapporto con la natura e le distrugge criticamente, mentre ciò prima non avveniva, è un problema estraneo al processo di oggettivazione della natura, che è lo stesso sotto tutte le condizioni storiche e di cultura.

Il primo capoverso ricapitola i momenti del processo di oggettivazione intellettuale svolti sopra.

• Pagina A 115: "Ma a fondamento a priori di tutta la percezione c'è l'intuizione pura ..."

Ora il testo rimarca che i tre momenti che corrispondono ciascuno a un elemento a priori. Il "ma" iniziale non è avversativo rispetto al capoverso precedente, ma serve a richiamare l'attenzione sulla diversità delle componenti a priori dei tre momenti, che sono:

Elemento empirico	Elemento a priori
sensazione, percezione	forme dell'intuizione
immaginazione	immaginazione produttiva considerata astraendo tutto quanto è psicologico; il nudo fatto di poter comporre rappresentazioni secondo relazioni arbitrarie
unità della coscienza viva, l'io vivente	l'io non in quanto è vivo, ed esperisce molteplici stati d'animo e una contingente unità della sua coscienza, ma in quanto è la funzione che mette in atto tutte le funzioni logiche

• Pagina A 116: "Ora se vogliamo tener dietro al fondamento interno …"

Il discorso qui di seguito, apparentemente più complicato, in realtà dice una cosa piuttosto ovvia: che nulla vi sarebbe per "me", se "io" ora non fossi vivo, capace di raccogliere le mie rappresentazioni in relazioni tra esse, tutte riferite alla mia coscienza.

• Pagina A 117 **nota**: "Si faccia bene attenzione a questa proposizione …"

La lunga nota rimarca che se pensiamo qualcosa, di conseguenza pensiamo anche che tutti i nostri pensieri si riferiscano a una coscienza unica, la quale per ogni altro aspetti resta completamente indeterminata.

• Pagina A 118: "Questa unità sintetica però presuppone una sintesi …"

Ciò che fa la coscienza astrattamente intesa come funzione, è dare le regole all'immaginazione produttiva, cioè le strutture logico-matematiche delle relazioni tra i contenuti della coscienza. L'immaginazione non ha nessuna struttura in sé, perché non è altro che la capacità di disporre in ordini diversi i contenuti della coscienza.

• Pagina A 118: "Ora noi diciamo trascendentale la sintesi …"

Ora viene presentato come risultato dell'argomentazione un elemento che conosciamo: la struttura degli oggetti d'esperienza non può essere che un caso delle strutture che possiamo costruire a priori, perché al di fuori di questa capacità altro non abbiamo.

• Pagina A 119: "L'unità dell'appercezione in relazione alla sintesi dell'immaginazione è l'intelletto ..."

Qui comincia una ricapitolazione dell'argomento, con ripetizione degli elementi noti.

• Pagina A 120 **nota**: "Che l'immaginazione sia un ingrediente necessario della stessa percezione ..."

La nota precisa come questa idea inconsueta dell'immaginazione (produttiva) sia originale; e l'idea ad essa correlata che il molteplice sensibile sia completamente informe in effetti è il marchio di fabbrica di tutto il ragionare di Kant.

• Pagina A 121: "Ma siccome, se le rappresentazioni si riproducessero l'una l'altra ..."

Qui viene menzionato l'elemento empirico dell'associazione, intendendo dire: il lavoro sperimentale di oggettivazione procede mediante le associazioni che ci capita di ricevere suggerite dagli eventi, e in questo non vi è nulla di necessario. Uno cerca di trovare la causa di un fenomeno, e inizia ricercando se essa possa trovarsi nelle circostanze solite che lo precedono, e questa è associazione empirica.

• Pagina A 121: "Ma se questa unità dell'associazione non avesse un fondamento oggettivo ..."

Però la associazioni, per quanto suggerite dagli eventi, hanno una componente formale che non è empirica. Senza di essa, non solo l'esperienza sarebbe la "rapsodia" completamente disordinata, ma anche la coscienza non avrebbe unità. Quest'idea si può esprimere solo in metafora, ma provate a farvene un'immagine: se non vi fosse alcuna regola nelle relazioni tra le cose, e quindi avessimo solo apparizioni di fenomeni, l'io penserebbe qualcosa? Evidentemente no. Ma allora non penserebbe nemmeno "io sono lo stesso io", appunto perché non penserebbe nulla. Perciò, il fatto che abbiamo una pur minima cognizione delle regole con cui la natura si comporta e ci consente di farcene qualcosa, implica che ci sia la componente formale dell'intelletto che ci dà la rappresentazione delle strutture che riconosciamo nella natura. Questo rapporto di implicazione è quello che Kant esprime sempre con la parola "deve", anche qui di seguito.

• Pagina A 123: "L'unità oggettiva di ogni coscienza (empirica) in una coscienza ..."

Da qui in avanti, ricapitolazioni e ripetizioni.

• Pagina A 123: "Infatti l'Io stabile e permanente (dell'appercezione pura) ..."

Nel seguito l'accenno all'intuizione intende dire che se non vi è intelletto, allora non vi è altro che la contingenza disordinata dell'empirico, per quanto essa appaia con le forme date dall'intuizione pura.

• Pagina A 124: "Noi dunque abbiamo un'immaginazione pura come facoltà ..."

Nel capoverso seguente c'è, secondo Kant, l'enunciato definitivo della Deduzione, in forma di una sorta di sillogismo, in questi passi: scomponendo il processo di oggettivazione nei tre momenti, abbiamo trovato che il molteplice sensibile trova forme di relazione ("unità") nel fatto di stare in una stessa coscienza; dunque il molteplice sensibile assume la forma dalla coscienza, né può avere altra forma che questa, per noi, perché non conosciamo altro; ma la coscienza è fatta di strutture logiche, che sono le categorie della tavola; dunque le categorie della tavola danno la forma a ciò che chiamiamo oggetto.

• Pagina A 125: "L'ordine dunque e la regolarità nei fenomeni che diciamo natura ..."

Ora Kant passa a tirare le somme in maniera più colloquiale. Il lettore avrà già notato l'uso ricorrente del verbo "dovere" nella Deduzione, e ora nelle conclusioni esso ricorre ancora più spesso. Qui di seguito subito leggiamo che "l'unità della natura dev'essere un'unità necessaria", e tante cose "devono" essere così come vorrebbe Kant (e noi con lui, dato che non ci dispiacerebbe trovare qualche certezza). Perché? Da un lato c'è un modo di argomentare che non convincerà troppo: dice Kant, poiché di fatto vi sono una conoscenza oggettiva, un'unità della natura, "deve" esserci qualcosa che le rende tali. Ma la premessa è quanto mai contingente: davvero vi è conoscenza oggettiva? Il senso comune dice che qualcosa del genere forse c'è, ma non si può pretendere di avere una premessa necessaria su questa base. In realtà, tutto questo ricorrere della parola "deve", sentenziata con certezza granitica da Kant, è proprio l'aspetto espressivo che corrisponde alla sua idea, utopia, desiderio, di poter dimostrare rigorosamente la sua interpretazione del rapporto della coscienza con la natura. Come abbiamo già avvertito, bisogna leggere trascurando la pretesa dimostrazione, e ascoltando l'interpretazione.

• Pagina A 126: "Noi abbiamo sopra definito in più modi l'intelletto …"

Si osservi qui che Kant ritiene di dire qualcosa di profondamente significativo introducendo la nozione di "regola": ma cosa sia una "regola" non è detto. In realtà, il discorso viene trasformato tentando perifrasi con effetti espressivi diversi, che possono anche essere efficaci, ma sono ben lontani dall'obiettivo di Kant, di persuadere se stesso e il lettore della necessità assoluta della sua interpretazione della conoscenza.

Il discorso, facendosi sempre più colloquiale, si avvicina alla realtà effettiva del lavorio di sperimentazione che facciamo interpretando l'esperienza.

• Pagina A 127: "Per quanto stravagante, per quanto assurdo possa suonare …"

Si noti in questa chiusura colloquiale l'espressione: "le leggi empiriche come tali tuttavia non possono invero derivare in nessun modo dall'intelletto puro", che per noi rappresenta un'ovvietà; ma si consideri che legioni di interpreti, confusi dalle espressioni astratte di Kant, hanno inseguito la chimera che Kant ci prospetti conoscenze a priori relative a ciò che esiste. Questo è completamente fuori dell'orizzonte tanto della *Critica* quanto dell'utopica metafisica da derivare dalla critica trascendentale, che avrebbe dovuto specificare in dettaglio la forma potenziale dell'esperienza, ma non dare mai informazioni sull'esistenza delle cose.

[B - *Deduzione Trascendentale nel testo della seconda edizione]*

• Pagina B 127, torniamo al testo della Deduzione nella versione B.

Passiamo al secondo tentativo di Deduzione trascendentale. Si vedrà subito che le espressioni di Kant qui non significherebbero proprio niente senza una certa dimestichezza con il testo A, cosa di cui Kant non si rendeva conto, perché i suoi concetti erano diventati ovvietà e abitudine per lui, anche in forza del contemporaneo entusiasmo suscitato dalla *Critica* nel mondo tedesco. Che le edizioni propongano solitamente il testo B nella sequenza della lettura e mettano il testo A in appendice, è un indicatore eloquente del carattere feticistico del rapporto dell'erudizione con questo libro, tante volte trangugiato per riverenza senza capire ciò che si sta leggendo.

La seconda versione non si basa più sulla scomposizione del processo di oggettivazione nei tre momenti, ma incentra tutto sull'unità formale della coscienza. Al termine dice qualcosa di interessante, per quanto solo con pochi accenni, perché paragona l'interpretazione di Kant con quelle alternative, e così la contestualizza un minimo storicamente.

Poiché lo svolgimento consta di innumerevoli ripetizioni di quanto è noto dalla Deduzione A e dal contesto del libro, i commenti segnaleranno soprattutto quanto di singolare si deve notare nelle ripetizioni.

• Pagina B 127: "Il celebre Locke, in mancanza di questa considerazione, ..."

Il paragrafo 14 nell'edizione B terminava con un cenno storico assente in A. Si noti alla fine del cenno storico qui seguente la considerazione capitale: la meccanica newtoniana ci offre l'esempio principe del successo dell'applicazione di un metodo matematico (dunque a priori) diverso dalla mera constatazione empirica di ciò che accade, e diverso dal fallimentare procedere a priori della ragione dialettica nella metafisica. Questo fatto non dimostra nulla, ma è un successo nella storia della scienza che rende necessario portarne a coscienza il metodo, e questo è lo scopo della filosofia critica.

Nel primo capoverso, si ripete la tesi per cui in assenza dell'interpretazione trascendentale è impossibile capire perché la matematica consenta di dedurre proprietà delle cose d'esperienza, come invece avviene nella scienza.

▪ Pagina B 128: "Ma prima voglio ancora soltanto premettere la definizione delle categorie ..."

L'osservazione del prossimo capoverso mostra come la distinzione tra giudizi e categorie, nelle due tavole, sia problematica. Il senso non è chiaro prima di avere seguito tutto il ragionamento della Deduzione.

▪ Pagina B 129: "Il molteplice delle rappresentazioni può essere dato in un'intuizione ..."

Si ricomincia con l'idea che il molteplice sensibile sia assolutamente informe, e quindi con il ripetuto rigetto dell'idea tradizionale che l'esperienza possa trasmettere forme di relazioni delle cose. Le relazioni logiche possono avere per argomento altri concetti (risultato di altri atti sintetici), oppure dati sensibili, oppure il molteplice non sensibile, la cui sintesi, si ricordi, è la costruzione della geometria (e della "cronometria", da menzionare per completezza). Ne segue che la sintesi precede sempre l'analisi, la quale la presuppone (escludendo quindi un volta di più la generazione di informazioni sulla realtà per via puramente deduttiva).

▪ Pagina B 130: "Ma il concetto dell'unificazione implica, oltre al concetto del molteplice ..."

Si osservi qui la precisazione semantica riguardo al concetto di unità nel senso più generale, qui sempre utilizzato, che bisogna non confondere con la categoria dell'unità. Potremmo aggiungere che l'unità letteralmente intesa, come concetto quantitativo, è il veicolo metaforico per esprimere il concetto di unità logica intesa come relazione in genere. La parola "unità" si potrebbe sostituire con la perifrasi "relazione in genere".

▪ Pagina B 131 **nota**: "Non è questo il luogo di vedere se le rappresentazioni stesse siano identiche ..."

La nota accenna a un problema psicologico (se abbia senso parlare di rappresentazioni identiche), dichiarato qui non pertinente perché comunque se abbiamo un molteplice, abbiamo rappresentazioni quantomeno distinte dal diverso tempo.

▪ Pagina B 132: "L'«Io penso» deve poter accompagnare tutte le mie rappresentazioni ..."

Quanto segue esprime qualcosa di ovvio: l'io identico è il presupposto della correlazione degli oggetti delle sue rappresentazioni. Il capoverso riprende vistosamente i motivi della Deduzione A.

▪ Pagina B 135: "Ora, questo principio dell'unità necessaria dell'appercezione, è in verità esso stesso una proposizione identica ..."

E ora si conferma che abbiamo detto qualcosa di ovvio ("una proposizione identica"). La ragione per insistervi, è che la rappresentazione tradizionale della conoscenza come copia della struttura intima delle cose è incoerente con la nostra effettiva esperienza, che conosce le forme delle relazioni solo in quanto sono rappresentazioni necessarie per la coscienza.

▪ Pagina B 137: "L'intelletto è, per parlare in generale, la facoltà delle conoscenze ..."

Ciò che diciamo oggetto, è ciò a cui attribuiamo le strutture logiche che sono dentro di noi. Qui il testo vi accenna rapidamente, mente la Deduzione A aveva trattato quest'idea con maggiore estensione.

▪ Pagina B 137: "Così, la prima conoscenza pura dell'intelletto, sulla quale è fondato ..."

I tre momenti del processo di oggettivazione della Deduzione A, che qui Kant vorrebbe non nominare più, hanno un'eco nell'esempio addotto qui di seguito. Per conoscere una cosa nello spazio, bisogna operare con l'immaginazione creando una figura, e poi collegare gli elementi molteplici facendone una cosa sola.

▪ Pagina B 138: "L'ultima proposizione, come s'è detto, è essa stessa analitica ..."

Qualificando queste considerazioni come analitiche, Kant intende sottolineare che esse riflettono qualcosa di ovvio, gli stati immediati di coscienza, il cui potere sintetico però è l'oggetto dell'indagine.

▪ Pagina B 138: "Ma questo principio non è valido per ogni possibile intelletto in generale ..."

Infine, si rimarca che tutto quanto vale solo per l'intelletto umano, che ha i caratteri che la nostra coscienza sperimenta in se stessa, e al quale tutto ciò che è reale appare in modo contingente nella sensibilità.

▪ Pagina B 139: "L'unità trascendentale dell'appercezione è quella per la quale tutto il molteplice ..."

Il tema è quello visto nella Deduzione A, per cui l'Io inteso come luogo della relazione di tutti i contenuti di coscienza è visto come una funzione logica, e si distingue dall'Io che esiste e che ha stati d'animo contingenti. L'unità "oggettiva" qui è definita, ma resta indeterminata. Essa prima di tutto è da distinguere dall'unità "soggettiva", nella quale io ho diverse rappresentazioni, ma ne considero accidentali i rapporti.

Se il lettore si perde, ricordi che l'oggettività è il processo (sempre in fieri, mai compiuto) in cui togliamo via via quanto vi è di diverso nel modo di guardare le cose, secondo i momenti, i contesti e i punti di vista, e ci resta ciò che attribuiamo all'oggetto fuori di noi perché il molteplice empirico diventa solo attestazione dell'esistenza dell'oggetto, ed esso diventa caso di un costrutto a priori. Kant, volendo ridurre il discorso a un livello molto fondamentale, ci sta facendo vedere cosa succede, per esempio, quando spieghiamo a un bambino che l'arcobaleno non esiste, e che ciò che vediamo deriva dalla scomposizione della luce operata dalle gocce sospese in aria: rappresentando la luce come un insieme di linee rette che attraversando un cristallo si scompongono con diversi colori, interpretiamo l'impressione dell'arcobaleno attraverso un costrutto che porta a coscienza una componente formale, e proprio facendo questo la sostituiamo con qualcosa che consideriamo esistente fisicamente fuori di noi.

Alla fine del capoverso l'esempio linguistico conferma l'ingenuità di fondo di Kant riguardo alla semantica delle parole astratte, che sarebbe incerta allorché siamo nel soggettivo delle associazioni, e quindi altrove potrebbe essere certa ed esatta.

• Pagina B 140: "Io non ho mai potuto appagarmi della definizione che i logici danno del giudizio …"

Il senso della parola "è" è il compimento del processo sintetico di oggettivazione attraverso le strutture necessarie della soggettività. Il giudizio categorico come concepito dalla logica generale sfiora solo la superficie di questo. In questo capoverso e nel successivo vediamo per una volta che Kant intravede che la teoria scolastica della logica generale non ha il valore assoluto che egli solitamente le attribuisce: la parola "est", e quindi il giudizio, prende un senso completamente diverso da quello dell'inclusione di un insieme in un altro, che è il facile senso scolastico.

• Pagina B 141: "Ma se io investigo più profondamente il rapporto delle conoscenze date in ciascun giudizio …"

Si osservi che qui il senso della parola "è" e descritto per il requisito che esprime, e non si parla del modo di pervenire a soddisfarlo. Per quanto riguarda l'esempio addotto, si consideri che Kant intende dire: un corpo per definizione occupa una regione di spazio, e impedisce ad altri corpi di occupare la stessa regione. A questa definizione si aggiunge la qualità della gravità, che in ipotesi qualche corpo potrebbe non avere. Poi, per fare un esempio estremo, noi potremmo aggiungere che qualche corpo può avere la qualità di avere una forma che a me suscita disgusto, ma non sempre e non a tutti. L'oggettivazione è l'insieme di strategie di interpretazione per cui diciamo che il corpo "è" pesante, riferendo la gravità ad esso, mentre solo in via figurata possiamo dire che il corpo "è" disgustoso, perché ci manteniamo coscienti che esso è tale solo nella relazione empirica con un dato soggetto che lo percepisce.

• Pagina B 143: "Il molteplice dato in un'intuizione sensibile è necessariamente subordinato ..."

Come nella Deduzione A, Kant ritiene di riuscire a svolgere il ragionamento mostrando che l'unità dell'oggetto è la stessa cosa dell'unità della coscienza, e poi aggiungendo a questo che l'unità della coscienza è l'operare dell'intelletto secondo le categorie (della tavola). In questo modo l'argomento prende la forma apparente di un sillogismo.

• Pagina B 144: "Una molteplicità contenuta in un'intuizione, che io chiamo mia ..."

Di nuovo, ripetuto con varianti espressive: l'oggettivazione avviene allorché l'elemento empirico si riduce all'attestazione dell'esistenza delle cose, ed esse si risolvono in rapporti formali.

• Pagina B 145: "Se non che da un punto io non avrei potuto astrarre nella dimostrazione precedente ..."

Nella chiusura di questo paragrafo, si noti come la struttura della coscienza pensante, con tutta la sua articolazione, è un dato primario della nostra esperienza di uomini in vita, del quale non può formularsi nessuna ulteriore teoria, nulla che vada oltre la presa d'atto e la descrizione di esso.

• Pagina B 146: "Pensare un oggetto e conoscere un oggetto non è dunque la stessa cosa ..."

Perché la categoria non abbia altro uso che empirico (come dice il titolo di questo paragrafo), risulta con molta maggiore efficacia dalla successiva Analitica dei Principi: ma qui Kant insiste a voler inculcare l'idea nel lettore in via generica. Segue una ricapitolazione e ripetizione della teoria del rapporto della conoscenza matematica con l'esperienza.

• Pagina B 148: "Quest'ultima proposizione è della più grande importanza ..."

Ciò che intende dire nel seguito, e consegue dai paragrafi precedenti, è che le categorie, a differenza delle condizioni dell'intuizione, mantengono un senso quando si riferiscono a oggetti ideali, sebbene generico e indeterminabile. E ciò corrisponde a ciò che si pensa comunemente, se consentiamo che attribuire a Dio una forma geometrica è senza senso, o al massimo un simbolismo primitivo, mentre dire che "Dio è causa del mondo" suona come una proposizione problematica, ma sensata.

• Pagina B 149: "Se si prende dunque come dato un oggetto di un'intuizione non sensibile …"

Il capoverso che segue non è conseguente, perché dice che le categorie possono determinare oggetti ipotetici fuori del mondo dell'intuizione spazio-temporale, sebbene in maniera completamente indeterminata e inutile, e poi dice che in realtà non possono, e rimanda all'Analitica dei principi per questo ultimo aspetto.

• Pagina B 150: "I concetti puri dell'intelletto si riferiscono mediante il semplice intelletto …"

Questo paragrafo in realtà presuppone la sezione dedicata allo Schematismo nella successiva Analitica del Principi.

• Pagina B 151: "Questa sintesi del molteplice dell'intuizione sensibile …"

Viene introdotta la nozione di una sintesi "figurata", ma si tratta di uno stratagemma per non menzionare ancora lo schematismo, dato l'ordine dell'esposizione scelto da Kant.

• Pagina B 151: "Se non che la sintesi figurata, se si riferisce semplicemente all'unità sintetica originaria …"

Ora il testo introduce il tema dell'immaginazione produttiva e a priori, che crea costrutti mediante gli elementi a priori della coscienza, già svolto nella Deduzione A.

• Pagina B 152: "È questo ora il luogo di spiegare il paradosso da cui ciascuno sarà stato colpito nell'esposizione della forma del senso interno …"

Ora il testo discute la differenza tra l'io come luogo delle strutture formali della rappresentazione (trascendentale), e l'io come insieme degli stati d'animo contingenti (empirico), che è un oggetto allo stesso titolo degli oggetti esterni, costruito con le stesse operazioni sintetiche secondo una forma logico-matematica. L'io effettivamente esistente è dunque fenomeno di se stesso, e questo vale non solo per gli stati d'animo legati alla sfera del desiderio (la cui empiricità è un'idea più facile da accettare), ma anche per gli atti di conoscenza, che sono eventi del soggetto empirico guidati dalla forma dell'io trascendentale. Ciò serve a portare in rilievo il carattere sintetico di ogni oggettivazione.

• Pagina B 154: "Questo noi riscontriamo sempre in noi stessi ..."

Guardando all'immaginazione pura, ciò che in essa è empirico è soltanto il fatto che essa avvenga oppure no: ogni altro carattere proviene dalla forma necessaria della coscienza. Questo lo vediamo nei processi di costruzione geometrica, che ci dimostrano la necessità della dimensione dell'immaginazione che costruisce questi oggetti nel tempo per poterli conoscere.

• Pagina B 155 **nota**: "Il movimento di un oggetto nello spazio non appartiene ad una scienza pura ..."

La nota seguente è indispensabile all'argomentazione perché Kant sostiene sempre che il concetto del movimento (di alcunché di esistente) sia empirico (perché ci è concepibile, volendo, una condizione della coscienza in cui noi abbiamo stati mutevoli e le cose fuori di noi cambino, per esempio, colore, ma nulla si muova nello spazio: da cui il carattere di contingenza del concetto di movimento). Però ora gli è necessario fare posto al movimento astratto che si esegue nella descrizione degli oggetti geometrici.

• Pagina 155 B: "L'intelletto dunque non trova nel senso interno una siffatta unificazione del molteplice già pronta, ma la produce ..."

Il seguito del capoverso usa il fatto che per oggettivare i fenomeni psichici dobbiamo appoggiarci a immagini spaziali, a cominciare dalla misura della durata di uno stato d'animo, per esempio, che se è di tot minuti sarà rappresentata come un segmento di una certa lunghezza multipla di quello scelto per rappresentare l'unità di tempo. Perché ciò costituisce argomento a favore del carattere empirico dell'io rispetto a se stesso? Perché rimarca che la conoscenza dei fenomeni dell'io richiede operazioni di oggettivazione eguali a quelle dei fenomeni esterni.

• Pagina B 156 **nota**: "Io non vedo come si possa trovare tanta difficoltà in questo, che il senso interno venga modificato da noi stessi ..."

Nella nota finale, Kant cerca di chiarire il discorso con l'esempio dell'atto di attenzione, e potremmo provare a esprimere l'argomento più chiaramente in questo modo: immaginiamo di star discutendo con un'altra persona, la quale ci vuole dimostrare qualcosa che facciamo fatica a capire; ad esempio che date certe premesse A, B e C segue una conseguenza D, ma non segue in modo così semplice e immediato che il nesso si capisca al volo. L'altro si mostra sicuro della necessità della deduzione, e invece noi non riusciamo a capirla, fino a quando insistendo e lavorandoci attorno non arriviamo anche noi ad afferrare la relazione in questione. Cosa succede nei termini di Kant? che l'immaginazione mette in atto degli eventi empirici dell'animo, particolarmente evidenti in questo caso perché costano fatica, e infine entra in uno stato in cui la struttura della relazione logica diviene in atto nella nostra coscienza; cioè, se finalmente con questo lavoro arriviamo a capire quello che prima ci era ostico, allora per dirla con Kant: "l'intelletto determina il senso interno conformemente all'unificazione che esso pensa, per avere l'intuizione interna che corrisponde al molteplice nella sintesi dell'intelletto". Il nostro lavorio per attuare la deduzione in questione però appartiene all'insieme delle cose contingenti ed empiriche di cui abbiamo esperienza. Il tono della nota mostra come qui Kant risponda a obiezioni ricevute riguardo alla nozione di appercezione trascendentale.

▪ Pagina 157 B: "§ 25. Al contrario, io ho coscienza di me stesso nella sintesi trascendentale ..."

A questo punto, l'io non empirico si riduce ad essere la stessa cosa delle funzioni logiche. Non è una "cosa", né empirica né non empirica, ma, per così dire, la funzione che contiene tutte le funzioni del pensare. Ne segue che abbiamo due sole specie di conoscenza dell'io, completamente eterogenee: la scienza delle funzioni logiche (logica generale tradizionale e logica trascendentale secondo il concetto di Kant) dell'io quale insieme di strutture formali, e la psicologia empirica dell'io quale appare a se stesso.

▪ Pagina 157 B **nota**: "L'«Io penso» esprime l'atto di determinare la mia esistenza ..."

La nota contiene una considerazione accessoria: alla già ricca moltiplicazione delle facoltà che compongono la coscienza, Kant qui sente il bisogno di aggiungere un'intuizione speciale, che ci dà a conoscere il fatto (empirico) di essere capaci di pensare qualcosa, e quindi di essere "intelligenza".

▪ Pagina B 158: "La coscienza di se medesimo è dunque ben lungi dall'essere una conoscenza di se stesso ..."

Poi si ritorna al punto: l'autocoscienza retrostante ai processi di oggettivazione non è conoscenza dell'io empirico.

▪ Pagina B 159: "Nella deduzione metafisica l'origine a priori delle categorie ..."

L'ennesima ripetizione degli elementi del ragionamento conduce finalmente alla conclusione della Deduzione, che Kant ritiene di avere sinora svolto parzialmente mostrando che le categorie possono essere "conoscenze a priori di oggetti di un'intuizione in generale", cioè anche di un'intuizione diversa da quella spaziale e temporale che abbiamo: asserto problematico, per quanto abbiamo considerato sopra. Ora, per completare e pervenire alla desiderata conclusione che le categorie "valgono a priori per tutti gli oggetti dell'esperienza", Kant ripropone in pochissime parole quanto aveva sviluppato nella Deduzione A con la divisione dei tre momenti, e ci dice: cosa altro volete che accada? Ciò che cade nella coscienza attraverso l'"apprensione" viene elaborato dalla coscienza come essa può, date le strutture categoriali che essa ha in sé, e l'oggetto prende la forma generale di queste, né potrebbe avere altra forma. Il ragionamento richiede che l'io sia concepito come funzione logica priva di contenuti, per cui prima di arrivare a questo Kant ha insistito a lungo, come abbiamo visto, sulla distinzione tra il soggetto logico e quello reale, e sul carattere empirico di quest'ultimo, che è un contenuto per la coscienza.

L'espressione "deduzione metafisica" delle categorie appare qui per la prima volta, ma il riferimento è semplicemente alla descrizione della tavola delle categorie (ricavata da quella dei giudizi) svolta sopra, dal paragrafo 10 in avanti. La "deduzione metafisica" è ovviamente l'analogo dell'"esposizione metafisica" dei concetti di spazio e tempo che abbiamo trovato nell'Estetica.

• Pagina B 160 **nota**: "Lo spazio rappresentato come oggetto (come occorre realmente fare in geometria) ..."

La nota finale è una precisazione coerente con il testo nel complesso: la geometria è un processo di oggettivazione intellettuale degli enti che si possono costruire nello spazio, limitato dalle caratteristiche intuitive dello spazio; inizialmente la geometria è stata presentata come interamente intuitiva perché sarebbe stato prematuro insistere sulla componente intellettuale che vi è in essa, ma Kant ora sottolinea che quella era una semplificazione per venire incontro al lettore con gradualità (scrupolo raro in questo libro).

• Pagina B 162: "Se io dunque, per esempio, dell'intuizione empirica di una casa ..."

I due esempi seguenti insistono sul fatto che la funzione che mette in relazione cose disparate che vediamo in intuizioni successive sta nell'intelletto, non nelle cose. Nel primo esempio, questa funzione è semplicemente quella per cui una cosa può essere "una", sotto il titolo della quantità, nell'esempio "una casa", e presentare aspetti diversi. Nel secondo, che stati successivi della percezione possano essere correlati da una relazione di reciproca successione secondo una regola, e così autorizzare a porre una stessa cosa, l'acqua, che appare in modi diversi.

▪ Pagina B 163: "Le categorie sono concetti che prescrivono leggi a priori ai fenomeni ..."

Segue un'altra ricapitolazione colloquiale.

▪ Pagina B 164: "Non è per nulla più strano che le leggi dei fenomeni della natura debbano accordarsi con l'intelletto ..."

L'ultimo capoverso della ricapitolazione, come al termine della Deduzione A, alla fine richiama all'attenzione che nessuna relazione causale determinata è conosciuta a priori.

▪ Pagina B 166 **nota**: "Affinché non si urti in maniera precipitata nelle conseguenze ..."

La nota allude alla Dialettica trascendentale, e non è da commentare qui, salvo notare lo scrupolo di Kant per le conseguenze "inquietanti e sfavorevoli" (*besorglich* e *nachteilig*) della sua teoria, che sembra chiudere ogni possibilità di pensare alcunché di ideale.

▪ Pagina B 166: "Se non che questa conoscenza, che è limitata semplicemente ad oggetti dell'esperienza ..."

Ora seguono due considerazioni colloquiali più significative di quello che sembra a prima vista. La prima riprende il tema della inconciliabilità dell'empirismo con il fatto dell'esservi in noi leggi logiche e matematiche necessarie, e quindi la necessità del punto di vista critico.

▪ Pagina B 167: "Se si volesse fra le due sole vie ricordate introdurre ancora una via di mezzo, cioè che le categorie non siano né primi principi a priori <u>spontanei</u> [*Selbstgedachte*] della nostra conoscenza, e nemmeno tratte dall'esperienza, ma disposizioni soggettive del pensare piantate in noi col nascere e così ordinate dal nostro Creatore che il loro uso s'accordi esattamente con le leggi della natura secondo le quali si svolge l'esperienza (una specie di sistema di <u>preformazione</u> della ragion pura); allora, in tale ipotesi, nessun potrebbe dire fino a che punto si potrebbe estendere l'ipotesi di predeterminate disposizioni a giudizi [riguardanti eventi] futuri ..."

L'altra alternativa presa in considerazione qui è sfiorata con un accenno, ma dietro di essa c'è tutto un mondo che stava morendo: quello della cultura del razionalismo dell'età moderna, il quale necessariamente deve ipotizzare qualcosa di ideale e arbitrario per garantire la corrispondenza tra le cose e la loro descrizione nei concetti degli uomini, e perciò non si affranca mai nemmeno dal complesso delle credenze arbitrarie del tempo antico, tra le quali

Kant qui annovera persino la credenza nella profezia: perché se la corrispondenza tra i pensieri e le cose necessita di essere garantita dagli dei, allora non c'è limite ai contenuti possibili del nostro sapere. Nel testo troviamo infatti che l'idea razionalista dell'accordo provvidenziale tra pensieri e cose comporta persino l'apertura "all'ipotesi di predeterminate disposizioni a giudizi riguardanti eventi futuri"; l'espressione nel testo è *zu künftigen Urteilen*, da leggere "giudizi riguardanti eventi futuri" e non semplicemente "giudizi futuri", perché traducendola letteralmente l'espressione non avrebbe senso né scopo, perché per noi come per Kant è ovvio che non ci sia limite ai giudizi che potremo pronunciare in futuro aumentando le conoscenze sperimentali della natura.

Insomma la regressione all'alternativa razionalista implica la regressione all'armonia prestabilita, sino all'autorizzazione della profezia, ma dietro a ciò vi è tutta la visione del mondo dell'età barocca verso la quale il lavoro demolitore di Kant non è meno radicale di quello dei rivoluzionari suoi contemporanei.

Libro Secondo - Analitica dei principi

• Pagina A 130 B 169: "La logica generale è costituita su di un disegno …"

Poco o tanto sia servita al lettore la Deduzione trascendentale, ora il testo ritorna molto più leggibile. Si torna ora alla descrizione determinata dei processi di oggettivazione, e in questa sezione troviamo pagine monografiche su singoli temi (tra di essi, la causalità) di estremo interesse, ma il lettore le trova calate nell'insieme artificioso dell'architettonica di Kant, dove le "facoltà" dell'animo si moltiplicano a dismisura per ogni esigenza, e quasi si personificano. Bisogna concentrare l'attenzione ovviamente sul primo aspetto, e viene ovvio trascurare il secondo. Subito ci imbattiamo in un'altra tripartizione cara a Kant, ereditata dai manuali scolastici e confacente al suo insieme di pretese di metodo e completezza, in cui bizzarramente si suggerisce che non sia l'intelletto l'autore dei sillogismi, cosa che rende alquanto criptico questo paragrafo introduttivo.

• Pagina A 131 B 170: "Poiché questa logica, puramente formale, astrae da ogni contenuto …"

Il lettore certamente sa che per Kant la ragione è quella "facoltà" che pensa gli oggetti ideali e assoluti, nel processo descritto poi in dettaglio nella Dialettica. Allora, che per fare deduzioni immediate e pronunciare giudizi analitici (come "tutti i corpi sono estesi" del solito esempio di Kant) basti l'intelletto e non serva la ragione, il lettore se lo aspetta; ma perché per svolgere il sillogismo in Barbara "tutti gli uomini sono mortali", ecc., venga chiamata in causa la ragione, che dovrebbe pensare a Dio e all'Ideale e non a simili inferenze pur sempre elementari, non si capisce. Fa parte delle forzature architettoniche che Kant sente indispensabili, credendo come sempre di poter mettere in atto il suo ideale di completezza dell'analisi filosofica e della teoria trascendentale.

Un'altra avvertenza è importante per tutto il seguito, e prego il lettore di memorizzarla: il termine "ragione" nel testo viene utilizzato sempre con due sensi. Uno è quello specialistico, per cui la ragione è qualcosa di diverso dall'intelletto (e cosa essa sia esattamente, non è un presupposto, ma un risultato faticosamente costruito: la Dialettica trascendentale serve proprio a portare a coscienza cosa la ragione strettamente intesa sia); l'altro senso è quello generico, l'attitudine umana a pensare, e coincide con quanto si intende correntemente per ragione sia oggi sia al tempo di Kant.

Quindi la ragione nel senso generico comprende tanto quella nel senso specifico quanto l'intelletto. Nel libro è sempre chiaro, dato il contesto, quale delle due accezioni della parola sia quella usata nella frase che il lettore ha davanti, e quindi non c'è bisogno di indicare la distinzione, che però il lettore deve abituarsi a fare da sé. Molte espressioni si adattano a entrambe le accezioni, prima fra tutte il titolo del libro.

Quanto segue ora, riguardo al carattere della logica formale, invece ripete un elemento coerente con la teoria e dal senso ben determinato, per quanto il discorso di questi capoversi introduttivi sia troppo generico e necessiti del seguito per acquistare senso pieno.

Introduzione - Del giudizio trascendentale in generale

• Pagina A 132 B 171: "Se l'intelletto in generale viene definito per la facoltà delle regole ..."

A molti lettori sarà già noto, ma ricordo comunque che "giudizio" con l'iniziale minuscola traduce la parola *Urteil*, che significa un singolo giudizio, una proposizione. Invece "Giudizio" reso nella traduzione con l'iniziale maiuscola traduce *Urteilskraft*, cioè la capacità di produrre giudizi. Inoltre, dalle prossime pagine in avanti la nozione di giudizio, *Urteil*, è presa in due accezioni diverse. Prima infatti il giudizio è quello che si trova nella logica scolastica, e sino a quando per giudizio si intende la proposizione nella forma "A è B", "Socrate è uomo", non si capisce cosa possa esserci di problematico riguardo alla capacità di emettere giudizi. Ma subito dopo la capacità di giudicare viene ridisegnata, e intesa come la capacità di portare in atto nella coscienza e di comprendere un discorso, una regola, una struttura logica, oppure non comprenderla. Il giudizio non è più la singola proposizione elementare, ma è l'evento in cui si vede una struttura, si capisce una relazione tra le cose, e si emette in modo motivato una proposizione anche elementare per la struttura come "A è B". Da qui discende la caratterizzazione psicologica del Giudizio (come facoltà) che leggeremo tra breve, che è quella qualità che manca a chi non capisce le cose che ha davanti, per quanto possa avere la memoria carica di nozioni.

• Pagina A 133 B 172: "Quindi un medico, un giudice, un uomo di Stato ..."

Si noti, quanto alla seguente precisazione della precedente nota, che si potrebbe discutere con Kant, se chi possegga concetti in astratto, ma non sappia decidere dei casi particolari, abbia davvero intelletto senza Giudizio, o piuttosto non abbia soltanto memoria di parole senza né intelletto né Giudizio. Si noti anche, nella caratterizzazione riduttiva del valore degli esempi, il perdurare della fiducia di Kant nella possibilità delle parole di riferirsi direttamente a strutture logiche e formali.

Capitolo Primo - Dello schematismo dei concetti puri dell'intelletto

• Pagina A 137 B 176: "In ogni sussunzione d'un oggetto sotto un concetto, ..."

Ora entriamo in un discorso molto importante sulla nozione di categoria e sulla sua relazione con la coscienza nel tempo. Kant si domanda come possa in ciascun caso la categoria intellettuale riferirsi all'intuizione, e dunque cosa ci rappresentiamo effettivamente per ciascuna categoria della tavola. Nella visione architetturale di Kant, questo problema si colloca nella sfera del Giudizio, ma non è questo l'aspetto più importante da cogliere nel testo, bensì come si modifica la nozione di categoria una volta posto questo problema.

• Pagina A 137 B 176: "Ma i concetti puri dell'intelletto, paragonati alle intuizioni ..."

Kant si chiede ora: cosa è "causa", e come si riferisce alle cose nell'intuizione? Il problema non è di soluzione immediata, come invece è nel caso delle forme geometriche. L'assunzione però (conformemente ai soliti presupposti) è che il termine "causa" abbia un senso intellegibile che siamo abituati a riconoscergli.

• Pagina A 138 B 177: "Il concetto dell'intelletto contiene l'unità sintetica pura ..."

Sebbene non siano intuizioni, le categorie devono poter essere rappresentate nell'intuizione, e precisamente in quella del tempo, perché devono avere uso in rapporto a tutti i fenomeni, anche quelli psichici.

• Pagina A 139 B 178: "Dopo quello ch'è stato dimostrato nella Deduzione delle categorie ..."

Si introduce la nozione di schema, come elemento mediatore.

• Pagina A 140 B 179: "Lo schema è sempre, in se stesso, soltanto un prodotto dell'immaginazione ..."

Lo schema è una rappresentazione nell'intuizione pura, e l'assenza dell'elemento empirico in esso gli conferisce un valore di universalità. L'esempio seguente con i numeri richiederebbe una lunga discussione a parte, e non sarà chiaro al lettore: in generale, il concetto di numero è una spina nel fianco di Kant, perché la sua riflessione sul processo di oggettivazione è iniziata focalizzando la dimensione della logica e quella della matematica intesa come geometria, sicché ciò che egli pensa della matematica in senso lato ha sempre il tono di un'aggiunta forzata.

Lo sfondo del discorso è questo, ed è in parte artificioso come lo è la distinzione tra giudizi e categorie: dice Kant, il concetto di quantità ha un significato anche senza numeri, che si manifesta per esempio quando comprendiamo il senso della proposizione "Dio è tutto" (nessuno direbbe che "Dio è parte"). Ma la categoria di quantità applicata all'esperienza non ha senso se non come numero, e i numeri, per quanto grandi siano, hanno senso perché sappiamo che potenzialmente potremmo sempre raffigurarli nell'intuizione (per esempio con altrettanti punti).

▪ Pagina A 140 B 180: "Nel fatto, a base dei nostri concetti sensibili puri non ci sono immagini ..."

Anche qui l'espressione è incerta, e Kant confessa espressamente di non riuscire a caratterizzare in pieno ciò che intende, dandone però la colpa alla "natura", che ha "celato" l'arte dello schematismo.

▪ Pagina A 142 B 182: "L'immagine pura di tutte le quantità (*quantorum*) ..."

Ora il discorso si chiarisce con l'enumerazione degli schemi; però proprio il primo di essi, il numero, è intensamente problematico. L'idea è questa: se ho due quantità diverse, per esempio queste due linee:

$$—— e —,$$

non appena l'intelletto vorrà determinare le loro differenti lunghezze, farà questa operazione:

$$\vdash\dashv\dashv\dashv\ e\ \vdash\dashv\dashv,$$

e dirà che la prima delle due è lunga 4 unità, la seconda 2 unità. Dunque attribuire la quantità all'intuizione, con l'intelletto, è misurare, numerare, e così, poiché l'operazione avviene in successione, è raccogliere un segmento del tempo sotto una relazione che ne connette le parti. Il processo avviene nel tempo: le due linee dell'esempio potrebbero essere le durate di due stati d'animo, nel qual caso la raffigurazione spaziale avrebbe carattere ausiliario rispetto al fenomeno, che non ha propriamente alcuna forma spaziale.

▪ Pagina A 143 B 182: "La realtà, nel concetto puro dell'intelletto ..."

Si passa al secondo titolo delle categorie. La realtà si determina come presenza della sensazione nel tempo. L'apparire della sensazione, e il suo ridursi a zero, avviene poi sempre in un decorso di tempo: cioè, se cessiamo di avvertire uno stimolo, il ridursi a zero di esso avverrà in un tempo che può essere breve quanto si vuole, ma non nullo. La mentalità newtoniana di Kant non ammette che la realtà fisica abbia elementi discreti, ma vuole che tutto ciò che è reale sia descritto da funzioni continue; il discreto è una costruzione astratta e fittizia successiva all'apparire del reale continuo nella sensazione.

A margine: se al lettore venisse in mente di obiettare: ma la costante di Planck..., non dia giudizi affrettati, e rifletta che il quanto d'azione è un concetto empirico della natura (per di più costruito interpretando l'esperienza in modo alquanto complesso), e dunque è il concetto di una realtà d'esperienza, non di un elemento formale della rappresentazione.

▪ Pagina A 144 B 183: "Lo schema della sostanza è la permanenza del reale nel tempo ..."

Si passa al terzo titolo. Quanto alla categoria di sostanza, si badi, di qui in poi, a non considerarla come un relitto consuetudinario. La visione di Kant di questo concetto è proprio l'opposto di quella tradizionale: noi non conosciamo mai sostanze assolutamente tali, però per oggettivare l'esperienza poniamo sempre qualcosa che consideriamo sottostante alle sue mutazioni di forma. Cioè, non è che l'acqua sia sostanza in modo assoluto, ma è quel qualcosa che resta lo stesso mentre si modifica prendendo la forma del ghiaccio o del vapore: è il pensiero che è obbligato a distinguere ciò che nei fenomeni permane rispetto alle forme diverse che essi prendono, perché in assenza di ciò non vi sarebbe oggetto, ma solo la famosa "rapsodia" di apparizioni; senza che perciò abbia senso proporsi di pervenire ad alcunché che sia sostanziale in se stesso, in modo assoluto. Quando l'acqua viene interpretata come H_2O, cosa che Kant non conosceva, sono gli atomi di idrogeno e ossigeno che sono interpretati pro tempore a titolo di sostanze, rimanendo aperta la possibilità di diverse interpretazioni. Quanto allo schema corrispondente, ciò che qui è accennato viene sviluppato poco oltre.

▪ Pagina A 144 B 183: "Lo schema della causa e della causalità di una cosa in generale ..."

Anche gli altri schemi si chiariranno nella discussione dei principi.

▪ Pagina A 144 B 183: "Lo schema della reciprocità (azione scambievole) o della mutua causalità ..."

Per la "reciprocità", la discussione nei principi finalmente ci dirà cosa Kant intende.

- Pagina A 145 B 184: "Ora da tutto ciò si vede quello che lo schema di ciascuna categoria contiene ..."

Ora il testo ritorna sull'insieme del discorso mettendolo nella cornice architettonica consueta.

- Pagina A 145 B 185: "Donde segue che lo schematismo dell'intelletto ..."

Ora torna sulla tesi dell'uso meramente empirico delle categorie, della quale secondo Kant il lettore dovrebbe essere stato persuaso già dalla Deduzione, ma che per la verità trova un argomento ben più chiaro nella nozione di schema come costrutto possibile solo nella rappresentazione del tempo.

- Pagina A 146 B 185: "Ma è pur evidente che, sebbene gli schemi della sensibilità ..."

Il seguito del paragrafo insiste sulla distinzione tra schemi e categorie, perché le seconde, dice Kant, devono avere un senso indipendente dagli schemi, dato che le impieghiamo anche nella determinazione degli oggetti ideali della metafisica, con discorsi indecidibili e perciò illegittimi, ma non perciò privi di senso. Questo anticipa il problema generale della Dialettica trascendentale: come trasformiamo le categorie in rappresentazioni (ipotetiche) di cose assolute e non fenomeniche?

La formula scolastica accennata rimanda al solito atteggiamento verso la filosofia scolastica, che contiene elementi trascendentali non riconosciuti come tali prima di Kant, ma tuttavia significativi e veri. Si ricordi che in essa *"phaenomenon"* è un genitivo plurale greco latinizzato, "φαινομένων", "dei fenomeni", e questo vale per tutte le numerose occorrenze successive di questa forma.

- Pagina A 147 B 187, considerazione finale sul capitolo riguardante lo schematismo.

Per tirare le somme riguardo a questa nozione di schematismo, il problema capitale di questo libro è sempre lo stesso: la sua fiducia nella struttura rigida delle parti che compongono il tutto della coscienza. Infatti, qui credo che al lettore venga spontanea in mente la domanda: alla fine, in che cosa differiscono gli schemi dalle categorie? Da un lato c'è l'elemento formale della rappresentazione, dall'altro il materiale sensibile. Ma dentro il lato formale, prendendo ad esempio lo schema della causalità, in cosa differisce la nozione dello schema, il "reale a cui, una volta che esso sia posto, segue sempre qualche altra cosa", cioè la relazione di implicazione tra due eventi in una precisa successione nel tempo, da quella etichettata come "causa", e che pretende di essere non lo schema ma il "concetto"?

Inoltre, descrivendo le categorie come strutture costruite nella condizione generale della coscienza che è il tempo, da un lato si rafforza la tesi che esse non abbiano significato fuori dell'esperienza, ma dall'altro diventa sempre più evanescente l'idea che le categorie si possano enumerare con completezza in una tavola, perché l'interpretazione dell'esperienza avviene mediante le infinite strutture che ci riesce di costruire nel tempo, non arbitrariamente, ma guidati e imbrigliati dalla necessità logico-matematica, tuttavia senza che la fonte di questa necessità ci appaia mai come un oggetto della nostra rappresentazione in se stessa, e quindi senza che mai la possiamo afferrare se non rivolgendo l'attenzione a ciò che facciamo concretamente nel conoscere. Per esempio, Kant dedica pochissima attenzione alla statistica (e nessuna nella *Critica*), ma la scienza successiva, come si sa, ha fatto uso dei concetti di probabilità e statistica in modo molto più importante; ora, quando un fenomeno risulta impossibile da descrivere con la semplicità dello schema causale e necessità di essere descritto statisticamente, cosa abbiamo fatto, abbiamo corretto e aumentato la tavola delle categorie? Evidentemente no; la questione è che la tavola delle categorie assoluta semplicemente non ci può essere, perché le condizioni logico-matematiche che limitano il pensiero si rivelano nell'attività di oggettivazione della natura, e in rapporto allo stato dell'arte della nostra visione della natura noi ci facciamo tavole delle categorie pro-tempore, che evolvono storicamente, e che sono interpretazioni di quanto operiamo nel conoscere. La visione assoluta degli elementi semplici delle forme logico-matematiche non ci è data mai.

Capitolo Secondo - Sistema di tutti i principi dell'intelletto puro

> • Pagina A 148 B 187: "Nel capitolo precedente abbiamo considerato il Giudizio ..."

Come ha distinto le categorie dagli schemi, così ora Kant distingue le categorie dai principi universali, regole del loro uso, che loro corrispondono. Anche qui la distinzione tra le due prospettive mentre si legge il testo si rivela evanescente, perché le funzioni logiche di cui si parla sono le stesse, per quanto Kant si sforzi di descriverle separatamente come giudizi, categorie, schemi e principi, quindi presentando le stesse funzioni addirittura sotto quattro prospettive diverse. Ma proprio qui troviamo alcuni tratti unici e interessantissimi dell'argomentare di Kant sul modo in cui il processo di oggettivazione avviene nel tempo. Altrettanto evanescente si rivela la distinzione tra intelletto e Giudizio e la tesi della pertinenza dello schematismo al Giudizio, ma il testo continua a proporla e dobbiamo accettarla, distinguendo tra il senso letterale dell'esposizione di Kant, e quello che ne resta di vivo una volta rilevato il carattere artificioso delle sue pretese di completezza e sistematicità. Ciò che importa è non sopravvalutare (volendovi trovare coerenza a tutti i costi) né quello che Kant intendeva dire letteralmente, né quanto in ciò appare necessariamente legato al contesto di allora, e per noi poco significativo.

• Pagina A 148 B 188: "I principi a priori non portano questo nome …"

Qui Kant accenna al problema generale della metalogica: se taluni principi sono fondamentali ed elementari, come si può argomentare qualcosa riguardo ad essi? A rigore, si dovrebbe poter soltanto prenderne atto, costretti a ciò da uno stato elementare di coscienza. Non c'è risposta al dubbio.

• Pagina A 149 B 188: "In secondo luogo, noi ci limiteremo soltanto a quei principi che si riferiscono alle categorie …"

Il riferimento dell'intuizione pura all'esperienza è sempre considerato immediatamente chiaro. Si ricordi che per matematica Kant istintivamente intende la geometria, e che quello dell'aritmetica e algebra è un problema non facile nell'ambito della sua costruzione architettonica, ma ormai inevitabile se il numero, come abbiamo visto sopra, è inteso come "schema" di un concetto dell'intelletto.

• Pagina A 149 B 189: "Dovremo anche parlare, però, del principio dei giudizi analitici …"

È ovvio, date tutte le sue premesse, che i principi associati all'uso delle categorie siano per Kant da etichettare come sintetici a priori. Anzi, si tratta del caso in cui gli riesce di menzionare il caso di singoli e determinati giudizi sintetici a priori nel modo più convincente.

Sezione Prima - Del principio supremo di tutti i giudizi analitici

• Pagina A 150 B 189: "Qualunque sia il contenuto della nostra conoscenza …"

Ora vi è un excursus sul semplice principio per cui un giudizio non contraddittorio può essere falso sul piano del fatto.

• Pagina A 152 B 191: "Tuttavia di questo celebre principio, sebbene sia vuoto di ogni contenuto …"

L'avvertenza seguente, per cui è improprio introdurre nell'espressione del principio di contraddizione la dimensione temporale, consuona con quello che ne pensa anche la logica proposizionale: se esprimiamo il principio di contraddizione come "non (p e non p)", oppure come l'equivalente "p o non p", non esprimiamo alcuna condizione temporale, che del resto è assente in ogni processo deduttivo matematico, dove la dimensione temporale riguarda il processo soggettivo di apprendimento e comprensione dello studioso, non l'oggetto dello studio, che è atemporale.

Sezione Seconda - Del principio supremo di tutti i giudizi sintetici

• Pagina A 155 B 194: "Posto dunque che si debba uscire da un concetto dato per paragonarlo sinteticamente con un altro …"

Come nel caso dello schematismo, la chiave di ciò che cerchiamo sta nella necessità di rappresentare ogni intuizione nel tempo.

• Pagina A 155 B 194: "Se una conoscenza deve avere una realtà oggettiva …"

Il testo accenna, e si vedrà poi cosa ciò significhi esattamente, che le forme dell'intuizione consentono l'esperienza, ma vi è un rapporto scambievole, per cui l'esperienza concorre a determinare il tempo stesso. L'affermazione a questo punto dell'esposizione suonerà ancora criptica, ma di qui a breve vedremo come Kant se ne serva in rapporto alle categorie di relazione in modo inaspettato e sorprendente.

• Pagina A 156 B 195: "La possibilità dell'esperienza è dunque ciò che conferisce realtà obbiettiva …"

Quindi il principio generale dei giudizi sintetici è che essi siano significativi in rapporto all'esperienza, e necessari affinché essa sia tale (e non "rapsodia" informe di impressioni ricevute).

• Pagina A 157 B 196: "Quindi, sebbene dello spazio in generale …"

Senza l'interpretazione datane dall'Estetica trascendentale, la geometria sarebbe conoscenza di chimere.

• Pagina A 158 B 197: "In tal modo sono possibili i giudizi sintetici a priori …"

La chiusa ora ricorda il modo di argomentare della Deduzione trascendentale, con la sua ridondanza terminologica.

Sezione Terza - Rappresentazione sistematica di tutti i principi sintetici dell'intelletto puro

▪ Pagina A 158 B 197: "Se in generale si trovano principi in tutti gli ambiti del sapere ..."

L'introduzione ricapitola nozioni ormai note, ma si noti che è scomparso il riferimento al Giudizio, e l'intelletto torna a regnare sulla forma della natura.

▪ Pagina A 159 B 198: "Né vi può essere propriamente pericolo che si scambino semplici principi empirici ..."

Si noti che qui di seguito si accenna con un understatement a un problema importante: come si distingue ciò che è empirico da ciò che è a priori? Kant suggerisce che il carattere empirico di un principio si "percepisce facilmente", senza darsene troppo pensiero, ma in effetti, dati i suoi presupposti, empirico è ciò che di fatto è giudicato contingente in uno stato di coscienza non ulteriormente analizzabile. E lo stesso accade con il necessario. Cioè, che la retta sia la congiungente più breve è necessario perché è tale in uno stato di coscienza che non si può distruggere o modificare, ma che esista la luna, o che esista io in questo momento, è contingente ed empirico perché posso produrre la rappresentazione immaginaria del contrario, e a questo è difficile trovare qualcosa da aggiungere nel contesto delle premesse di Kant.

Ne segue, ma questo non è un pensiero di Kant e qui lo dico come considerazione marginale, che di fronte a tutti i problemi determinati riguardo ai quali può porsi il dubbio, non è affatto detto che esista accordo tra gli uomini sul decidere cosa sia contingente e cosa sia necessario. E ne abbiamo un esempio importante nel fatto che la fisica del Novecento conduce a considerare non necessari gli assiomi euclidei, a ridurli a retaggio consuetudinario, negando il criterio dello stato di coscienza che nondimeno tutti sperimentiamo e che ce li fa apparire proprio necessari, per cui il senso comune solitamente si ribella a quell'idea quando la incontra per la prima volta, per poi rassegnarsi ad accettarla per l'autorità dei fisici (restando pochissimi coloro che padroneggiano la catena argomentativa che conduce a questo rovesciamento di prospettiva).

▪ Pagina A 160 B 199: "Quindi non conterò tra i miei principi quelli della matematica ..."

Segue l'esclusione della matematica dalla teoria sistematica dei principi, perché data l'infinità dei costrutti matematici possibili, essa non può essere ridotta a descrizione completa.

▪ Pagina A 160 B 199: "Nell'applicazione dei concetti puri dell'intelletto all'esperienza possibile ..."

Segue l'importante distinzione tra l'ambito "matematico" e "dinamico". Nel primo ambito ci sono le relazioni matematiche tra cose omogenee, e le difficoltà dell'analisi trascendentale è assai minore che in rapporto al secondo ambito, quello delle relazioni tra cose eterogenee, come le relazioni causali. Se la geometria si conosce a priori, è immediato che le cose dell'esperienza nell'intuizione ereditino le proprietà delle loro forme geometriche. Ma come facciamo, invece, a sapere che ogni effetto ha una causa? Qui il rapporto non è immediato, ma anzi molto problematico. Si osservi che la matematica è il regno dell'omogeneo perché lì le differenze qualitative dal punto di vista fisico non hanno rilevanza: se un triangolo è fatto parte di legno e parte di metallo, il teorema per cui la somma degli angoli è 180 gradi vale per esso indipendentemente dalle caratteristiche fisiche, così come vale per un triangolo immaginario costruito nell'intuizione pura. Invece le relazioni dette "dinamiche", che oggi diremmo "fisiche", sono tra cose concepite e classificate come diverse, come, poniamo, la combustione e il calore che ne è rilasciato.

▪ Pagina B 201 **nota**: "Ogni unione (*coniunctio*) può essere o una composizione ..."

Nella nota finale l'esempio dei due triangoli è poco chiaro a prima vista, ma ciò che il testo intende dire è che due cose distinte, sino a quando guardiamo solo alla forma dell'intuizione, possono essere pensate senza alcuna sorta di connessione fisica tra loro. Cioè, ad esempio, ci può essere un quadrato diviso in due, nel quale una parte è piena d'acqua e la seconda di sabbia, e noi possiamo dividere e misurare le due parti senza curarci dell'eventuale relazione fisica tra esse. Se pensiamo a due cose attribuendo una relazione causale, questa indipendenza relativa non c'è più.

1. Assiomi dell'intuizione

| • Pagina A 162 B 202: "Il loro principio …"

Il principio comune al primo titolo della tavola delle categorie è una sorta di superassioma alla base degli assiomi matematici, come si vedrà nel seguito immediato. Gli "assiomi dell'intuizione" del titolo, ovvero gli assiomi matematici, hanno un principio generale che è quello qui enunciato.

| • Pagina B 202: "Dimostrazione. Tutti i fenomeni contengono, per la forma, un'intuizione …"

La considerazione ora sviluppata come dimostrazione è ovvia: provate a immaginare un fenomeno che non abbia per lo meno una durata misurabile nel tempo.

| • Pagina A 163 B 204: "Su questa sintesi successiva dell'immaginazione produttiva …"

Si noti che gli assiomi geometrici dell'esempio sono menzionati qui per il solito amore di simmetria e di architettura, ma non sono particolarmente pertinenti al discorso presente.

| • Pagina A 163 B 204: "Ma per ciò che riguarda la quantità (*quantitas*) …"

Il successivo capoverso è una digressione sull'aritmetica, non conclusiva e non necessaria al principio in discussione. Il problema di fondo, che rende il discorso impacciato e ambiguo, è che Kant non si rendeva pienamente conto della natura assiomatica dell'aritmetica.

| • Pagina A 165 B 206: "Questo principio trascendentale della matematica dei fenomeni …"

La conclusione torna a parlare del principio generale, e torna a menzionare la geometria, con la quale Kant si sente sempre più a suo agio che con aritmetica e algebra. Gli errori e i cavilli a cui accenna sono quelli in cui si cade allorché il piano matematico formale viene confuso con quello fisico: ad esempio, quando il problema dell'atomo fisico (il problema se esista o no alcunché di non divisibile) viene argomentato invocando la infinita divisibilità matematica degli spazi e dei numeri.

A margine, verrà in mente che oggi Kant farebbe la stessa osservazione a coloro che argomentano il carattere discreto del tempo dal carattere discreto del quanto d'azione.

2. Anticipazioni della percezione

| • Pagina A 166 B 207: "Il loro principio ..."

Tanto semplice è il primo principio, quando problematico il secondo: è vero o no che ogni sensazione ha un grado (quantità non estensiva)?

| • Pagina B 207: "Dimostrazione. Percezione è la coscienza empirica
| ..."

L'argomento non presenta difficoltà testuali, e comprende la definizione del concetto di quantità intensiva.

| • Pagina A 166 B 208: "Ogni conoscenza con la quale io posso
| conoscere a priori e determinare ..."

Questa proprietà, di avere un grado, è l'unica cosa che conosciamo a priori della sensazione. Si noti come il grado non sia una proprietà delle cose, ma una conseguenza della temporalità della coscienza.

| • Pagina A 167 B 209: "L'apprensione per la semplice sensazione ..."

La quantità intensiva, infinitamente divisibile, è una proprietà del fenomeno per il fatto che è una proprietà della coscienza. Ciò significa che, incontrando nell'esperienza elementi discreti, atomici, non possiamo mai impedirci di formulare l'ipotesi che essi siano internamente molteplici e divisibili (o meglio, che possano apparire anche tali).

| • Pagina A 169 B 211: "La proprietà delle quantità ..."

Da qui inizia un excursus sul concetto di continuità.

| • Pagina A 172 B 214: "Se ogni realtà nella percezione ha un grado
| ..."

Dopo le precedenti considerazioni, Kant viene a discutere un caso particolare, quello se vi possa essere il vuoto assoluto nello spazio (e il nulla nel tempo) oppure no. A prima vista, leggendo il primo capoverso, sembra che prenda partito per l'impossibilità del vuoto.

| • Pagina A 173 B 215: "Ne daremo un esempio. Quasi tutti i fisici ..."

Ora vediamo che Kant non ha preso partito per la negazione del vuoto, ma piuttosto si è dichiarato agnostico riguardo alla questione, mostrando come a un argomento apparentemente fisico per asserire il vuoto si possa opporre un'ipotesi in contrario, con il che viene in luce quanto di metafisico vi è nell'argomento preteso puramente fisico. L'argomento a pro del vuoto si basa su una concezione atomista della materia, che si vuole costituita di entità identiche: per cui la differente densità delle diverse sostanze si spiegherebbe con una corrispondente diversa concentrazione degli atomi in un dato volume, e quindi tra gli atomi dovrebbe esservi il vuoto, fuorché eventualmente nella sostanza che avesse la densità più elevata di tutte. Se questi atomi li immaginiamo, poniamo, cubici, nella sostanza più pesante che esiste essi sarebbero tutti connessi l'uno all'altro riempiendo completamente il volume, mentre nelle altre sostanze più leggere vi sarebbero interstizi vuoti. Ma questo presuppone l'ipotesi che la materia sia composta di atomi tutti della stessa natura: proposizione che non è un risultato di esperienza, e che dato il carattere assoluto che pretende di avere è da dirsi metafisica.

Per seguire l'argomento di Kant, si ricordi che la chimica (precedente alla rivoluzione dell'epoca di Lavoisier) a cui Kant faceva riferimento (la chimica di Stahl, menzionato nella prefazione B) assumeva che al calore corrispondesse una sostanza, detta calorico o flogisto, e che i metalli non fossero elementi chimici, ma fossero composti dei loro sali (le "terre", queste sì considerate elementi) con il calorico. L'idea è antichissima, perché la metallurgia da quando esiste impiega fornaci per estrarre i metalli dai minerali metalliferi, e quindi la tecnica empirica della metallurgia ha sempre autorizzato a pensare che il metallo fosse il risultato dell'aggiunta del calore a quanto tirato fuori dal suolo; pensiero prescientifico, ma non irrazionale, che è esattamente il contrario di quello che si è pensato poi, ma questa è l'interpretazione a cui Kant fa riferimento, per cui ora argomenta: nulla ci vieta di immaginare che vi siano sostanze di qualità diversa (volendo, anche "calorici" diversi), ciascuna avente un grado diverso di realtà, e che quindi lo spazio possa essere sempre occupato in un qualche grado.

▪ Pagina A 175 B 217: "Tuttavia, per un fisico abituato alla riflessione …"

Infine Kant riconosce che il carattere a priori del principio della quantità intensiva possa essere ancora messo in dubbio, e perciò aggiunge qualcosa all'argomento.

▪ Pagina A 176 B 218, considerazione finale sulle Anticipazioni della percezione.

Aggiungo qui, dopo questa lezione di metodologia e di astrazione che Kant ci ha dato, un dubbio ad uso di coloro che, assieme alla filosofia di Kant, vorranno approfondire la fisica quantistica. Verso la fine dell'Ottocento, Max Planck, impegnato in esperimenti sull'efficienza dei diversi materiali per la costruzione delle lampade elettriche, si accorse (controvoglia, perché ai fisici di allora piaceva pensare che le cose fossero descritte da funzioni continue) che in certi suoi apparati sperimentali a variazioni continue di corrente non corrispondevano variazioni continue delle frequenze emesse, come ci si attendeva, ma variazioni discrete, a salti. Ne seguirono la nozione del quanto di azione, la cui unità elementare e indivisibile è la costante di Planck, e tutta la fisica quantistica: la quale ritiene che l'indivisibilità del quanto sia un dato assoluto, e spesso trasferisce il carattere discreto dalla realtà fisica organizzata in quanti persino alla stessa dimensione del tempo. Ma noi possiamo sempre formulare l'ipotesi che una entità che pur abbiamo posto come elementare e indivisibile abbia una sua molteplicità interna: ciò che diciamo indivisibile, particella elementare, è certamente qualcosa a cui la nostra conoscenza si ferma perché non abbiamo nessuno strumento per scomporla ulteriormente, ma come possiamo mai dire che sia qualcosa di assolutamente atomico, indivisibile, in sé?

La domanda per avere risposta presupporrebbe competenza e cognizione di tutto il processo teorico e sperimentale di costruzione della fisica nel suo stato presente, e quindi qui non ha risposta. Tuttavia, consentiamoci di esprimere almeno un dubbio: davvero la fisica del Novecento ha trovato la chiave per dire qualcosa di assoluto, o le sue pretese di assolutezza sono fallacie e superstizioni, non diversamente da quelle che Kant rintracciava nelle convinzioni che i fisici del suo tempo credevano essere prive di ipotesi metafisiche?

3. Analogie dell'esperienza

• Pagina A 176 B 218: "Il loro principio è ..."

Siamo giunti ai rapporti tra cose diverse esistenti, ai rapporti "dinamici", e quindi finalmente anche alla causalità, e qui vengono enunciati e discussi prima un principio generale, poi tre principi corrispondenti alle tre categorie del terzo titolo nella tavola.

• Pagina B 218: "Dimostrazione. L'esperienza è una conoscenza empirica ..."

Il testo ora riprende il modo di argomentare della Deduzione trascendentale, ma lo determina maggiormente introducendovi la dimensione del tempo. La Deduzione trascendentale aveva tentato di svolgere questo tipo di argomento solo in rapporto all'intelletto astrattamente considerato, come fonte dell'unità delle rappresentazioni, perché questo modo di svolgere il problema nei presupposti di Kant doveva essere possibile. In realtà, l'ulteriore determinazione che troviamo qui nella discussione del principi è indispensabile per dare senso al discorso della stessa Deduzione.

• Pagina A 177 B 219: "I tre modi del tempo sono permanenza, successione, simultaneità ..."

Ora il testo introduce i tre principi subordinati, con una discussione che si chiarirà nei dettagli dei tre casi. Il seguito non presenta particolari difficoltà testuali, ma forse il lettore dovrà tornarvi dopo avere visto una per una le tre analogie discusse subito dopo.

• Pagina A 178 B 220: "Questi principi hanno in sé la particolarità ..."

Ora torna sulla distinzione tra matematico e dinamico nelle categorie.

• Pagina A 178 B 221: "I due precedenti principi, che chiamai matematici ..."

Le categorie e i principi matematici trattati sopra determinano la forma con cui i fenomeni saranno intuiti, o misurati.

• Pagina A 179 B 221: "La cosa deve andare ben diversamente per quei principi ..."

Le categorie e i principi dinamici non determinano la forma dell'intuizione, ma ci danno le strutture dei rapporti che possiamo cercare nell'esperienza. Si osservi che qui introducendolo Kant indica che il termine "regolativo" viene da "regola".

A. *Prima analogia: Principio della permanenza della sostanza.*

▪ Pagina A 182 B 224: "In ogni cangiamento dei fenomeni la sostanza permane, e la quantità di essa nella natura non aumenta né diminuisce."

Il principio enunciato, tenendo conto che esso è "regolativo", cioè ci dà una regola per l'interpretazione dell'esperienza, si potrebbe formulare così: "per avere un'esperienza, noi dobbiamo saggiare ciò che ci appare nella percezione cercando in esso ciò che possiamo considerare permanente (sostanza) e ciò che possiamo considerare suo attributo (forma, accidente) ottenendone un'interpretazione univoca dell'esperienza". Nell'oggettivazione della fisica ingenua questo avviene infinite volte: se noi considerassimo sostanza l'ombra che gettiamo sul suolo, anziché considerare tali il nostro corpo e la luce che lo investe, avremmo appunto un mondo di ombre che non sapremmo da dove prendere in mano, e perciò la fisica ingenua e istintiva distingue tutto un mondo di cose "vere" distinte dalle apparenze e dalle ombre. Quando ci spingiamo oltre la fisica ingenua, noi consideriamo sostanza i costrutti di processi di oggettivazione non immediati, ad esempio, l'atomo fisico con i suoi componenti; ma se (per esempio) poi ammettiamo la conversione della massa in energia, allora il sostanziale non sarà nemmeno più l'atomo fisco, ma quella quantità che si conserva nelle trasformazioni. Il principio, data la formulazione e il contesto, implica che ciò che consideriamo sostanziale non è mai alcunché di categoriale e di assoluto, ma muta con l'evolvere della conoscenza scientifica; e implica che questo comporti una forte limitazione delle possibilità della ragione umana, perché essa deve sì cercare nell'esperienza ciò che le appare relativamente stabile come sostrato di trasformazioni, ma non può fare niente più di questo: non abbiamo alcun mezzo per trovare alcunché di sostanziale assolutamente; però il principio, se da un lato esprime questa negazione, da un altro esprime un'affermazione, e cioè che è necessario porre sempre qualcosa di permanente soggetto a mutazione, e quindi che l'esperienza non si può concepire come un semplice insieme di mutamenti. E perché occorre cercare il permanente? perché altrimenti non si potrebbe mai affermare nulla sulle relazioni dei fenomeni nel tempo: questo viene chiarito nel seguito immediato. Il primo capoverso contiene una esposizione in formula di questo tema, che ancora non emerge in tutta evidenza.

▪ Pagina A 182 B 225: "La nostra apprensione del molteplice fenomenico è sempre successiva, e perciò sempre cangiante ..."

Ora si giunge all'aspetto più importante, che il lettore non deve lasciarsi sfuggire. Cioè, le tre analogie sono discusse sotto questa prospettiva generale: che le relazioni di tempo non possono essere conosciute senza conoscere relazioni tra le cose che appaiono nel tempo. Per usare il termine che oggi ci si aspetterebbe, potremmo formulare quest'esigenza dicendo che è necessaria la conoscenza di relazioni "fisiche" tra le cose per poterne determinare le relazioni temporali, ma con l'avvertenza che il termine "fisico" qui ci aiuta per le connotazioni familiari che ha, ma a rigore andrebbe sostituito con "dinamico" nel senso kantiano: però così ci avviteremmo in un circolo, perché il senso di quest'ultimo termine è proprio ciò che abbiamo bisogno di precisare. Per cogliere l'idea, facciamo un esempio elementare: immaginiamo di vedere due filmati, senza l'audio. Nel primo si vede l'interno di una vettura ferroviaria con persone che discutono, leggono o giocano, ogni tanto l'inquadratura si sposta sui finestrini all'esterno dei quali scorre la campagna, poi torna sulle azioni dei personaggi all'interno. Nel secondo, si vedono inquadrature variabili di una macchina di cui non sappiamo nulla, con parti ora ferme, ora in movimento, e delle quali il filmato vuole documentare e spiegare il funzionamento. Nel primo caso, noi sappiamo leggere la scena, e diciamo "mentre il treno percorre un certo paesaggio, i personaggi dentro la vettura fanno certe attività", e sappiamo che la rappresentazione ci vuole dire che il movimento del treno e le azioni dei personaggi sono fenomeni simultanei; ma lo capiamo perché sappiamo che esistono veicoli con i quali si possono trasportare le persone, che così possono compiere certe attività mentre si muovono da un luogo all'altro della Terra, e così via. Nel secondo caso, poiché non conosciamo né il funzionamento né lo scopo della macchina che ci è rappresentata, né udiamo le parole che lo spiegano, quando l'inquadratura si sposta dal componente A al componente B di essa, che si trovano entrambi in un certo stato, il filmato cosa intende dirci? che lo stato del componente A è simultaneo a quello del componente B? O che lo precede? O che lo segue, ma è stato presentato prima per ragioni espositive? Non conoscendo le relazioni fisiche tra i componenti, non ci resta che la sequenza con cui le immagini ci sono presentate, priva di ogni nesso necessario: per quanto sappiamo, ogni ordine in cui le immagini ci fossero presentate sarebbe equivalente. Quindi, non conosciamo l'ordine oggettivo di quei fenomeni nel tempo.

Le tre analogie sono argomentate sulla base dell'idea che il nostro rapporto con l'intera esperienza è quello dell'esempio appena fatto: in assenza di relazioni fisiche, l'ordine del tempo è puramente soggettivo e arbitrario, è quello della mera "apprensione" dei fenomeni. E poiché il tempo in se stesso non è altro che la sequenza soggettiva delle apparizioni delle sensazioni, da un lato tutto ciò che noi uomini abbiamo in mano è l'esperienza costruita cercando relazioni tra sensazioni che possano essere viste come casi delle regole espresse dagli schemi e dai principi corrispondenti alle categorie; dall'altro, se pensiamo qualcosa, compiamo per forza questo genere di operazione, la ricerca della corrispondenza delle percezioni a uno schema concepibile a priori, perché altrimenti non pensiamo nulla. In questo processo l'espressione "mi appare questo" riferita a me si trasforma nell'espressione "questo è" riferita al fenomeno: che è il leitmotiv della Deduzione trascendentale, probabilmente incomprensibile in quella parte del testo, e che ora specificandosi diventa più chiaro.

• Pagina A 184 B 227: "Io trovo che in ogni tempo non solo il filosofo, ma anche il senso comune ..."

Senza riferimento alle caratteristiche del tempo come condizione dell'esperienza, il principio della permanenza della sostanza non si può dimostrare, e le pretese dimostrazioni si risolverebbero in tautologie ricavate da assunzioni arbitrarie. Ciò non toglie che gli uomini ne siano stati sempre persuasi con ragione — cioè, come sempre la metafisica tradizionale contiene principi trascendentali corretti, ma senza avere coscienza della loro origine. Kant non si spinge sino a questa osservazione, ma la distinzione come la correlazione tra il substrato permanente e il modo mutevole in cui esso appare sono già il presupposto di ogni linguaggio umano: se vi sono e si sanno usare sostantivi e verbi, vuol dire che l'esperienza è stata classificata distinguendo ciò che non muta da ciò che è il suo modo corrente di essere: dire "la mela sta maturando" e capire il senso della frase significa avere posto qualcosa che è stabile e il cui stato muta nel tempo, anche se nessuno stato in cui si incontra l'oggetto che chiamiamo "mela" è quello fondamentale (qual è la mela "vera", quella acerba, quella matura, o quella ormai marcia?). E proprio questo, l'impossibilità di indicare una condizione sostanziale in se stessa, ci fa vedere come l'operazione di ricerca del permanente (sempre relativo) sia la stessa nella classificazione prescientifica che è implicita nell'insieme di parole di antica origine a cui sappiamo attribuire un senso e nell'oggettivazione scientifica dell'età moderna.

• Pagina A 185 B 228: "Un filosofo fu interrogato: quanto pesa il fumo? ..."

A dimostrazione dell'universalità del principio, Kant cita ora un aneddoto che allude a un qualche episodio antico, volendo sottolineare che il principio di conservazione della massa non è una scoperta recente, e nello stesso spirito cita poi un verso latino di Persio. A differenza di noi, Kant certamente non vedeva come lo stesso principio di conservazione della massa nelle reazioni chimiche possa essere messo in discussione, e ne avrebbe fatto un principio fisso della sua desiderata metafisica della natura. Questo però non toglie nulla alla lezione metodologica che c'è nel suo svolgimento del principio: dobbiamo porre qualcosa che si conserva sotto i mutamenti per ordinare le cose nel tempo, proprio perché non conosciamo sostanze assolute.

• Pagina A 187 B 230: "Su questa permanenza si fonda anche la giustificazione del concetto di cangiamento ..."

Segue una discussione del carattere ideale e metafisico del concetto di creazione, che è inutilizzabile nell'oggettivazione dei fenomeni. Notate che chi volesse fare polemica contro i creazionisti anti-darwiniani, qui troverebbe un argomento (metafisicamente agnostico) ben più forte ed essenziale dell'usuale superficiale laicismo scientifico.

B. Seconda analogia: Principio della serie temporale secondo la legge della causalità.

• Pagina A 189 B 232: "Tutti i cangiamenti avvengono secondo la legge del nesso di causa ed effetto. ..."

Il lettore, arrivato finalmente alle pagine che parlano del rapporto causale, tenga conto prima di tutto che qui si distrugge una volta per tutte la maldestra vulgata dei numerosi tentativi di spiegazione di Kant che alludono al fatto che rapporti causali determinati potrebbero essere conosciuti a priori (con fantomatiche proposizioni "sintetiche a priori"), e che così l'osservazione di Hume sulla essenziale contingenza di essi sarebbe confutata. Non è così: tutti i rapporti causali reali hanno la contingenza che qualifica il reale come tale di fronte alla coscienza, e nulla può assicurarci nemmeno che domani la gravità sia la stessa che abbiamo sperimentato sino a oggi. Ciò che non è prodotto di esperienza, è soltanto la funzione vuota del rapporto causale, il suo schema, la relazione di implicazione in un dato ordine di tempo, e ciò che Kant vuole dire è che mediante questa funzione noi cerchiamo di costruirci un universo di cose stabili nell'esperienza, e che non possiamo fare altro che questo, perché in assenza di questo la rappresentazione delle cose si riduce a un insieme informe di percezioni prive di relazione: in questo caso, un insieme di percezioni in cui l'ordine della successione resta indecidibile. O si pensa cercando rapporti causali (e secondo gli altri principi, ovviamente), o non si pensa affatto: questo è tutto ciò che sappiamo a priori.

• Pagina B 233: "Dimostrazione. (Che i fenomeni della successione temporale ...)"

La premessa messa qui di seguito tra parentesi richiama la demolizione del concetto di creazione nell'uso empirico sviluppata in chiusura del principio precedente.

• Pagina A 189 B 234: "L'apprensione del molteplice del fenomeno è sempre successiva. ..."

Il testo distingue due sensi della parola "oggetto": come argomento di una funzione della coscienza (quindi anche ogni oggetto ideale o immaginario), e come oggetto di esperienza che la coscienza qualifica come esistente fuori di se stessa. Il capoverso appare tautologico, e incapace di mantenere la distinzione tra oggetto empirico e cosa in sé, fino a quando giunge la precisazione che il criterio dell'oggetto empirico è che "l'apprensione sottostà ad una regola che la distingua da ogni altra e renda necessario un modo di unificazione del molteplice"; cioè, noi interpretiamo l'esperienza in modo da rendere l'interpretazione univoca: e perciò diciamo che la percezione successiva degli elementi di un edificio (nell'esempio qui di seguito) non significa che ciò che vediamo prima è causa di ciò che vediamo dopo, mentre lo diciamo quando vediamo una fiamma che ne innesca un'altra. Senza organizzare così, l'esperienza rimane passibile di infinite descrizioni, mentre noi cerchiamo in essa il modo che ci consenta di descriverla in un solo modo, che si conserva mutando il punto di vista soggettivo sulle cose.

• Pagina A 191 B 236: "Veniamo ora alla nostra questione. Non si può percepire empiricamente che qualcosa accada ..."

Il rapporto causale si specifica ora come funzione del tempo: cerchiamo nell'esperienza quell'ordine della successione dell'apprensione che non può essere mutato arbitrariamente.

• Pagina A 193 B 238: "Nel nostro caso io dovrò ricavare la successione soggettiva ..."

Senza il rapporto causale non avremmo motivo di dire che la percezione successiva degli elementi di un edificio è soggettiva, e invece la percezione successiva dell'accendersi di una fiamma che innesca un incendio è necessariamente in tale ordine, ed è oggettiva.

• Pagina A 193 B 238: "Secondo una tale regola, dunque, in ciò che precede in generale un avvenimento ..."

Il senso della precisazione qui di seguito è: non si può nell'intuizione invertire l'ordine del tempo e trasformare in precedente il momento successivo, perché il precedente è precedente; ciò può essere solo un pensiero prodotto da astrazione.

• Pagina A 195 B 240: "In verità, questo sembra contraddire a tutte le osservazioni ..."

La funzione (logico-matematica) che chiamiamo causa, la relazione di implicazione nell'ordine del tempo, non è empirica: il testo qui lo ripete una volta di più, notando però che lo svolgimento del processo di acquisizione dell'esperienza della coscienza effettivamente vivente è tale che giustifica che si sia pensato che il concetto di causa fosse empirico come sono le sue infinite applicazioni.

• Pagina A 196 B 241: "Occorre dunque ora mostrare con un esempio ..."

Di seguito Kant ci prospetta un esempio, ma poi troviamo piuttosto una discussione più dettagliata che non un vero esempio.

• Pagina A 197 B 242: "Abbiamo in noi rappresentazioni, delle quali possiamo anche divenire coscienti ..."

Si legga il seguito tenendo conto che il criterio fondamentale della distinzione tra la conoscenza oggettiva del fenomeno e l'impossibile conoscenza della cosa in sé, è che non abbiamo modo di immaginare come le relazioni tra le cose in sé potrebbero divenire oggetto di rappresentazione e cadere nella coscienza, dato che le forme delle relazioni sono solo dentro di noi.

▪ Pagina A 198 B 243: "Nella sintesi dei fenomeni il molteplice ..."

Con la prima analogia, i concetti delle cose si formano dove il molteplice percettivo appare in modo da poter essere interpretato come substrato (fermo nel tempo) di cambiamenti (successivi). Con la seconda, essi si formano dove il molteplice appare in modo da poter essere interpretato come argomento della funzione logica dell'implicazione nella successione temporale. I concetti delle cose non hanno altra origine che in queste procedure, le quali non aggiungono determinazioni a cose già definite in altro modo (che non esiste), ma proprio definiscono le cose.

A questo proposito, faccio cadere qui un'osservazione che non si riferisce al testo qui in prossimità, ma che ora è matura. Cosa qualifica come tale un giudizio puramente empirico, cioè sintetico a posteriori nel linguaggio kantiano? Se ci pensiamo nel quadro della prospettiva di Kant, un giudizio esclusivamente empirico e sintetico a posteriori (quello che oggi chiameremmo "privo di base teorica") può essere solo un giudizio che pone una relazione tra i risultati consolidati di due diversi processi di oggettivazione, senza arrivare a sostituire l'identità delle cose con il nuovo completo processo di oggettivazione. Quando si riscontra che un medicinale è efficace per curare una certa patologia, ma non si capisce perché, e anzi ce ne si sorprende perché casomai ci si aspettava il contrario, il giudizio pone un rapporto causale empirico ("privo di base teorica") perché esprime solo la relazione tra una certa cosa, una patologia, definita in un certo modo, e un'altra, il composto chimico che la cura, definita per un altro percorso. Ma ora nasce l'esigenza di trovare, per esempio, una spiegazione biochimica dell'efficacia del farmaco. Se la si trova, la conseguenza è che la definizione, il concetto, di uno dei due termini del rapporto causale viene modificato: solitamente sarà la nozione della patologia che cambierà, forse mantenendo la vecchia etichetta linguistica o forse cambiando anche questa, perché la patologia verrà ora definita proprio per come interagisce con quel farmaco, e il concetto di essa si sarà arricchito, e sarà cambiato rispetto a prima. Volendo impiegare la terminologia kantiana, potremmo dire che il rapporto causale in questione (che rimane lo stesso) da sintetico a posteriori diventa sintetico a priori, perché concorre alla definizione del concetto delle cose: ma così confermiamo anche che è impossibile etichettare qualsiasi giudizio sull'esperienza come sintetico a posteriori o a priori in modo letterale e definitivo; la distinzione è relativa all'evoluzione dei processi di oggettivazione dell'esperienza. E che sia così, trova conferma nel fatto che Kant non riesce mai a formulare compiutamente l'esempio di un giudizio sintetico a priori, con l'eccezione della geometria, dove però la distinzione è univoca perché viene da una scelta convenzionale di Kant, quella di considerare non logica la geometria, e di considerare la logica ristretta alla descrizione aristotelica (quando in realtà tutto l'a priori che sperimentiamo in noi costituisce un insieme di elementi tutti connessi tra loro, e che è impossibile ridurre a tavola in maniera definitiva).

• Pagina A 199 B 244: "Per ogni esperienza e per la sua possibilità occorre l'intelletto ..."

L'idea tradizionale (razionalista, ma in senso lato) è che dentro le rappresentazioni delle cose prima dell'oggettivazione intellettuale vi siano già relazioni tra esse, in forma di concetti confusi. Il che secondo Kant non può essere, perché le forme delle relazioni sono solo nella coscienza, come strutture logico-matematiche.

Si noti (osservazione su cui ritorno a questo punto della lettura, ma potrebbe cadere ovunque) che questa tesi di Kant, difficilissima da rifiutare quando la si è colta (perché quale altra fonte di strutture e relazioni potremmo mai possedere, al di fuori di quegli stati di coscienza formali che sono per noi cogenti?) ha un'implicazione della quale Kant non parla mai, perché non è consonante con la cultura del suo tempo e con quel tanto di intellettualismo aristocratico illuminista che rimane nella sua mentalità, e che però si impone: e cioè che la formazione dei concetti delle cose da parte degli automatismi animali del cervello, della cultura orale, della cultura prescientifica, della cosiddetta fisica ingenua, avviene secondo la stessa logica dell'oggettivazione scientifica, la quale si differenzia perché è (in un certo grado) cosciente dei propri metodi e delle proprie operazioni, e quindi è capace di astrazione e di portare a coscienza le strutture stesse del pensare, mentre l'istinto e la cultura orale non lo sono per nulla; ma l'oggettivazione cosciente e scientifica ma non è diversa perché metta in atto un sistema di categorie diverso. Il cervello non solo dell'uomo, ma anche di tanti mammiferi, è attrezzato per riconoscere una persona amata da tracce minime, un cane riconosce il profilo del padrone dal rumore dei passi lontani, uno uomo riconosce i suoi cari in una fotografia sfocata; e invece lo stesso cervello non è in grado di fare nemmeno un'addizione senza fatica, per non parlare di estrarre una radice quadrata. Ma questo non significa che il mondo del funzionamento gestaltico del cervello animale e umano e quello del pensiero consapevole di sé abbiano sotto di sé categorie diverse: perché se così fosse, come potrebbero riconoscersi reciprocamente come soggettività pensanti? Significa solo che l'istinto, il pensiero ingenuo e il pensiero metodico hanno capacità quantitativamente diverse di mettere in atto la sintesi logica in rapporto a modi e procedure diversi di oggettivazione dell'esperienza, e talvolta vengono in conflitto sull'interpretazione delle cose non perché abbiano categorie diverse, ma perché le usano compiendo processi diversi.

Il fatto che la fisica ingenua e prescientifica sia sovente in conflitto con la scienza metodica nel senso moderno, non costituisce una difficoltà, in quanto entrambe costruiscono interpretazioni delle cose che consentono di orientarsi in esse, ma non sono assolute. Il pensiero scientifico moderno possiede strumenti critici che gli consentono di giudicare dal punto di vista metodologico il pensiero prescientifico, e perciò quando si vaglia un risultato della fisica ingenua con le premesse del pensiero scientifico il verdetto è a favore di quest'ultimo, salvo in un caso (che si presenta spesso in medicina): quello in cui il pensiero scientifico ha l'umiltà di riconoscersi ignorante in rapporto a qualche problema, e di riconoscere che l'empirismo della fisica ingenua può avere prodotto delle cognizioni utili per la pratica, anche se fondate su assunzioni teoriche arbitrarie e immaginarie. Ma, come abbiamo già osservato, il sistema delle categorie che qualifica la coscienza come tale non può essere concepito altrimenti che identico e costante, per differenziate che siano le sue manifestazioni nelle diverse culture, perché altrimenti non riconosceremmo mai l'umanità comune sottostante alle diverse culture.

- Pagina A 202 B 247: "Ma qui si fa innanzi ancora una difficoltà ..."

Ora l'argomentazione è conclusa, e il testo passa a considerazioni accessorie.

- Pagina A 204 B 249: "Questa causalità conduce al concetto dell'azione ..."

Ecco un ulteriore accenno alla nuova metafisica da farsi, e alle sue tracce nella trattatistica tradizionale: niente di nuovo, ma solo una conferma dell'utopia nello sfondo, quella della redazione meccanica dell'inventario completo delle forme che può prendere l'esperienza.

• Pagina A 204 B 250: "Dov'è azione, quindi attività e forza, ivi è anche sostanza ..."

Il seguito, facendo riferimento al concetto di "azione" (*Handlung*) senza darne una definizione, per essere compreso appieno richiederebbe di rintracciare esattamente le trattazioni tradizionali di questo concetto che Kant qui discute (probabilmente ritenendo che i suoi lettori lo riconoscessero agevolmente). Il motivo di fondo è la confutazione della pretesa naturale e tradizionale di conoscere nelle relazioni tra le cose alcunché di intrinseco, dove invece tutte le relazioni tra le cose non sono altro che casi empirici di modi e strutture del tempo. La pretesa di conoscere l'intrinseco oltre le relazioni temporali, dal punto di vista del metodo, non può procedere che "per concetti", "dogmaticamente", ovvero tentando impropriamente di ricavare informazioni sull'essenza delle cose dalle strutture logiche che usiamo per l'oggettivazione dell'esperienza.

• Pagina A 207 B 252 **nota**: "Si noti bene, che io non parlo del cangiamento di certe relazioni ..."

Il riferimento della seguente nota è al principio di inerzia della meccanica classica. Kant è costretto dalla struttura del ragionamento sulle Analogie a misurarsi (anche senza svolgerlo) con il problema dalla distinzione tra il moto rettilineo uniforme, che per la meccanica classica è sempre relativo perché è indistinguibile dallo stato di quiete ed è privo di conseguenze fisiche sullo stato di un sistema in moto, e il moto accelerato o non rettilineo, che per la meccanica classica non è relativo perché richiede forze che modifichino lo stato di inerzia.

• Pagina A 207 B 253: "Quando una sostanza passa da uno stato *a* a un altro *b* ..."

Proseguono le precisazioni metodologiche sulla causalità.

• Pagina A 211 B 256, fine del principio di causalità.

Si potrebbe qui chiudere con una considerazione sul principio di indeterminazione della fisica quantistica, ma invece lo rimandiamo a poco oltre, dove Kant discute il concetto del possibile.

C. Terza analogia: Principio della simultaneità secondo la legge dell'azione vicendevole o reciprocità.

▪ Pagina A 212 B 256: "Tutte le sostanze, in quanto possono essere percepite nello spazio come simultanee, sono tra loro in un'azione reciproca universale ..."

Un'osservazione preliminare: spesso gli interpreti leggono la terza analogia, e la categoria di *Gemeinschaft* (tradotta come comunanza, o reciprocità, o azione reciproca) che le corrisponde, come un'aggiunta estrinseca alle prime due, messa da Kant per amore di simmetria. Ma questo modo di leggere implicitamente pretende di correggere la tavola delle categorie secondo il gusto dell'interprete, e non è un modo particolarmente sagace di affrontare il testo, perché piuttosto la fatica di leggere le pagine del nostro gigante stando sulle sue spalle dovrebbe condurci a comprendere che ogni tavola delle categorie è un'utopia, quella di Kant come ogni altra, perché la coscienza non vede la struttura di se stessa come un oggetto, ma astrae ciò che è formale e strutturale dal lavoro di oggettivazione dell'esperienza che essa compie vivendo la vita umana, e lo fa sempre per mezzo di similitudini e metafore in un lavoro senza fine. Perciò la discussione delle analogie dell'esperienza, come tutto il resto, non la dobbiamo vedere in nessuna sua parte come l'acquisizione di una conoscenza completa e definitiva, ma sempre come la discussione monografica di un elemento di ciò che operiamo nel nostro rapporto con l'esperienza. E così la terza analogia condivide i pregi e i limiti delle prime due.

Con questa premessa generale, vediamo ora in che consista la categoria di comunanza o reciprocità, che sinora è rimasta sullo sfondo perché non la associamo a una nozione usuale e corrente, come facciamo invece per la causalità e sostanza.

▪ Pagina B 256: "Dimostrazione. Le cose sono simultanee ..."

Il primo capoverso non presenta difficoltà, dato che il modo di argomentare è quello ormai noto delle altre analogie, ma si noti che Kant introduce dei termini specialistici ("influsso", "reciprocità") provenienti dalla solita trattatistica metafisica per sottolineare come il concetto trascendentale esista già *in nuce* nella trattatistica.

▪ Pagina A 212 B 258: "Ora se voi ammettete che in una molteplicità di sostanze ..."

Nel leggere il capoverso successivo, togliete la parola "influsso", che ha connotazioni per conoscere le quali occorrerebbe consultare i trattati metafisici a cui Kant faceva riferimento, e sostituitela con l'espressione "relazione in genere": il testo diventa difficile da confutare; resta però, a inquinare la pulizia dell'argomento, la preferenza di Kant per la negazione dello spazio fisicamente vuoto, che ricorre anche un po' oltre.

A margine, è opportuno chiarire la questione dello spazio vuoto, che affliggeva Kant, il quale da un lato era tentato di negarlo, ma dall'altro sapeva che ciò sarebbe stato incoerente con lo spirito della sua metodologia, e avrebbe rappresentato una ricaduta nel difetto di astrazione del piano fisico rispetto a quello logico. I fisici sono stati attratti per secoli da questa questione, ma a ben vedere la ripugnanza ad ammettere lo spazio vuoto è solo una generalizzazione indebita di talune condizioni empiriche dell'interazione umana con la natura. Noi sappiamo naturalmente (anche se la credenza è prescientifica) che per agire meccanicamente su una cosa non possiamo limitarci a pensare ad essa, né ad avvicinarci, ma dobbiamo toccarla, o almeno sospingerla con la pressione dell'aria se si tratta di una briciola sul tavolo, e così via: il corpo umano ha necessità del contatto tra sé e ciò che esiste fuori per poter agire. Questo ha sempre condotto alla ripugnanza ad ammettere che tra due oggetti che esercitano una forza l'uno sull'altro (nell'interazione gravitazionale, ma anche in quella elettrostatica, ecc.) possa non esserci nulla. Ma a ben vedere in entrambi i casi, sia che le cose siano solide e si urtino e interagiscano toccandosi, sia che interagiscano quando sono a una certa distanza anche se lo spazio tra esse è vuoto, la relazione tra le cose da un lato è concepibile e passibile di descrizione, ma dall'altro sul piano assoluto rimane inspiegabile (proprio in entrambi i casi): noi non sappiamo mai in assoluto perché ciò che esiste esista, e perché esista con date proprietà e non con altre concepibili.

L'azione attraverso lo spazio pieno ci è solo istintivamente più familiare dell'altra perché la moduliamo e controlliamo con il nostro corpo in tanti modi ben noti, fin dall'infanzia nostra e dell'umanità, mentre le relazioni nello spazio vuoto non hanno una teoria naturale e ingenua, perché il pensiero naturale e prescientifico concepisce la gravità così come gli appare, cioè come una condizione monotona e invariabile della quale esso non pensa nulla, ma la accetta come un'istituzione naturale, e le forze elettrostatiche non sa nemmeno che esistano. L'idea della relazione fisica nello spazio vuoto quindi interviene a un certo punto dello sviluppo storico della conoscenza della natura aggiungendosi alla relazione attraverso il contatto nello spazio non vuoto, e così per ragioni affatto psicologiche ci appare innaturale mentre l'altra ci appare ovvia e accettabile. Ma proprio

Kant ci insegna che delle cose conosciamo solo relazioni concepibili perché descritte da forme logico-matematiche: e allora perché Kant manteneva questi dubbi sul vuoto, se non per un'abitudine residua?

A parte ciò, ora prosegue l'argomento per cui la simultaneità si conosce dalle relazioni scambievoli tra le cose, e non dalla semplice intuizione.

• Pagina A 213 B 260: "In tedesco la parola *Gemeinschaft* ha un doppio significato ..."

Anche nel seguito, conviene sostituire i termini aggiunti semplicemente con il semplice senso che associamo all'espressione "relazione in genere".

• Pagina A 216 B 263: "Coll'espressione «natura» (in senso empirico) noi intendiamo ..."

Questa chiusa del capitolo è una ricapitolazione, tra le tante che si incontrano, del modo di argomentare della Deduzione trascendentale.

• Pagina A 216 B 263: "Ma, circa il modo di argomentare ..."

Qui infine la causalità viene presentata come un principio della cui necessità empirica possiamo trovare il fondamento, mentre nessun fondamento di necessità si può trovare per il principio razionalista di ragion sufficiente: questo vorrebbe trovare la certezza che ogni cosa sia connessa ad ogni altra (senza la limitazione all'esperienza nel tempo), ma le sue dimostrazioni si riducono a tautologie che non aggiungono nulla all'enunciato, il quale enuncia solo un'esigenza logica, e non anche una proprietà delle cose, come il razionalismo vorrebbe. Così Leibniz nel § 32 della *Monadologia* definisce il principio della ragion sufficiente quello "in virtù del quale noi consideriamo che nessun fatto può riscontrarsi vero, o esistente, né alcun enunciato vero, senza che vi sia una ragione sufficiente per cui esso sia così e non altrimenti. Per quanto le ragioni sovente non possano da noi conoscersi". Detto questo, suona l'obiezione di Kant, quale argomento si è apportato per escludere il caso e l'eventuale assenza di relazioni tra le cose?

• Pagina A 218 B 265, fine delle Analogie dell'esperienza.

Per concludere le analogie dell'esperienza, poniamoci una domanda: perché attraverso esse Kant insiste a ripetere che "non conosciamo la cosa in sé"? In fondo, le analogie ci dicono che noi saggiamo il molteplice intuitivo fino a quando non troviamo, ad esempio, nessi di successione necessaria corrispondenti alla funzione schematica della causalità, e così poniamo una relazione tra la fiamma e il calore, che concorre a costruire i concetti di queste cose, mentre scartiamo tante relazioni accidentali, come ad esempio quella tra il colore di una cosa e il suo sapore. Ma perché la relazione, che Kant dice oggettiva, tra la combustione e il calore rilasciato non dovrebbe essere una proprietà della cosa in sé? Per capire il pensiero di Kant qui è il caso di permetterci un'immagine elementare, abbassando di molto il livello del discorso, e rispondere: perché noi nei confronti della natura siamo simili ad animali ammaestrati rispetto al loro istruttore in persona. Gli animali ammaestrati imparano che devono comportarsi in un certo modo per ricevere certe ricompense, ed evitare altri comportamenti per evitare certe punizioni, e quindi in qualche modo dopo l'istruzione "sanno" queste cose. Che i loro possano essere riflessi condizionati non è un'obiezione all'asserto che gli animali sanno, perché comunque l'animale ammaestrato risponde a uno stimolo che per lui è rappresentazione: vede una situazione e la associa a date altre (con l'immaginazione), e agisce di conseguenza. Ma è chiaro che c'è una cosa di cui gli animali ammaestrati non sanno niente: ed è il complesso delle intenzioni che c'è nel cervello del loro istruttore. I cani non sapranno mai che un istruttore li modifica con premi e castighi in modo da farne strumenti di difesa o accompagnatori di ciechi, e che lo scienziato Pavlov li nutriva perché voleva conoscere e misurare la loro propensione ad acquisire abitudini indotte. Al contrario, noi sappiamo benissimo che le intenzioni nel pensiero dell'istruttore o del ricercatore in un certo senso relativo sono la cosa in sé sottostante al fenomeno dell'addestramento degli animali, perché questo non prenderebbe mai forma e non ci sarebbe al mondo se non ci fossero le intenzioni di chi lo vuole, a loro volta motivate da un complesso di bisogni umani, e così via. Noi qui, rispetto a un cane, conosciamo la cosa in sé, cioè le intenzioni dell'istruttore o dello scienziato, mentre il cane ne conosce il fenomeno come può conoscerlo dato il suo apparato cerebrale, e magari potrebbe ricavarne la conclusione che il professore senta un impulso cieco e irresistibile a nutrirlo, sotto certe condizioni.

Così (e gli chiedo venia per una simile illustrazione) nell'oggettivazione della natura, dice Kant, noi conosciamo quello che si adatta alla struttura degli schemi logico-matematici che sono in noi, e restiamo completamente ignari dell'infinita complessità che si può celare dietro il fenomeno, non solo da punto di vista quantitativo, ma anche qualitativo: come gli animali ammaestrati non sanno che dietro al fenomeno della successione di certi eventi, stimoli e ricompense, c'è qualcosa di completamente eterogeneo, in questo caso le intenzioni degli istruttori, così noi non sappiamo sotto quali altre prospettive diverse da quella umana si potrebbe vedere la natura, e non sappiamo se ci sia una prospettiva necessaria e superiore a tutte le altre, che pertanto corrisponderebbe alla struttura assoluta delle cose. Le specie di relazione tra le cose potrebbero avere una varietà di qualità per noi impossibili da rappresentarci, delle quali non sappiamo nulla. Sappiamo invece che i nostri processi di oggettivazione sono tutti di valore relativo perché cambiano nel corso della storia umana, e interpretazioni della natura anche efficaci nella pratica si abbandonano per teorie più complete. In un certo senso, la teoria delle analogie dell'esperienza per quanto riguarda la descrizione dello stato delle cose quanto alla nostra conoscenza della natura è equivalente al mito della caverna platonica: vediamo ombre prodotte da agenti che ci restano ignoti; ma la lezione che ne ricava Kant è opposta, perché Platone ne traeva l'idea centrale della metafisica idealistica, che il ragionare indipendentemente dall'esperienza possa rivelare la struttura vera delle cose, mentre Kant prosegue a mostrare che la conclusione razionalista è un'illusione che deriva dal fraintendimento del carattere della nostra capacità di oggettivazione della natura: ma l'aspetto dell'illusione lo si vedrà discusso in dettaglio nel seguito, nella Dialettica.

4. I postulati del pensiero empirico in generale

▪ Pagina A 218 B 265: "Ciò che s'accorda con le condizioni formali …"

Il titolo richiede una precisazione terminologica: nel lessico della geometria del tempo di Kant si chiamava "assioma" un teorema immediatamente certo, non analizzabile e non dipendente da altre assunzioni, come ad esempio "per due punti passa una e una sola retta", mentre si chiamava "postulato" un problema elementare immediatamente risolto, a sua volta non analizzabile, come ad esempio "tracciare una retta tra due punti". Questa antiquata distinzione successivamente è stata abbandonata, perché la differenza che indica è psicologica, non matematica: dal punto di vista matematico teoremi e problemi enunciano proprietà di strutture formali, e il fatto che i problemi si distinguerebbero dai teoremi (e quindi i postulati dagli assiomi) perché danno istruzioni per qualcosa che si "vuole fare" non appartiene alla matematica. Qui però i "postulati del pensiero empirico" sono denominati tali per analogia con l'uso della geometria di allora, e Kant ne spiega il perché alla fine del capitolo.

▪ Pagina A 219 B 266: "Chiarimento. Le categorie della modalità …"

L'idea di fondo, che abbiamo già incontrato nella presentazione delle categorie modali, è che esse non esprimano proprietà degli oggetti, ma proprietà delle conoscenze di essi in rapporto al contesto complessivo della conoscenza che si possiede: così lo stesso giudizio su un certo evento, descritto con le stesse parole ("alle ore 10:00 un treno esce da questa galleria"), a uno (che sa solo che la linea ferroviaria è in uso) appare possibile, mentre a un altro, che ne sa di più (perché ha visto il treno entrare nella galleria dall'altro lato), appare necessario. Questo loro carattere, oltre a estinguere ogni problema derivante dall'applicazione dei concetti modali alle cose anziché ai giudizi su esse nell'ambito empirico, restringe i concetti modali all'esperienza, e svuota di senso ogni proposizione metafisica che li applichi a oggetti ideali.

Inoltre, nel seguito si ricordi sempre che per Kant l'intelletto divino vede (o meglio, nell'ipotesi che esista, vedrebbe) le cose sotto la prospettiva della realtà, non della necessità.

▪ Pagina A 220 B 267: "Il [primo] postulato, quello della possibilità delle cose, …"

La possibilità meramente logica, quella derivante dalla sola assenza di contraddizione in una proposizione, non ha valore conoscitivo.

Kant per introdurre l'idea, e per condurre l'argomentazione per gradi, fa uso di un esempio geometrico, che però non è propriamente appropriato al tema, che è quello dell'uso del concetto del possibile in rapporto all'esperienza. Questa concezione del possibile completa la distruzione della idea di dedurre informazioni sul reale per via logica, ed è uno spartiacque tra il mondo d'antico regime e il nostro tempo.

▪ Pagina A 221 B 268: "Ed ora vogliamo far constatare l'utilità amplissima e l'influsso di questo postulato della possibilità ..."

Le tre categorie di relazione, ovvero le tre analogie dell'esperienza, determinano un ambito del possibile, attraverso il solito argomento della costituzione dell'esperienza.

▪ Pagina A 222 B 269: "A volersi formare concetti nuovi di sostanze, di forze ..."

Nel capoverso che segue Kant adduce esempi di uso illegittimo del concetto di possibilità nelle ipotesi, uso illegittimo che si riscontra dove l'ipotesi non indica anche le modalità della ricerca della sua verifica nell'esperienza. Non adduce alcun esempio di uso legittimo, evidentemente perché considera che non vi sia necessità di esemplificare qualcosa di così ovvio: per esempio (per far noi l'esempio), è legittimo giudicare possibile che si trovi nell'esperienza un medicamento per una malattia oggi incurabile, e ciò è legittimo perché si può andare in cerca dell'oggetto dell'ipotesi con esperimenti.

Gli esempi di ipotesi illegittime appartengono tutte all'ambito delle teorie metafisiche popolari inquinate di materialismo, verso il cui difetto di capacita di astrazione Kant prova sempre un connaturato aristocratico dispregio.

▪ Pagina A 223 B 270: "Ma io metto da parte tutto ciò la cui possibilità ..."

Infine chiude tornando a enfatizzare come solo la struttura trascendentale della coscienza determini a priori un ambito legittimo come possibile.

▪ Pagina A 223 B 271: "Si ha sì l'apparenza che la possibilità di un triangolo possa essere dedotta ..."

Stavolta l'esempio non è geometrico, malgrado l'apparenza: Kant intende dire che l'uso delle categorie modali è legittimo dentro l'ambito del processo di oggettivazione attraverso le categorie, e menziona le categorie matematiche prima di quelle dinamiche.

• Pagina A 225 B 272: "Quanto al [secondo] postulato, riguardante la conoscenza della realtà ..."

Passando oltre, ciò che dà senso alla categoria di "realtà" è la sensazione (anche interna degli stati psichici). La formulazione del secondo postulato non manca di precisare che non si hanno sensazioni di oggetti, ma di elementi molteplici informi, poi connessi secondo le tre analogie.

La filologia kantiana ha discusso molto sulla distinzione tra la categoria di realtà nel secondo titolo e quella di realtà come esistenza (*Dasein*) nel quarto, della quale si parla qui. Il problema nasce dal fatto di conservare letteralmente tutta l'architettura di Kant distinguendo i quattro livelli delle funzioni logiche come tavola dei giudizi, tavola delle categorie, schemi, principi. Ma se guardiamo alle funzioni logiche, la categoria di realtà nel secondo titolo corrisponde semplicemente all'affermare nella coppia affermazione – negazione: in quel caso la categoria si applica anche a cose non empiriche, per esempio a costrutti geometrici. La categoria di realtà come esistenza del quarto titolo invece ha senso solo in rapporto alla contingenza di ciò che esiste nella percezione.

Confutazione dell'idealismo

• Pagina B 274: "L'idealismo (e intendo quello materiale) è la teoria che dichiara l'esistenza degli oggetti ..."

Ora il testo passa improvvisamente a un tema diverso e ad un'argomentazione piuttosto tormentata. Si legga ora la presentazione del problema.

• Pagina B 275: "Teorema. La semplice coscienza, ma empiricamente determinata, della mia propria esistenza dimostra l'esistenza degli oggetti nello spazio fuori di me ..."

Ora la presente confutazione dell'idealismo prende la forma scolastica di un teorema, per la cui "dimostrazione" l'argomento generale è: noi abbiamo una percezione dei nostri stati d'animo, che è nel tempo ma non ha forma spaziale, e che chiamiamo "interna", e una percezione di cose nello spazio che chiamiamo "esterna": quando questo materiale sensibile viene condotto dalle forme logiche e matematiche che sono in noi a una descrizione univoca, abbiamo un'esperienza. Detto questo, il problema se la percezione esterna sia reale o illusoria è inconsistente, perché la percezione è la percezione, tutta della stessa qualità. La distinzione tra il reale e il fantastico interviene solo poi, quando analizziamo l'esperienza e distinguiamo in essa la veglia dal sogno, la percezione di cose che può essere condivisa con altri individui dalla riproduzione di percezioni nell'attività cerebrale, e così via. Per definizione, "reale" è ciò che è contingente nei nostri stati di coscienza, "esterno" è ciò che, percepito contingente, ha forma spaziale, e dunque il dubbio sulla "realtà" dell'"esterno" non ha motivo d'essere: l'argomento si riduce a questa considerazione.

Si può seguire l'argomentazione di Kant nel suo tentare di dimostrarci la confutazione dell'idealismo, ma non ne usciremo persuasi che il ragionamento di Cartesio sul genio maligno, che potrebbe ingannarci rappresentandoci la commedia di un mondo illusorio, sia del tutto impossibile in virtù dell'argomento di Kant. Il problema, a questo punto, deve essere collocato su un piano storico culturale, e diventare: perché la cultura dell'età moderna aveva sensibilità per questo problema, dell'evanescenza della realtà esterna in una sorta di gioco d'ombre? Come si connette con la cultura barocca, e non a caso con il suo amore per la finzione stupefacente e il teatro? Kant chiude simbolicamente quell'epoca, con questa confutazione, buono o meno che sia intrinsecamente l'argomento, ma molto più efficacemente con la sobrietà classica della sua tagliente capacità di astrazione e distinzione; il messaggio che ci lascia, è che l'ossessione dell'età moderna per il problema dell'illusorietà del mondo esterno è una futilità irrilevante per la serietà illuminista (anche se lui qui si tormenta a cercare le parole adatte per dimostrare la realtà dell'esterno).

L'argomento nella prima edizione è trattato altrove, come quarto Paralogismo della psicologia razionale, da pagina A 366 in avanti. Come negli altri casi, la riscrittura ha dato luogo a maggiori difficoltà testuali rispetto alla prima versione, ma in questo caso, poiché il quarto Paralogismo presuppone i precedenti tre, non consiglio di leggere prima il testo della prima edizione, ma semmai di ritornare sul testo della seconda (tra qui e B 279) più tardi.

Con ciò, siamo giunti all'enunciato della prova del teorema (forse preteso tale): "Io ho coscienza della mia esistenza come determinata nel tempo. Ogni determinazione temporale presuppone qualcosa di <u>permanente</u> nella percezione. Ma questo che di permanente non può essere qualcosa in me, perché appunto la mia esistenza nel tempo non può essere determinata se non da questo qualche cosa di permanente."

• Pagina B 275: "Dunque la percezione di questo permanente non è possibile …"

Si ricordi che la prefazione B (nota a B XXXIX) corregge così la formulazione di quest'ultimo periodo: "Ora questo che di permanente non può essere punto un'intuizione in me. Giacché tutti i fondamenti della determinazione della mia esistenza che possono trovarsi in me sono rappresentazioni, ed hanno bisogno essi stessi, appunto perché tali, di qualcosa di permanente, distinto da esse, rispetto al quale il loro cambiamento — e perciò la mia esistenza nel tempo nel quale esse si mutano — possa essere determinato".

Volendo ritornarvi, in quella nota troviamo un'ulteriore discussione dell'argomento presente.

• Pagina A 226 B 279: "Quanto infine al terzo postulato, esso riguarda la necessità …"

Il testo passa alla discussione del terzo postulato, che non offre difficoltà. Essa mostra le radici trascendentali di quattro (noti) principi tradizionali, che da ontologici diventano metodologici; si tenga conto che il *vacuum* qui non intende il vuoto spaziale, ma l'assenza di ogni esistenza, in senso anche non spaziale.

• Pagina A 230 B 282: "Se il campo della possibilità sia maggiore di quello che comprende tutto il reale …"

Segue che la questione dei molteplici mondi possibili non è fisica ed è estranea al mondo empirico. Se abbia senso come questione relativa all'ideale, resta qui indeciso.

È prematuro parlarne ora, ma l'argomentazione usata in questo capoverso è interessante in rapporto al tema generale della Dialettica trascendentale, per la quale esiste la dimensione dell'illusione nel pensare razionale. Qui ne abbiamo un esempio che ha valore di archetipo: poiché dal punto di vista formale vale l'inferenza per conversione "se ogni A è B, allora qualche B è A", dalla proposizione "ogni reale è possibile" viene ricavata la conclusione logica puramente formale "qualche possibile è reale", e da qui la subcontraria "qualche possibile non è reale". Ma quest'ultima non può essere vera, perché non esistono cose che sono "possibili ma non reali", bensì esistono, dal punto di vista umano, possibilità molteplici concepibili nell'immaginazione di cui solo talune si realizzano, e perciò il possibile non realizzato esiste solo nella rappresentazione dell'intelletto umano discorsivo (e non esisterebbe nella mente divina, che intuisce tutto il reale). L'applicazione di deduzioni formali elementari in questo caso conduce a fraintendere il significato delle categorie modali, facendone un uso metafisico e dando vita al concetto dei mondi possibili. Questo frammento di testo è da tenere a mente, perché la Dialettica trascendentale non è ricca di indicazioni su quanto accade in concreto allorché la ragione si inganna e si illude raziocinando.

• Pagina A 232 B 284: "Ho fatto menzione di queste questioni ..."

Riguardo alle righe appena lette, si noti che contengono un barlume di risposta a una domanda che dovrebbe ormai affacciarsi alla mente del lettore, e cioè: quando il pensiero usa impropriamente e illecitamente le categorie dell'intelletto al di fuori dell'esperienza, che cosa fa, in concreto? Cosa conferisce senso alle parole che si dicono, quando nominiamo qualcosa di ideale, come "anima" o "Dio"? L'esempio citato qui sopra, e qualificato come modo di ragionare "meschino", "*armselig*", è quello che dalla premessa "ogni reale è possibile" (perché nulla di impossibile diviene reale) deduce lecitamente che "qualche possibile è reale", e quindi "qualche possibile non è reale": il che (come già osservato) è corretto dal punto di vista della logica formale, ma non ha senso dato che l'attributo del possibile è un carattere del rapporto dei giudizi con il conteso delle conoscenze del soggetto, non un carattere delle cose. Ma così intravediamo che le proposizioni metafisiche idealizzanti si formano in questo modo: ponendo come oggetti quelle che sono strutture solo formali del pensiero, e persuadendoci inconsciamente della liceità dell'operazione, il che ci viene dallo stato di coscienza in cui siamo certi della correttezza del procedimento dal punto di vista della logica formale. E non è questione che riguardi la metafisica idealizzante di altri tempi: è la chiave del continuo inciampare degli uomini nel sopravvalutare la portata delle loro deduzioni.

• Pagina A 232 B 285: "Volendo concludere questo quarto numero, e insieme il sistema di tutti i principi ..."

Venendo ora a spiegare perché i postulati si chiamano così (per analogia con l'uso geometrico), Kant sfiora un problema per lui enorme: perché egli ritenga di avere, se non dimostrato, almeno "dedotto" la struttura del rapporto della coscienza con l'esperienza. Il lettore moderno non ha difficoltà a riconoscere che Kant ci ha dato un'interpretazione di questo rapporto, non assoluta e non definitiva, come non assolute sono anche le obiezioni che le muoviamo. Ma qui vediamo bene, dal tono del testo, che se Kant avesse dovuto accettare il destino di non poter dimostrare la teoria in modo assoluto, se ne sarebbe sconfortato.

• Pagina A 233 B 286: "Ma i principi della modalità non sono oggettivamente sintetici …"

Infine, il testo ritorna sul carattere proprio dei principi modali e spiega l'analogia (peraltro discutibile) con la nozione di postulato in geometria.

• Pagina A 234 B 287, fine della discussione dei principi modali.

A conclusione della discussione dei principi modali, voglio sfidare il lettore con un'altra domanda a cui egli potrà rispondere a se stesso non ora, ma dopo molti studi. Supponiamo di accettare, come accetta il nostro presente (per ragioni che qui non discutiamo), che la macchina di riferimento più opportuna da adottare per la misura del tempo sia l'orologio atomico progettato da Louis Essen negli anni '50 del Novecento, e supponiamo di avere un orologio non di quel tipo, ma tuttavia precisissimo: passano gli anni, e il nostro orologio continua a segnare il mezzogiorno concordando con un orologio atomico. Solo, il nostro orologio ha la limitazione di mostrare soltanto il minuto, non unità di tempo inferiori: ha un display su cui si leggono ora e minuto, ed ogni minuto emette un segnale elettrico che consente di paragonarlo con l'orologio atomico, ma tra un minuto e l'altro è muto. Ora, un giorno il nostro orologio viene distrutto in un incidente, e lo troviamo fermo, poniamo, sulle 9:15; quindi sappiamo che l'incidente è avvenuto a un tempo maggiore o uguale alle 9:15:00 e minore delle 9:16 segnate dall'orologio atomico. Se domando: ma si potrebbe sapere esattamente a quale secondo e millisecondo si è fermato l'orologio? il lettore risponderà: certamente, a patto di avere qualche altra fonte di informazione. È il nostro orologio che non può dircelo, dati i limiti della sua costruzione.

Ora, a livello subatomico interpretando l'esperienza noi conosciamo (o forse sarebbe appropriato dire, abbiamo definito) alcuni oggetti il cui comportamento avviene in maniera discreta, per multipli della costante di Planck (a cui abbiamo già accennato). Quando si eseguono esperimenti su questi oggetti, essi vengono violentemente investiti dall'energia di onde elettromagnetiche ad alta frequenza che ne mutano radicalmente lo stato, sicché noi ci troviamo in una situazione simile a quella della distruzione del nostro orologio che segna solo i minuti: per così dire, noi sfasciamo delle macchine che funzionano per multipli interi e indivisibili della costante di Planck, e così abbiamo risultati sperimentali che possiamo solo trattare statisticamente, raccogliendo gli esiti di esperimenti distruttivi la cui statistica ci restituisce certe probabilità che il loro esito sia di un tipo o di un altro. Da qui deriva il principio originariamente detto di incertezza da Heisenberg, e poi chiamato di indeterminazione, perché la descrizione esatta in termini causali viene sostituita da una descrizione probabilistica degli eventi.

Ora, come si sa, secondo la fisica quantistica questa condizione di indeterminazione è una proprietà oggettiva di questi componenti naturali della realtà fisica. Ma Kant, anche se non aveva riflettuto sul concetto di probabilità perché i metodi statistici erano ancora primitivi ai suoi tempi (però, si sa che a lui non dispiaceva consultare le statistiche di sanità di Königsberg), se potesse parlarci direbbe: il concetto della probabilità e le tecniche di calcolo ad esso connesse introducono una dimensione quantificabile nel concetto del possibile, del quale però ereditano la proprietà di non determinare oggetti, ma soltanto di esprimere relazioni tra conoscenze. E allora, domanderebbe Kant: come fa ad avere senso l'attributo dell'"essere probabile" riferito a una classe di oggetti fisici? Chiaramente, qui non c'è risposta, e sta al lettore studiare tanta fisica quantistica quanta è necessaria per giudicare se gli esperimenti quantistici rovesciano l'interpretazione della causalità deterministica rivelandoci una dimensione del "probabile in sé" (per dirlo in lingua kantiana), e quindi invalidano l'interpretazione delle categorie modali che abbiamo appena visto in Kant, o se invece questa prospettiva filosofica oggettivistica aggiunta ai risultati scientifici empirici (che in se stessi sono indipendenti da queste interpretazioni e speculazioni metodologiche) non sia forse altro che un residuo fossile della metafisica dell'età moderna, connesso al rapporto feticista che la cultura del Novecento ha instaurato con la fisica dell'epoca attorno alla Grande Guerra, dopo la quale i fisici apparvero come eroi che ripristinavano il controllo umano sugli eventi, sicché gli uomini ne fecero semidei redentori, in modo non dissimile da come gli antichi accolsero Ercole sull'Olimpo.

Osservazione generale sul sistema dei principi

• Pagina B 288: "È cosa molto importante da considerare ..."

Come Kant avverte al termine, questa osservazione finale ha una funzione preparatoria per la discussione della conoscenza che il soggetto ha di se stesso, nella Dialettica.

Nota del curatore sul problema di Hume e dell'induzione empirica

▪ Pagina B 294, considerazione conclusiva riguardante tutta l'Analitica.

A questo punto la costruzione della logica trascendentale è conclusa, e quanto ancora segue prima della Dialettica è in parte una preparazione di questa e in parte un'applicazione del metodo seguito sinora a certi particolari equivoci concettuali, per scioglierli. Quindi, con ogni probabilità il lettore si chiederà: ma dove mai troviamo la soluzione del problema di Hume e dell'induzione empirica, che Kant ha sì menzionato più volte come problema, ma del quale non abbiamo mai sinora letto la risposta esplicita? Per di più, per consolidata tradizione le esposizioni della filosofia di Kant prendono per buona la sua certezza di avere dato quella risposta, e ci ripropongono la sentenza per cui la scoperta del giudizio sintetico a priori avrebbe risolto il problema. Noi abbiamo visto quanto la nozione della sintesi a priori sia vitale per renderci conto dei processi conoscitivi, e anche però come l'idea che esistano singoli giudizi sintetici a priori faccia parte del bagaglio di credenze illusorie che Kant coltivava in conseguenza dei suoi presupposti sulla natura della logica. Ma a parte questo, ora il lettore, saviamente, obietterà qualcosa del genere: ammettiamo pure che il concetto della causalità (con il suo schema) sia formale e a priori, e che sia superficiale ed istintiva l'opinione antica che esso costituisca un dato materiale d'esperienza; tuttavia, con questo cosa mi garantisce che domani accada di nuovo quello che ho riscontrato accadere sino ad oggi? Io mi regolerò anche domani contando sul fatto che il negozio sotto casa cuoce e mi vende il pane ogni giorno, ma so che improvvisamente un giorno questo potrebbe non accadere più; e lo stesso, seriamente, vale per i problemi scientifici di ogni genere: persino, che dire, la costante di gravitazione universale per quanto ne sappiamo potrebbe un giorno mutare per ragioni che oggi ci sono ignote.

Si possono escogitare strategie verbose per sostenere che Kant abbia dato una soluzione a questo interrogativo, ma in verità la soluzione che egli pretende di aver dato l'abbiamo davanti agli occhi, ed è qualcosa che Kant crede profondamente dati i suoi presupposti, però non può esprimere se non per accenni e vie traverse. Kant, come abbiamo constatato, procede con la certezza che la critica trascendentale ci dia il metodo per conoscere completamente a priori la strutturazione formale del soggetto, e da qui per compilare quasi meccanicamente la metafisica nuova, che descriverebbe la forma generale della natura, da riempire poi di contenuti con esperimenti. Noi sappiamo ormai su quali presupposti si basava questa certezza, e sappiamo che la metafisica nuova era un obiettivo impossibile; ma secondo Kant, che non vedeva le ragioni che rendono utopico il suo desiderato, come sarebbe stata strutturata questa scienza fondamentale? È impossibile dirlo con precisione, dato che questa scienza né esiste né esisterà, ma Kant si immaginava qualcosa del genere: che essa avrebbe descritto la natura possibile definendo per ogni casella della sua nuova classificazione razionale delle entità fisiche possibili o un numero finito di possibilità, o magari qualcosa che avrebbe necessitato solo della misurazione opportuna per passare dal possibile al reale empirico. E allora l'induzione dall'esperienza non avrebbe avuto più nessuna necessità di esistere, perché tutti i problemi scientifici si sarebbero ridotti a qualcosa di questo genere, diciamo a due casi: uno, in cui per dati problemi — posti a priori dalla metafisica nuova — avremmo avuto sempre a priori le possibili soluzioni A, B e C, e quindi non avremmo dovuto fare altro che organizzare l'esperimento opportuno per determinare quale delle soluzioni possibili corrisponda al reale empirico; e un altro caso, in cui di altri problemi — sempre definiti dalla metafisica nuova — avremmo dovuto progettare l'esperimento adeguato per trovare valori quantitativi. Questo Kant lo suggerisce sempre nel testo, e ancora più costantemente nei *Prolegomeni a ogni futura metafisica che vorrà presentarsi come scienza*, come se dicesse: vedete, è ovvio che data la sintesi a priori si costruirà la metafisica nuova, che grazie alla critica della ragione che la precede esprimerà in forma sistematica e definitiva le indicazioni metodologiche che ci sono in potenza e per accenni già nella metafisica vecchia; ed è ovvio che poi l'induzione empirica non servirà più. Spiegarcelo meglio di così, non poteva, perché avrebbe dovuto dare corpo alla metafisica nuova, che è ciò che tentò di fare poi per lunghi anni, non lasciandoci altro che una raccolta di appunti confusi.

Questo che sto dicendo, con parole forse troppo semplici, ma perciò almeno esenti dalle pedantesche illusioni degli interpreti che vogliono trovare a tutti i costi la completezza delle idee di Kant, non ha riscontro diretto nel testo, è un'estrapolazione, però è quello che emerge via via che ci addentriamo nella mentalità di Kant, e ci rendiamo conto dell'assoluta serietà con cui egli coltivava l'utopia della metafisica nuova. Se una buona volta la trovassimo, pensava Kant, non avremmo più bisogno di ricorrere a quell'azzardo e scommessa che facciamo ogni volta che assumiamo in via induttiva che un dato comportamento della natura sia universale. Di conseguenza, nel testo non si trovano nemmeno indicazioni metodologiche sul problema dell'induzione empirica: rispetto a un simile compromesso la *Critica* pensava di volare molto più in alto.

Capitolo Terzo - Del principio della distinzione di tutti gli oggetti in generale in fenomeni e noumeni

• Pagina A 235 B 294: "Noi abbiamo fin qui non soltanto percorso il territorio dell'intelletto puro ..."

Questa sezione inizia in modo colloquiale, per addentrarsi poi in questioni metodologiche che ritornano su quanto è ormai noto. Vi sono però indicazioni su problemi metodologici specifici della *Critica*, che appaiono qui come una sorta di confessione dei dubbi di Kant, soprattutto attorno alla nozione di categoria concepita come indipendente dal suo schema. Poi, preparata da queste riflessioni, arriva la definizione del noumeno.

Per quanto riguarda la cosa in sé, o noumeno, ricordo al lettore che ne abbiamo parlato molto sopra (prima di A 26 B 42), perché la lettura della *Critica* è impossibile senza questa nozione, che Kant però introduce esplicitamente solo qui, dopo avere creato tutte le condizioni per parlarne con la precisione che lui voleva.

Consiglio al lettore a non partecipare ora dentro di sé al dibattito plurisecolare sulla realtà o non realtà, utilità o non utilità, della cose in sé, ma solo mettere a fuoco quello che Kant intende dire: che se l'esperienza è la costruzione dell'esperienza attraverso le condizioni poste dalla struttura della soggettività umana, l'esperienza non costituisce l'insieme intero di ciò che è, e quindi ci viene in mente che le cose abbiano una struttura indipendentemente dall'esperienza oggettivata dal lavoro dell'intelletto umano. Quindi in tale prospettiva esse sono "in sé". Ma questo processo è solo un pensiero, nulla di reale nell'esperienza o altrove: quindi la cosa in sé è una cosa solo pensata, un "noumeno". Andare oltre la comprensione del senso del testo di Kant nella definizione di questo concetto conduce proprio ai problemi metafisici e dialettici nel senso kantiano, e perciò quello che bisogna tornare sempre a considerare, è ciò che la *Critica della Ragion Pura* ci insegna: che abbiamo stati di coscienza che ci obbligano a vedere le cose in un certo modo, cioè ci danno le leggi logiche e matematiche; che l'esperienza si costituisce perché le apparizioni delle cose nella sensibilità prendono la forma delle strutture logiche e matematiche che sono in noi; e che ciò che trascende l'esperienza, viene dal fatto che disconosciamo la natura delle strutture logiche e matematiche che sono in noi, rappresentandocele come oggetti. Se capiamo questo insieme di insegnamenti, Kant ci renderà meno primitivi e ingenui nei confronti di quel che sentiamo dire dal discorso comune, da quello scientifico, da quello religioso (o irreligioso, che è poi un'altra religione), e così via, da tutta la filosofia conscia e inconscia che c'è attorno a noi. La cosa in sé è un'idea complementare a questo processo di presa d'atto di quello che ci accade come uomini costretti a pensare secondo quell'insieme costante di forme della rappresentazione che sono le leggi elementari della logica e della matematica ed i costrutti più complessi che ne ricaviamo.

▪ Pagina A 238 B 297: "Che dunque l'intelletto non possa far altro uso ..."

Cosa pensare della sempre ricorrente idea di Kant del carattere sintetico a priori della matematica, a cui qui c'è ora un accenno, lo vedremo più avanti, un po' meglio, dove Kant parlerà più diffusamente dell'algebra.

Nel capoverso che segue troviamo anche la specificazione del secondo senso del termine "trascendentale", che si affianca al senso della parola definito nell'Introduzione (A 11 B 25), come abbiamo segnalato in quel luogo. Il termine "trascendentale" come sappiamo viene usato in tutto il libro nei due sensi (e la differenza è sempre chiara dato il contesto locale dell'uso), ma la specificazione del secondo di essi arriva solo qui: a riprova di come una delle sorgenti delle difficoltà testuali provenga dall'ordine bizzarro dell'esposizione.

▪ Pagina A 240 B 300: "Che avvenga lo stesso di tutte le categorie e dei principi ..."

Per definizione "reale" qui il testo intende dire: una definizione davvero tale, non tautologica.

▪ Pagina A 241: "Di sopra, nell'esposizione del quadro delle categorie, ci dispensammo dal definire ciascuna di esse ..."

Il brano seguente, soppresso nella seconda edizione, documenta la difficoltà che pervade il testo riguardo alla possibilità di proporlo come una teoria definitiva piuttosto che come un'interpretazione, che si manifesta dove Kant, forse *obtorto collo*, sente di dover cimentarsi con il problema se le categorie siano analizzabili o no. Dove qui tra breve occorre la parola "sondern" abbiamo un esempio eloquente del modo contorto di usare la sintassi in funzione espressiva con cui scriveva Kant. "Sondern" letteralmente andrebbe tradotto "ma"; e invece bisogna tradurlo "infatti", perché il periodo che segue conferma e determina quello immediatamente precedente, cioè l'idea che non si possa dare la definizione preliminare delle categorie, e il "sondern" si riferisce non alle parole della frase precedente, ma al punto di partenza del discorso, cioè all'idea pregiudiziale, razionalista, che ciascuno inizialmente ha in mente, che si possano definire metodicamente le categorie prima di descrivere il contesto del loro uso. Il testo del capoverso intero (con correzione della traduzione) è questo:

Di sopra, nell'esposizione del quadro delle categorie, ci dispensammo dal definire ciascuna di esse perché il nostro proposito, rivolto esclusivamente al loro uso sintetico, non lo rendeva necessario, e non c'è ragione di esporsi con imprese inutili a una responsabilità che è possibile evitare. Non era un pretesto, ma una non irrilevante regola di prudenza, di non arrischiarsi senz'altro a definire e cercare o fingere compiutezza e precisione nella determinazione del concetto, quando basti al nostro scopo una o un'altra nota qualunque di esso, senza perciò aver bisogno di un'enumerazione rigorosamente completa di tutte quelle che formano il concetto intero. Ora poi si vede chiaro che la ragione di questa nostra prudenza è anche più profonda, giacché non avremmo potuto definire le categorie, se anche l'avessimo voluto; e infatti [*sondern*] se si lasciano da parte tutte le condizioni della sensibilità che mostrano le categorie come concetti di un uso empirico possibile, e se le categorie si considerano come concetti delle cose in generale (quindi di uso trascendentale), allora non resta altro che considerare la funzione logica nei giudizi come condizione della possibilità delle cose stesse, senza tuttavia poter minimamente indicare dove mai possano avere la loro applicazione e il loro oggetto, e cioè come possano nel puro intelletto, senza sensibilità, acquistare qualche significato e valore oggettivo.

• Pagina A 242 B 300: "Nessuno può definire il concetto della quantità in generale …"

Prosegue il testo comune con considerazioni non difficili.

• Pagina A 247 B 304: "Il pensiero è l'atto del riferire un'intuizione data ad un oggetto …"

Ora il testo passa alla definizione della cosa in sé o noumeno.

• Pagina A 248 B 305: "Può quindi essere ragionevole esprimersi dicendo …"

Se l'uso delle categorie in rapporto a un oggetto in generale, non intuitivo, è illegittimo ed è un non-pensiero, cosa accade allorché lo facciamo, o tentiamo di farlo? Kant assume sempre che la rappresentazione della categoria nella sua purezza, senza schema, in qualche modo esista, ma come? Questo problema c'è sempre nello sfondo, e qui di seguito l'espressione per cui le categorie avrebbero "significato" trascendentale, ma non "uso", suona come un escamotage verbale per una risposta non trovata.

▪ Pagina A 248 B 305.

Prima edizione: "Le cose che ci appaiono [*Erscheinungen*], in quanto vengono pensate come oggetti …"

Seconda edizione: "Qui intanto c'è a fondamento un'illusione difficile ad evitare. …"

Siamo arrivati alla caratterizzazione del concetto del noumeno, e alcune pagine sono riscritte nella seconda edizione. In questo caso ritengo che convenga passare oltre e leggere prima il più chiaro testo della seconda edizione, tornando eventualmente poi a quello della prima.

▪ Pagina B 306: "Ma qui si presenta subito un equivoco che può dare occasione a un grosso malinteso …"

Qui troviamo l'equivoco fondamentale che istituisce il pensiero del noumeno. L'espressione cruciale, però, per cui l'intelletto "si fa ad un tempo ancora una rappresentazione di un oggetto in se stesso" oltre al fenomeno, non è analizzata ulteriormente. Che noi di fatto ci facciamo rappresentazioni idealizzate, in cui scambiamo le categorie per oggetti assoluti, è l'assunzione del libro, attestata dal fatto storico che gli uomini sempre tentano di pensare qualcosa oltre l'esperienza.

▪ Pagina B 307: "Se noi intendiamo per noumeno una cosa, in quanto essa non è oggetto della nostra intuizione sensibile …"

Qui l'argomentazione si salda alla solita nozione per cui l'intelletto divino, come si ricorderà, avrebbe una intuizione assoluta di tutto il reale.

▪ Pagina A 254 B 310: "Chiamo problematico un concetto che non contiene contraddizione …"

Letto tra le righe, il passo successivo fa un passo avanti nel dire qualcosa sul processo dell'idealizzazione. Infatti, dice "della sensibilità non si può asserire che sia l'unico modo possibile di intuizione": e in effetti, non abbiamo modo di dire che sia così: la nostra costituzione è contingente come ogni esistenza, quando la consideriamo come oggetto dei nostri pensieri. Ma allora, implicitamente poniamo una x che è l'insieme di tutto ciò che è fuori della nostra esperienza, come se fosse complementare ad essa: e occorre tutta la cautela della critica per rendersi conto che questa x non consiste in nient'altro che nel processo che ne costruisce la nozione; prima della critica, è naturale che la poniamo come un oggetto determinato, o almeno determinabile.

Si ricordi anche che quando qui nel seguito Kant ci ripete che il concetto del noumeno "è necessario, affinché l'intuizione sensibile non venga estesa fino alle cose in sé e sia così limitata la validità oggettiva della conoscenza sensibile", il riferimento è all'idea di fondo, per cui senza l'interpretazione trascendentale delle facoltà del soggetto, il fatto che i concetti empirici descrivano l'esperienza appare come qualcosa di fortuito.

▪ Pagina A 256 B 312: "In tutto questo, io trovo negli scritti dei moderni un uso …"

La seguente osservazione riguarda un uso lessicale di allora, ma Kant ne approfitta per bacchettare sulle dita i filosofi di poca capacità astrattiva, che non vedono come l'esperienza sia tutta oggettivata ponendo un contenuto sensibile in una forma.

La correzione segnalata in nota dal traduttore è da accogliere: bisogna scambiare le parole "teorica" e "contemplativa".

Appendice - Anfibolia dei concetti della riflessione in conseguenza dello scambio dell'uso empirico dell'intelletto con l'uso trascendentale

▪ Pagina A 260 B 316: "La riflessione (*reflexio*) non mira agli oggetti stessi per acquistarne …"

Segue quest'appendice in cui quanto è ormai noto viene ripreso con varianti espressive. Il modo del pensiero qui chiamato "riflessione" è quello filosofico in genere, è il pensiero che prende a fare se stesso oggetto di indagine, caratterizzato con un piega fortemente kantiana: "quello stato dello spirito in cui cominciamo a disporci a scoprire le condizioni soggettive nelle quali possiamo arrivare ai concetti". Le osservazioni qui di seguito sono collocate da Kant nella consueta cornice architettonica, che come sempre non sarà da prendere alla lettera, e riguardano gli equivoci ("anfibolie") che nascono dal procedere del pensiero non corretto da una considerazione critica e metodologica del proprio agire. La fragilità della cornice architettonica si rivela subito, nell'introduzione di quattro coppie di relazioni possibili tra concetti espresse con una terminologia pesantemente metaforica (e pretesa tecnica): il testo va accolto come un'insieme di osservazioni critiche monografiche, solo idealmente collegate in sistema. Nel corso di questa appendice si incontrerà una mirabile lezione sulla filosofia di Leibniz.

▪ Pagina A 262 B 317: "Prima di tutti i giudizi oggettivi, noi paragoniamo i concetti …"

Qui Kant allude (senza dirlo esplicitamente, ma dato il contesto la cosa è ovvia) al fatto che la riflessione che chiama "logica", appartenente al mondo del giudizio analitico, è quella che si trova nella trattatistica logico-metafisica come pure in ogni prassi del pensiero: noi diciamo A è B, A non è C, e così via, e in questo esprimiamo una relazione tra i concetti A, B e C. La riflessione "logica" quindi è qualcosa di talmente ovvio che non meriterebbe nemmeno di essere notata. Invece quella "trascendentale" costituisce la novità, e ci conduce a prendere cognizione di errori logici che in assenza di essa rimangono inconsci. Fuori della cornice terminologia dottrinale, il discorso è vero: il metodo trascendentale è una novità. Vediamo quindi cosa ha da dirci Kant riguardo agli equivoci che si generano dall'assenza di conoscenza della relazione tra i concetti e gli stati di coscienza formali che li producono.

• Pagina A 263 B 319: "*Identità e diversità*. Quando un oggetto ci si presenta più volte, …"

Qui Kant si occupa di Leibniz, e prima di tutto del principio degli indiscernibili. L'argomento verrà trattato due volte, qui di seguito e poco dopo nella Nota a questa sezione.

Quanto agli indiscernibili, negli oggetti empirici non troveremo mai due cose davvero identiche, per cui lì il dilemma non si pone. Ma quando dico: "triangolo equilatero di un metro di lato" e poi dico di nuovo: "triangolo equilatero di un metro di lato", ecco che ho detto due volte la stessa cosa, e quindi per avere due oggetti di tale concetto non posso fare altro che concepirli in due spazi diversi. L'esempio non si può fare anche con due sassi o due frutti, perché due identici non si trovano mai, ma si può fare per certi oggetti empirici, e precisamente per gli stati d'animo. Se dico: "la paura che provavo da bambino al buio", la definizione non mi consente di distinguere due oggetti di essa, e per avere più oggetti devo ricordare questo stato d'animo in più notti oscure diverse della mia infanzia. La considerazione di Kant, per cui la diversità di cose identiche nella definizione per essere concepibile richiede che esse abbiamo molteplici occorrenze nell'intuizione, sembra ovvia. Ma non lo è, perché il razionalismo dell'età moderna ha una tendenza connaturata ad interpretare l'intuizione come conoscenza degradata, anziché come fonte di conoscenza sui generis, e quindi a ritrovarsi davanti al problema: "come fanno ad esistere due esemplari di una cosa identica nella definizione?".

Chi vuole approfondire la cosa, potrà riscontare che il problema è stato seriamente dibattuto nel Novecento e ancora oggi in rapporto alle particelle subatomiche, le quali data la loro semplicità e omogeneità appaiono indiscernibili al pensiero, e si vedrà che per differenziare cose identiche si finisce sempre per riscoprire che la chiave è nelle loro relazioni spaziali, citando così Kant senza saperlo.

Quanto all'esempio geometrico che abbiamo addotto, Kant ne fa uno equivalente non subito, ma poco oltre nella Nota.

▪ Pagina A 264 B 320: "*Concordanza e opposizione*. Quando la realtà viene rappresentata ..."

L'opposizione ha senso solo empirico. Kant potrebbe dire: ogni filosofia completamente idealista non può che pervenire all'uno neoplatonico, alla totale indistinzione.

▪ Pagina A 265 B 321: "*Interno ed esterno*. In un oggetto del puro intelletto ..."

Qui Kant ci spiega la genesi del concetto di monade di Leibniz. Il ragionamento di Leibniz è una catena di conclusioni di questo tipo: l'aspetto delle cose nell'esperienza è apparente; dunque la verità sostanziale è nella negazione dell'apparenza; dunque, per trovare questa verità sostanziale devo sopprimere il modo in cui essa mi appare nell'esperienza; dunque devo sopprimere tutte le relazioni spaziali; e fatto questo che cosa mi resta? solo l'io pensante; dunque la struttura non apparente e vera delle cose è qualcosa di simile all'io pensante. Dal punto di vista di Kant, questo ragionamento non può essere che qualcosa di illusorio, prodotto da suggestione. Questo Kant ce lo sottolinea dicendo che la conclusione di Leibniz è che il vero assoluto delle cose deve essere "o proprio un pensiero oppure qualcosa di analogo" ("*... entweder selbst ein Denken, oder mit diesem analogisch*"): l'aspetto linguistico qui non è indifferente, secondo Kant la conclusione di Leibniz non può essere espressa con proprietà di termini, ma con un'analogia, proprio perché è un'apparenza di ragionamento.

▪ Pagina A 266 B 322: "*Materia e forma*. Questi sono due concetti ..."

Di nuovo Kant si mette a paragone con Leibniz, al quale attribuisce questo schema di pensiero: ci sono cose diverse (che sono strutturalmente simili all'io, per le ragioni del punto precedente); la loro diversità appare a noi, intelletti limitati, come relazione spaziale; i loro rapporti appaiono a noi, intelletti limitati, come relazioni temporali. Il complesso delle relazioni che appaiono a noi in forma spaziale e temporale, e dunque nel modo imperfetto, corrisponde alla realtà delle cose in se stesse, che è quella che il pensiero deve cercare di appropriarsi con il suo lavoro di raziocinio, che si eleverà sopra la rappresentazione spaziale e temporale. E la risposta di Kant è: tutto ciò è un castello in aria nato dal fraintendimento del ruolo del ragionamento logico-matematico rispetto all'esperienza. La nostra esperienza *lato sensu* è che noi abbiamo stati di coscienza formali dai quali non possiamo uscire, per cui il contingente ci appare in forma logico-matematica: niente più di questo. L'"anfibolia" del titolo di questa appendice è il complesso di equivoci che vengono dalla difficoltà di mettere a fuoco tutto questo.

Si noti, in effetti, che se ci si mette nei panni della filosofia di Kant, diventa impossibile capire il punto di vista opposto, quello razionalista nella declinazione Leibniziana, viva e vegeta anche in tanta filosofia analitica del Novecento, se non collocandolo in una prospettiva storica, e vedendolo come un prodotto della fantasia barocca allora, nell'età moderna, e dell'inettitudine filosofica nel nostro presente, che è incapace di avere una visione di insieme sulla complessità raggiunta dalla cultura umana.

Nota all'anfibolia dei concetti della riflessione

• Pagina A 268 B 324: "Mi si consenta di chiamare luogo trascendentale ..."

Prosegue la discussione, cominciando con l'introduzione di qualche ulteriore termine dottrinale, e con il riconoscimento del carattere elementare ed empirico della topica aristotelica.

• Pagina A 270 B 326: "In mancanza di una tale topica trascendentale ..."

Nel capoverso seguente, in cui si torna su Leibniz, si notino in particolare le parole "il fenomeno, in conseguenza della sua consueta mancanza di analisi, porta nel concetto della cosa una certa mescolanza di rappresentazioni accessorie": chi manca di analisi non è Leibniz (come può sembrare leggendo distrattamente), ma è "il fenomeno", intendendo dire che l'esperienza dapprima è naturalmente aggregata come un tutto e solo dopo è analizzata, per cui il soggetto della frase potrebbe meglio essere "la percezione". La genesi della filosofia di Leibniz è collocata in una visione ingenua della percezione, che non riconosce in essa l'elemento sintetico intellettuale che unifica il materiale sensibile, elemento che pure vi necessariamente è, sebbene resti inconscio. Per Kant tutta l'esperienza viene dall'elaborazione dei dati sensibili informi, sia che ciò avvenga nel momento ancora solo animale della percezione, o nel pensiero ingenuo della natura, o nella scienza; quest'ultima così perde lo status aristocratico che aveva nel razionalismo.

• Pagina A 271 B 327: "Leibniz di conseguenza confrontò fra loro gli oggetti dei sensi ..."

Qui il testo torna sul principio degli indiscernibili, con l'esempio della goccia d'acqua: a Kant appare semplicemente stralunato che si possa cadere nel dubbio che consegue dall'interpretazione di tale principio puramente logico come un carattere della realtà.

• Pagina A 272 B 328: "In secondo luogo, il principio per cui i reali …"

Quanto al secondo principio, vale quanto detto sopra: ogni metafisica idealista non può che pervenire a qualcosa di simile all'uno neoplatonico, alla totale indistinzione.

• Pagina A 274 B 330: "In terzo luogo, la monadologia leibniziana non ha altro principio …"

Per il terzo principio, a quanto detto sopra si aggiunge la constatazione di come il concetto dell'armonia prestabilita sia coerente con le premesse di Leibniz. Dal tono si avverte come Kant considerasse aberrazioni quei presupposti, dei quali egli descriveva magistralmente i caratteri intrinseci, ma non li collocava nel loro contesto storico e culturale: questo era ancora assente dalla mentalità di Kant.

• Pagina A 275 B 331: "In quarto luogo, anche la sua famosa dottrina del tempo e dello spazio …"

Quanto al quarto luogo, a Kant appare che la dottrina che "intellettualizza" lo spazio e il tempo (il cui significato è qui esposto in formula), sia un costrutto di astrazioni alla cui radice c'è il fraintendimento delle conseguenze dei semplici stati di coscienza, che tutti sperimentiamo, per cui le proprietà dello spazio (euclideo) e del tempo rappresentano per noi una condizione imprescindibile.

• Pagina A 277 B 333: "Altrettanto osservo anche degli altri concetti della riflessione …"

La determinazione razionalista della natura intrinseca delle cose pare a Kant ormai tanto inconcepibile da permettersi un'espressione ironica, qualificandola come "eine bloße Grille", "un grillo in capo". Ma ciò è chiaro per Kant dopo avere scritto l'Analitica dei concetti e dei principi: prima la visione delle cose è naturalmente razionalista. Si noti che subito dopo c'è un accenno al problema della semantica delle parole: "Noi infatti non possiamo capire se non ciò che porta con sé nell'intuizione qualcosa di corrispondente alle nostre parole", che però è un problema non svolto nella *Critica*; si potrebbe infatti qui chiedere a Kant: e allora, come facciamo a comprendere la tua Analitica dei concetti, e tutta quanta la tua teoria, dato che nelle tue premesse le categorie in quanto tali non sono certo oggetto di intuizione? Si noti che il fatto che Kant non faccia a se stesso questa domanda, è una componente della stessa mentalità di fondo per cui egli crede che la *Critica* possa essere completa e definitiva: ciò che il lettore di oggi sa essere impossibile. Di seguito, coerentemente con se stesso, Kant viene a dire esplicitamente che l'unico sapere indefinitamente aperto e non concluso è la scienza empirica della natura (senza che perciò si possa convertire mai in metafisica nel senso classico).

• Pagina A 278 B 334: "Ciò che questa critica delle conclusioni che vengono tratte ..."

Nel leggere il seguito, si sostituisca mentalmente a "riflessione" la parola "analisi filosofica": il senso si chiarisce meglio, diventa più familiare.

• Pagina A 279 B 335: "Quando noi riflettiamo solo logicamente, allora noi paragoniamo ..."

La metafisica (classicamente intesa) si rivela come una sorta di operazione di personificazione delle relazioni legittimamente studiate dalla logica generale, a patto che non servano tentare di qualificare nulla come oggetto.

• Pagina A 282 B 338: "Secondo semplici concetti, l'interno è il sostrato ..."

Proseguendo, il testo ritorna sul perché Leibniz pervenne al concetto della monade. L'unica cosa che conosciamo in senso pieno, per le sue "determinazioni interne", è la forma della coscienza: perché di tutto il resto non conosciamo altro che relazioni, la cui struttura viene da noi. Leibniz, dice Kant, pervenne a questo pensiero, ma lo rovesciò decidendo che la struttura intima di tutto deva essere strutturalmente eguale, o almeno analoga, all'esperienza dell'autocoscienza. L'interpretazione di Leibniz, rispetto a quella dell'atteggiamento critico, ha in più una componente arbitraria e indecidibile, mentre la filosofia critica si attiene a ciò che sperimentiamo in noi e ne trae le conseguenze legittime.

Si osservi il punto di arrivo dell'argomento svolto nel capoverso seguente, che è una frase consonante con la mentalità del nostro tempo, e per noi facile da accettare, ma allora aveva il sapore di una scoperta: "sorprende sentire che una cosa debba consistere interamente in relazioni".

• Pagina A 286 B 342: "Se per oggetti semplicemente intelligibili noi intendiamo quelle cose che sono pensate per via di categorie pure ..."

Nelle ripetizioni di cui è pieno il capoverso che segue, a cui il lettore ormai si sarà assuefatto, si soffermi l'attenzione sull'asserzione che "il concetto del noumeno non è il concetto di un oggetto, ma è il problema...": a conferma che il concetto del noumeno è rilevante solo per il processo che conduce a comprenderlo.

▪ Pagina A 290 B 346: "Prima di lasciare l'Analitica trascendentale ..."

L'ultima osservazione, sui molteplici significati del "niente", non presenta difficoltà.

▪ Pagina A 290 B 347: "1. Ai concetti di tutto, molti e uno è opposto quello ..."

Letteralmente, nel prossimo periodo c'è una contraddizione, ma ormai sappiamo che Kant espandendo la frase avrebbe potuto dire: "i noumeni, che non possono annoverarsi tra le cose di cui è possibile avere conoscenza determinata oltre il problema che li definisce, quantunque non per questo debbano spacciarsi per impossibili".

II - *Dialettica trascendentale*

Introduzione

▪ Pagina A 293 B 349 considerazioni introduttive.

La Dialettica trascendentale, come si sa, si occupa delle illegittime proposizioni della metafisica classicamente intesa. A titolo di introduzione generale, osservo che se accettiamo come semplice criterio interpretativo preliminare l'idea che i giudizi metafisici siano illegittime estensioni dei processi di oggettivazione dell'esperienza, allora il testo a grandi linee diventa facile da seguire, però i dettagli restano poco chiari. Se invece si parte con la consapevolezza che non è chiaro cosa ci rappresentiamo in concreto quanto pronunciamo una parola come "Dio", allora il testo diventa molto più stimolante e il senso si fa più definito, perché le parti più oscure del testo della Dialettica sono tali proprio per la difficoltà di descrivere cosa ci rappresentiamo effettivamente come senso delle parole che pretendono di denotare astrazioni idealizzate.

Anche data la lunghezza delle discussioni del testo in questa seconda parte, assumerò che il lettore sia ora capace di leggere autonomamente, e segnalerò principalmente alcuni luoghi più notevoli (o almeno, che a me sembrano tali), qualche difficoltà particolare del testo e le parti che, contenendo pretese dimostrazioni assolute delle tesi di Kant, risultano più faticose da seguire, similmente alla Deduzione nella prima parte. In generale, chi ha trovato la chiave per leggere proficuamente l'Estetica e Analitica, è in grado di leggere anche le discussioni della Dialettica, dove, oltre al tema centrale delle Idee della ragione, vi è una miriade di brevi e stimolanti monografie su questioni di dettaglio mescolate con altrettante ripetizioni della teoria, che hanno messo alla prova la pazienza dei lettori di tutte le epoche. Sicché un commento puntuale della Dialettica diventerebbe inutile perché aggiungerebbe prolissità al testo, che non ne manca. La differenza tra la prima parte del libro e la Dialettica, è che la prima parte richiede considerazione attentissima di ogni parola, perché lì una lettura superficiale compromette la comprensione del tutto, mentre la Dialettica consente un atteggiamento diverso, tanto che il modo più consigliabile per trarre giovamento dalla Dialettica è forse quello di leggerla una prima volta rapidamente per prendere atto della struttura dell'insieme, e poi, dove se ne sia stimolati, ritornare sulle discussioni dei problemi dettagliati. Aggiungo ancora, a titolo di consiglio pratico, che probabilmente il lettore sperimenterà che curiosamente la Dialettica impiega un linguaggio molto denso e prolisso sino alla capitolo terzo, quello relativo all'Ideale (Dio). A questo punto, il capitolo comincia con un'argomentazione molto densa e intensa riguardo al concetto di Dio, poi, sorprendentemente, a partire dalla (celebre) discussione della prova ontologica, il registro linguistico si alleggerisce e la lettura diventa improvvisamente più semplice e scorrevole (per quanto non priva di ripetizioni), e si mantiene tale sino alla fine della Dialettica. Il lettore deve quindi decidere da sé quanta pazienza e attenzione dedicare alle diverse parti, ma sappia che a un certo punto la lettura diventa un'esperienza più briosa.

I - Dell'apparenza trascendentale

• Pagina A 293 B 349: "Noi abbiamo detto più sopra la dialettica in generale logica dell'apparenza ..."

La Dialettica si apre con il problema dell'errore nei nostri giudizi. Che i sensi non possano errare, perché l'errore sta altrove, cioè nell'interpretazione dei dati sensibili, non dovrebbe sorprendere: infatti, se io in sogno vedo una cosa chimerica, il fatto di questa percezione in se stesso è solo un dato del molteplice intuitivo. L'errore nasce se collego il sogno con il tutto dell'esperienza pretendendo che il sogno mi abbia dato informazioni oggettive. Poi Kant aggiunge che nemmeno l'intelletto può errare, e questa è conseguenza della concezione dell'oggettività sviluppata sin qui: oggetto è ciò che l'intelletto costituisce; senza il sistema concettuale dell'Analitica, dire che l'intelletto per definizione non può errare, sembrerebbe bizzarro, ma invece le cose stanno così perché i concetti delle cose si costruiscono nelle operazioni dell'intelletto, i quali non sono qualcosa che si aggiunga a conoscenze formatesi prima del loro operare. Perciò la verità concessa agli uomini per definizione è il prodotto dell'intelletto. Quindi l'errore nasce altrove, e il primo lungo capoverso lo illustra con metafore prese a prestito dalla fisica.

• Pagina A 295 B 351: "A noi non spetta qui il compito di trattare dell'apparenza empirica ..."

Cosa succede in concreto allorché ci facciamo rappresentazioni di oggetti ideali, quelli della metafisica classicamente intesa? Il testo comincia a entrare nel problema con una prosa non lineare, che mira a definire il concetto di trascendente (termine che entra qui nel discorso, dopo avere avuto uso una sola volta nella Prefazione B), da distinguere da quello di trascendentale. Abbiamo già richiamato che a pagina A 238 B 298 Kant definisce l'uso "trascendentale" di un concetto quello (illegittimo) in cui le categorie vengono riferite a un oggetto x in genere, e alle cose in se stesse, anziché all'esperienza sperimentabile. Trovare un senso distinto da questo per il concetto usuale di "trascendente" ora non è facile: il capoverso qui seguente suggerisce che entra in gioco una dimensione connessa con il desiderio, in cui si vuole "prescrivere" di usare le categorie nel modo trascendentale.

• Pagina A 296 B 353: "L'apparenza logica che consiste nella semplice imitazione della forma razionale ..."

A questo punto, vi sono tre classi di apparenza, quella connessa con caratteri determinati del nostro apparato percettivo, a cui abbiamo visto un accenno sopra; quella dei sofismi, che potremmo chiamare apparenza dei giochi di parole; e quella trascendentale, dove le rappresentazioni idealizzate ci si propongono come legittime. Le prime due apparenze sono problemi ordinari, la terza è l'oggetto della Dialettica. Si noti che ora per caratterizzare la necessità illusoria dell'apparenza trascendentale Kant fa uso metaforico, e non perfettamente appropriato, di esempi presi dall'apparenza ottica, quindi da apparenza del primo tipo.

II - Della ragion pura come sede dall'apparenza trascendentale

A) Della ragione in generale

• Pagina A 298 B 355: "Ogni nostra conoscenza sorge dai sensi, da qui va all'intelletto ..."

Ciò che la Dialettica tratta, è quella cosa (dico volutamente "cosa", in via generica) che ci consente di creare rappresentazioni di oggetti ideali: e si chiama ragione, ed è diversa ed in qualche modo superiore all'intelletto. Per definire cosa sia la ragione, Kant cade vittima come al solito dell'ambizione di dare una teoria completa, dimostrata e definitiva della realtà umana che sta interpretando. Quindi cerca di caratterizzare la ragione in un modo che sia iscritto nella cornice architettonica solita, e comincia con la nozione da lui sempre ripetuta, e da noi già incontrata (in A 131 B 169), per cui l'intelletto avrebbe la capacità delle inferenze immediate, mentre per le inferenze più articolate, come i sillogismi, ci vorrebbe una "facoltà" distinta e superiore, che è la ragione: probabilmente nessun lettore di oggi si sente di accettare questa caratterizzazione della ragione, che pretende che ci voglia alcunché di superiore all'intelletto per svolgere una banalità come il sillogismo in Barbara; un simile punto di partenza al lettore di oggi apparirà piuttosto come un'assurdità manifesta. Quindi la lettura comincia con una nozione problematica per il lettore; per quanto non vi siano difficoltà testuali, è difficile trovare un senso ragionevole all'assunto, che serve ora per introdurre la differenza tra la ragione al servizio della logica generale, e quella al servizio della logica trascendentale.

• Pagina A 299 B 356: "Nella prima parte della nostra Logica trascendentale ..."

Ora comincia un lungo lavoro di definizione della ragione nel senso trascendentale, che approda a dire che la ragione è il luogo di un'unità dei concetti dell'intelletto di qualità diversa da quella prodotta dall'intelletto rispetto agli oggetti di esperienza.

• Pagina A 301 B 358: "È antico desiderio, che non so quando, ma giungerà forse un giorno al suo compimento ..."

Il senso del capoverso che segue dipende dalla concezione razionalistica del diritto che resta sempre in Kant come residuo del mondo antico; ne abbiamo già accennato sopra (A 43 B 61).

• Pagina A 302 B 359: "Se l'intelletto può essere una facoltà dell'unità dei fenomeni ..."

Qui giunge la definizione della ragione, la cui espressione ha ancora carattere provvisorio.

B) Dell'uso logico della ragione

• Pagina A 303 B 359: "Si distingue ciò che è immediatamente conosciuto da ciò che è solo dedotto ..."

Ora viene determinato il concetto di ragione nel senso logico, e assumo che il lettore non possa accettare il cuore del ragionamento, che pretende che abbia carattere logico e non psicologico il fatto (sia pure psicologicamente indubitabile) che nelle catene deduttive articolate non possiamo avere uno stato di coscienza unico e unitario dell'insieme dei nessi del ragionamento.

• Pagina A 304 B 360: "In ogni inferenza razionale io prima penso una regola ..."

Il testo insiste sul tema per cui il sillogismo corrisponde a una facoltà superiore all'intelletto, e qui menziona proprio esplicitamente il sillogismo nella forma scolastica. Il lettore ne prenda semplicemente atto.

C) Dell'uso puro della ragione

• Pagina A 305 B 362: "Si può isolare la ragione, e quindi è essa una fonte speciale di concetti e di giudizi ..."

Ora il testo cerca di qualificare la ragione nell'uso trascendentale per analogia con quella nell'uso logico, della quale assumo che il lettore sia poco persuaso, il che spiega la difficoltà del testo. L'idea generale è questa, trascurando l'analogia con la sillogistica, ed è espressa nel primo capoverso che segue: la ragione non è solo (in negativo) ciò che dà luogo alle illusioni riguardo a oggetti ideali, ma è anche (in positivo) il luogo delle assunzioni con le quali dirigiamo il lavoro dell'intelletto. Cioè, in positivo essa è quella cosa che prescrive all'intelletto di procedere economicamente nella sperimentazione della natura, prima assumendo che gli oggetti della ricerca possano essere assoggettati a poche regole semplici (anche se nulla ci garantisce che sia così), e poi differenziando i concetti e le regole attribuiti alla natura allorché la riduzione al semplice fallisce nel riscontro empirico. Si osservi che la fonte dell'unità del lavoro della ricerca è sempre il sistema delle forme logiche che sono nel soggetto, le quali però qui sono proiettate arbitrariamente sulla natura empirica, anziché essere verificate con la sperimentazione. Qui va osservato: la ragione così intesa sembra una cosa meschina, ma intanto è proprio vero (in ogni tempo e in ogni indagine empirica sulla natura) che la ricerca delle proprietà della natura procede in questo modo, prima tentando di ridurre le cose sotto l'unità di principi semplici, e poi specificando e distinguendo principi molteplici quasi *obtorto collo*, quando specificare ci è imposto dall'esperienza, che si rifiuta di lasciarsi ridurre al semplice come vorremmo. Ne segue che il concetto di ragione del testo, che sembra dapprima così lontano, poi si salda con un uso linguistico ordinario, perché tutti acconsentiamo a dire che provare a vedere se un dato insieme di fenomeni obbedisca a regole semplici è un'assunzione ragionevole, razionale, per ogni ricerca, senza che nulla tuttavia ne garantisca il successo.

• Pagina A 306 B 363: "Il procedimento logico e formale della ragione nel sillogismo ..."

Ora il testo tenta la derivazione del carattere della ragione trascendentale dall'analogia con il sillogismo.

• Pagina A 306 B 363: "In primo luogo, il sillogismo non si riferisce a intuizioni ..."

Un elemento di similitudine c'è nel fatto che le proposizioni della ragione non si riferiscono a intuizioni ed esperienze, ma a giudizi. Così esse non hanno la stessa funzione dei principi dell'intelletto: il principio di causalità citato a esempio appartiene all'intelletto perché è condizione necessaria affinché vi sia un'esperienza di oggetti (e non solo una raccolta di stimoli percettivi), e perciò non è principio della ragione. Manca l'esempio di un corrispondente principio della ragione, che qui potrebbe suonare così: per ogni fenomeno si può completare le ricerca trovandone una causa, principio che è necessario assumere, senza che sia garantito da niente.

• Pagina A 307 B 364: "In secondo luogo, nel suo uso logico la ragione ricerca ..."

Il secondo carattere della ragione è quello di voler pervenire a totale completezza nella descrizione delle cose. L'analogia con la sillogistica vorrebbe essere che anche nell'uso logico formale si vorrebbe (cosa impossibile) idealmente svolgere completamente le catene deduttive per tutte le infinite condizioni.

• Pagina A 307 B 364: "Ma questa massima logica può diventare principio della ragion pura ..."

Ora il testo dice: se c'è una cosa x, c'è anche la totalità delle condizioni necessarie perché essa ci sia. La ragione è la ricerca della rappresentazione di questa totalità.

• Pagina A 308 B 364: "Ma un tal principio della ragion pura evidentemente è sintetico ..."

Segue in forma abbreviata il programma del lavoro da fare.

Libro Primo - Dei concetti della ragion pura

• Pagina A 310 B 366: "Qualsiasi cosa si pensi della possibilità dei concetti ricavati dalla ragion pura ..."

Il capoverso seguente, dicendo che i concetti razionali "non sono semplici concetti riflessi, ma dedotti", intende dire che essi non sono un prodotto retrospettivo della "riflessione" dei filosofi sul lavoro dell'intelletto, ma sono funzioni originarie del pensare umano in genere. Poi il testo passa a qualificare i concetti dell'intelletto nei termini soliti.

• Pagina A 310 B 367: "Ma già la denominazione di concetto razionale suggerisce ..."

I concetti razionali si riferiscono a qualcosa di illimitato, oltre il confine dell'esperienza: ciò che storicamente fa il razionalismo filosofico, per cui la parola "razionale" già suggerisce questa ambizione.

Sezione Prima - Delle idee in generale

• Pagina A 312 B 368: "Pur nella grande ricchezza delle nostre lingue ..."

Ora un'elegante e chiara digressione introduce il senso tecnico che sarà da attribuire sempre alla parola "idea".

• Pagina A 314 B 371: "Platone trovava segnatamente le sue idee in tutto ciò che è pratico ..."

L'excursus ora viene a un tema centrale della *Critica della Ragion Pratica*, che fu pubblicata dopo, ma la cui elaborazione procedette in parallelo con quella della Ragion Pura. Non commento nulla di quanto riguarda la Ragion Pratica, perché è un'opera che presenta difficoltà testuali molto minori della Ragion Pura, specialmente una volta che questa si sia assimilata. Il lettore che ne senta il bisogno potrebbe qui interrompere la lettura e tornarvi dopo avere preso cognizione della *Critica della Ragion Pratica*.

• Pagina A 314 B 371 **nota**: "Platone certamente estese il suo concetto anche alle conoscenze speculative ..."

La considerazione seguente è messa in nota, e si capisce che per Kant essa sia ormai talmente ovvia da non meritare quasi di stare nel testo principale.

• Pagina A 316 B 372: "La repubblica platonica è diventata proverbiale ..."

L'excursus morale prosegue in un frammento di filosofia politica, che rivendica la serietà degli ideali razionalmente concepiti.

• Pagina A 319 B 375: "Invece di tutte queste considerazioni ..."

Infine, giunge il modesto ma fondamentale programma critico della Dialettica.

Sezione Seconda - Delle idee trascendentali

• Pagina A 321 B 377: "L'Analitica trascendentale ci ha dato un esempio del come la semplice forma logica ..."

Ora comincia la ricerca di derivare le forme della ragione trascendentale dalle forme del sillogismo, con procedimento simile a quello impiegato per le categorie (e che il lettore si aspetterà artificioso).

• Pagina A 322 B 378: "Pertanto nella conclusione di un raziocinio ..."

La tensione verso l'incondizionato qualifica il lavoro della ragione in genere.

• Pagina A 323 B 379: "Ora, quante sono le specie di relazione che si rappresenta l'intelletto mediante la categorie ..."

La tavola delle categorie consente di prevedere le specie di funzioni della ragione che incontreremo. Si noti che ai punti 1, 2 e 3 qui di seguito corrisponderanno poi nientemeno che le idee dell'anima, dell'universo e di Dio, idee che Kant cerca di estrarre dal terzo titolo della tavola delle categorie (relazione). Ovviamente, ora al lettore il pensiero che il giudizio disgiuntivo abbia a che fare con l'idea di Dio apparirà, oltre che incomprensibile, anche bizzarro.

• Pagina A 323 B 379: "Vi sono infatti altrettante specie di sillogismi ..."

Ora si osservi che il discorso va distinto: da una parte c'è la solita propensione di Kant a dedurre completamente tutti gli elementi del suo sistema, cosa in cui i suoi presupposti lo conducevano a credere fermamente, compromettendosi con argomenti anche bizzarri. Dall'altra c'è il pensiero che tutto ciò che concepiamo come ideale, non è altro che qualcosa che deriva dalle funzioni logiche dell'intelletto usate e viste in una diversa prospettiva, e trasformate da funzioni logiche in oggetti. Questo pensiero è ciò che ricompensa della fatica di leggere Kant, ed è qualcosa di lontanissimo dall'essere assimilato dalla cultura del nostro presente, la quale oltre ad essere ben lontana dalla capacità di astrazione di Kant, in particolare mentre tende a professare forme grossolane di materialismo o spiritualismo, al tempo stesso crede a tutte le speculazioni cosmologiche estratte dall'astrofisica, senza domandarsi mai di cosa si stia parlando.

▪ Pagina A 324 B 380: "Ma, parlando qui della totalità delle condizioni e dell'incondizionato ..."

Ora il testo precisa il senso del termine "assoluto", che al pari di "idea" richiede di essere inteso senza fraintendimenti. Dei sensi correnti della parola, quello originario e importante è il secondo.

▪ Pagina A 326 B 382: "Ora il concetto razionale trascendentale non si riferisce ..."

"Assoluto" e "razionale" sono quindi concetti vicini. Seguono capoversi che accennano a tutto quanto seguirà.

▪ Pagina A 329 B 386: "Ma, conformemente al nostro scopo, lasciamo qui da parte le idee pratiche ..."

Ora cessano i riferimenti alla Ragion Pratica, e il discorso riguardo alla ragione teoretica si fa più intenso.

▪ Pagina A 330 B 386: "La ragione, considerata come facoltà di una certa forma logica della conoscenza ..."

I capoversi seguenti tentano di dare un risposta alla domanda: cos'è la ragione (trascendentale) teoretica? La risposta che Kant riesce a esprimere qui, come al solito utilizzando l'argomento (sempre alquanto cervellotico e di tono scolastico) dell'analogia con il sillogismo (della ragione logica), è questa: la ragione è quel qualcosa che, coordinando catene di relazioni delle cose per mezzo delle categorie dell'intelletto, perviene a idee di totalità, all'idea di un "Primo", del creatore del mondo, del motore immobile, e così via. Kant non riesce del tutto a dirci qui in positivo cosa sia la ragione; ma ci ha dato una forte delimitazione del termine, dichiarando che la ragione non ha categorie proprie, ma è un modo di impiegare le categorie dell'intelletto ricavandone idee assolute.

Seguendo nel dettaglio l'argomento che impiega l'analogia con il sillogismo, si noti che quello che qualifica la ragione è il procedere regressivo, dall'esperienza condizionata e finita verso l'incondizionato e infinito: la ragione cerca il primo principio, non l'ultima conseguenza. Questo tema poi ritornerà.

Sezione Terza - Sistema delle idee trascendentali

▪ Pagina A 333 B 390: "Qui noi non abbiamo a che fare con una dialettica logica ..."

Le tre idee, l'anima, l'universo e Dio, vengono ora ricavate dai giudizi del terzo titolo della tavola (categorici, ipotetici, disgiuntivi): Kant stesso avverte che al lettore la cosa parrà strana. Si leggano i seguenti capoversi, testualmente non difficili, tenendo conto che una cosa è la cornice architettonica in cui Kant tenta di racchiudere tutto, un'altra cosa, ben altrimenti importante, è il principio per cui la ragione è un modo di usare le categorie dell'intelletto, non un sistema di concetti a se stante.

• Pagina A 336 B 393: "Di queste idee trascendentali non è propriamente possibile una deduzione oggettiva ..."

Il soggetto attraverso le idee legge il mondo degli oggetti proiettandovi, per così dire, la propria ambizione a che le cose siano assolutamente intellegibili, del che non ha alcuna garanzia. Ne segue che non è immaginabile una deduzione della legittimità delle idee simile a quella delle categorie: le idee non sono la forma dell'esperienza, ma il modo in cui il soggetto vorrebbe interpretate il mondo a misura di se stesso. La descrizione della relazione delle idee con la costituzione del soggetto, da cui provengono, quindi è possibile (ma niente di più).

• Pagina A 336 B 393: "Facilmente si vede che la ragion pura non ha altro scopo ..."

Ora il testo torna sul tema che la ragione cerchi i principi assoluti (e primi), non le conseguenze (ultime).

• Pagina A 337 B 394: "Infine, si scorge anche che tra le stesse idee trascendentali ..."

Ora il testo dice che la distinzione tra idee razionali e concetti intellettuali è un risultato acquisito dalla *Critica* rispetto alla consuetudine filosofica, che non possiede quella distinzione: storicamente questo è vero, questo modo di qualificare le idee nasce qui. Poi Kant, come sempre, si dichiara fiducioso anche riguardo alla completezza della ricerca.

• Pagina B 395 **nota**: "La metafisica ha lo scopo peculiare di indagare tre sole idee ..."

Si osservi nella nota che segue la persistenza dell'ideale della conservazione della religione come istituzione, per quanto ridotta a religione filosofica. La religione, con un atteggiamento che potremmo dire assieme idealistico e classista, è un'istituzione che serve a dare a tutti la poca filosofia che loro serve, però Kant a questo scopo non pensa a una riforma religiosa, ma alla conservazione della religione tradizionale a opera di sacerdoti fattisi più filosofi che in passato.

Libro Secondo - Dei raziocini dialettici della ragion pura

▪ Pagina A 338 B 396: "Si può dire che l'oggetto di un'idea meramente trascendentale ..."

Il testo ora torna al problema: cosa corrisponde effettivamente alle idee nel concreto della rappresentazione, dato che le idee non sono concetti alla maniera dell'intelletto (e perciò non avranno schema)?

▪ Pagina A 339 B 397: "Ora la realtà trascendentale (soggettiva) dei concetti razionali ..."

La risposta è che le idee alla fine si risolvono nei raziocini con cui le produciamo, processi non oggettivi, e tuttavia inevitabili per una ragione finita come quella umana, la quale continua a vedervi apparenza di necessità.

▪ Pagina A 339 B 397: "Di questi raziocini dialettici ve ne ha dunque solo tre specie ..."

Il capoverso finale è una ricapitolazione di tutto quanto seguirà, che vorrebbe valere da introduzione, ma ora probabilmente risulta incomprensibile al lettore.

Capitolo Primo - Dei paralogismi della ragion pura

▪ Pagina A 341 B 399: "Il paralogismo logico consiste nella falsità formale ..."

Comincia il lungo discorso sull'anima e sull'"io", che non è affatto la stessa cosa dell'anima. Il paralogismo qui detto logico appartiene al novero degli errori di logica generale, che sono di banale soluzione e fuori della discussione. Quello trascendentale si vedrà di seguito cosa sia.

▪ Pagina A 341 B 399: "Veniamo ora a un concetto ..."

Il problema ora è: data la rappresentazione "io" che è la funzione generale di ogni pensiero, cosa possiamo saperne a priori, trascurando tutta la dimensione empirica del senso interno? La scienza che determina (o meglio, pretende di determinare) l'io a priori è la scienza detta psicologia razionale, che la tradizione metafisica ha sempre tentato di svolgere.

La cultura del nostro presente ha conservato solo ciò che per Kant si dice psicologia empirica, che determina i fenomeni empirici della psiche (o senso interno), e che va distinta radicalmente dalla psicologia razionale. La distinzione non dovrebbe presentare alcuna difficoltà per il lettore. Un'avvertenza preliminare: il lettore di oggi sarà poco sensibile verso la lunga demolizione dei ragionamenti dei nostri antichi ("psicologi razionali") riguardo all'anima; ma noi questo testo lo dobbiamo leggere non tanto perché demolisce quei raziocini, ma perché facendolo ci dà una interpretazione di ciò che è da intendersi con la parola "io" che mette in difficoltà anche non poche nostre abitudini al riguardo.

▪ Pagina A 342 B 400: "Ora la dottrina razionale dell'anima è realmente ..."

Torna un tema che abbiamo visto nella Deduzione trascendentale: l'autocoscienza priva di determinazioni che accompagna ogni pensiero è da considerarsi al pari di una funzione logica generale, che mette in atto tutte le altre. Questa autocoscienza generale è da considerarsi non empirica, mentre empirici sono tutti gli stati d'animo contingenti. Potremmo dire: se pensare è funzione f(a,b,c), lo stato di coscienza "io penso" è dal lato della funzione f, non dei contenuti empirici a, b, c (mentre ogni tinta di stato d'animo è un contenuto empirico, e può essere oggetto della scienza empirica del senso interno).

▪ Pagina A 344 B 402: "Ma noi qui dovremo seguire semplicemente il filo conduttore delle categorie ..."

Ora vediamo come la tradizione metafisica ha dettagliato la scienza a priori dell'io penso, con l'avvertenza che le idee descritte e criticate nel seguito sono una sorta di tipo ideale della psicologia razionale, attestate con espressioni disparate nella trattatistica, e qui organizzate secondo il consueto metodo dell'analogia con le tavole dei giudizi e categorie, metodo che consente di presentarle come archetipi generali.

▪ Pagina A 344 B 402 **nota**: "Il lettore, che da queste espressioni nella loro astrattezza ..."

Vale, quanto alla comprensibilità del testo, l'avvertenza al lettore della seguente nota.

▪ Pagina A 345 B 403: "Ora a questo fanno capo quattro paralogismi di una psicologia trascendentale ..."

Il capoverso seguente, impressionante per il minimalismo della sottostante concezione dell'io (che qua potremmo chiamare l'ego), dato tutto quanto si è letto sinora appare perfettamente chiaro, né si saprebbe come esprimerlo diversamente.

▪ Pagina A 346 B 404: "Ma a prima vista deve pur sembrare strano che la condizione in cui in generale io penso ..."

Cominciamo ora a comprendere che l'idea metafisica dell'anima è un prodotto di quello stato di coscienza che ci rende manifesto l'io come funzione logica generale.

• Pagina A 347 B 405: "Se, a fondamento della nostra conoscenza razionale pura dell'essere pensante in generale, ci fosse più del *cogito* …"

La psicologia empirica qui accennata non è illecita, ma va mantenuta su un piano empirico che non è quello ora in discussione.

[A - Discussione dei Paralogismi della psicologia razionale nella prima edizione]

Primo Paralogismo: della Sostanzialità

• Passare ora alla discussione dei Paralogismi nella versione A, che probabilmente è in appendice all'edizione utilizzata.

Pagina A 348: "Ciò la cui rappresentazione è soggetto assoluto …"

In generale, la tesi di Kant nella discussione critica del primo paralogismo è: la categoria di sostanza, il concetto di ciò che è relativamente stabile sotto i mutamenti di forma, non ha applicazione se non al soggetto empirico, che il senso interno conosce dagli stati d'animo contingenti. La stabilità, sostanzialità, dell'io derivata dalla sua unità logica, o dal solo fatto che la coscienza ha una continuità nel tempo, è illusione, per quanto come ogni illusione trascendentale sia destinata a non estinguersi con la critica.

Ora viene enunciata la dimostrazione apparente della sostanzialità dell'io, che ovviamente non è la tesi di Kant, ma quella della ragione illusa da se stessa.

• Pagina A 349: "Ma, lungi dal potersi inferire queste proprietà dalla semplice categoria …"

Quanto all'ultima frase che abbiamo letto, probabilmente per la sensibilità del nostro tempo le cose non stanno come per Kant — che dice che della sostanzialità dell'anima non mi faccio nulla se non ne ricavo l'assicurazione che né nasco né muoio — perché l'ego, anche solo per vivere umanamente nel mondo, ha comunque bisogno che gli sia ricordato che "non è sostanza", cosa che ciascuno di noi crede fermamente d'essere. Leggendo così, è chiaro, diamo all'interpretazione di Kant un senso metaforico non filologico.

Secondo Paralogismo: della Semplicità

• Pagina A 351: "Quella cosa, il cui atto non può essere mai considerato …"

Quanto al secondo paralogismo, la posta in gioco è che dalla semplicità dell'anima se ne potrebbe ricavare la non corruttibilità.

• Pagina A 351: "Ogni sostanza composta è un aggregato di molte sostanze …"

Si noti si seguito la menzione di un esempio poi divenuto consueto per illustrare l'unità di date rappresentazioni quando essa non è equivalente alla somma dei componenti, e quindi spesso usato per introdurre la nozione di Gestalt: l'unità del verso poetico (simile all'unità della frase musicale).

• Pagina A 352: "Il cosiddetto *nervus probandi* di questo argomento …"

L'argomento generale della confutazione è che la semplicità è una funzione logica, che come tale non ha mai senso attribuirla in modo assoluto ad alcunché di reale come sua proprietà. Quindi la semplicità dell'Io come coscienza a cui ogni pensiero è riferito, il quale Io è semplice perché sono i contenuti intuitivi e i diversi pensieri che lo rendono molteplice, non ha nessun significato e nessuna conseguenza che se ne possa dedurre fuori della sfera del discorso logico.

• Pagina A 356: "Ognuno deve confessare che l'affermazione della natura semplice dell'anima …"

Ora si vede per quale posta in gioco siamo attratti dall'idea della semplicità sostanziale dell'Io.

• Pagina A 357: "Nell'estetica trascendentale noi abbiamo incontestabilmente dimostrato …"

Si noti qui di seguito l'osservazione sulla genesi dell'idea dell'anima: essa ha la sua origine nella consapevolezza facile e comunemente condivisa che non intuiamo mai le rappresentazioni del senso interno degli altri individui, ma le interpoliamo ed estrapoliamo dati i loro fenomeni esterni, proiettandovi i nostri stati d'animo: dunque la soggettività non la vediamo mai come una cosa tra le cose, e perciò perdiamo la cognizione della sua natura empirica.

• Pagina A 358: "Ma sebbene l'estensione, l'impenetrabilità, la composizione …"

Di seguito, con una prosa un po' complicata, il testo aggiunge: certamente i fenomeni interni sono eterogenei rispetto a quelli esterni, e ad essi non si può attribuire alcuna forma che presupponga la rappresentazione spaziale, così come reciprocamente ai fenomeni esterni non si può attribuire alcun carattere della vita psichica. Ma da questo non segue alcuna conseguenza al di là del fatto che i fenomeni interni ci appaiono con un loro carattere specifico.

• Pagina A 359: "Se la materia fosse cosa in sé, essa si distinguerebbe in tutto …"

Ora per rafforzare l'argomento la prospettiva sul problema viene rovesciata, notando che anche l'ipotesi metafisica che fenomeni diversi dall'uomo, e la materia in genere, abbiano rappresentazioni e pensino, non è illegittima, per quanto l'uso comune di considerare di fatto pensanti solo gli uomini ne attesti l'inutilità.

▪ Pagina A 360: "Ma, senza permettersi di queste ipotesi …"

I capoversi successivi rimarcano come, sotto qualunque prospettiva, non abbiamo altro che delle ipotesi logicamente ammissibili, che ci riportano sempre a dover constatare che non abbiamo nulla al di fuori della conoscenza empirica del soggetto nel senso interno.

Terzo Paralogismo: della Personalità

▪ Pagina A 361: "Ciò che ha coscienza dell'identità numerica di se stesso …"

Si osservi che sin qui le parole "persona" e "personalità" hanno avuto in tutto due occorrenze nel testo, e per accenno. Quindi giunto qui il lettore capisce la parola nel senso corrente, ma non sa esattamente cosa sia "una persona" per Kant, e deve ricavare il senso tecnico della parola proprio da quanto segue.

▪ Pagina A 361: "Se io voglio conoscere l'identità numerica di un oggetto esterno …"

Se voglio distinguere, in qualsiasi insieme di fenomeni esterni, ciò che posso considerare "la stessa cosa" nel tempo, devo fare osservazioni da cui ricavare un'esperienza coerente; così per esempio mentre vedo cuocere e imbrunire una pietanza giudico che c'è una stessa cosa "numericamente identica" che muta di aspetto, mentre se dalla finestra vedo fuori passare prima un pedone e poi un'automobile (oppure due automobili di colore diverso) giudico che si tratta di due cose disparate, non la stessa che si è trasformata. Il nucleo del discorso è che per le cose esterne l'identità "numerica" richiede lavoro di interpretazione dell'esperienza, mentre per me stesso non è così: io sono lo stesso di ieri e di un anno fa perché è uno stato di coscienza immediato che me ne informa, e quindi la mia "identità numerica" è una proposizione analitica.

▪ Pagina A 362: "L'identità della persona nella mia propria coscienza …"

Ma l'identità dell'Io non è altro che uno stato di coscienza mio, perché ogni osservatore esterno a me deve inferirla interpretando le mie manifestazioni esterne. In generale concediamo che un altro sperimenti in sé la stessa identità numerica che abbiamo in noi, però non vi è certezza (e potremmo aggiungere come esempio che talvolta una persona può mostrare una tale frattura nella memoria da suggerirci di considerarla quasi due persone diverse, prima e dopo un evento traumatico).

• Pagina A 363: "L'identità dunque delle coscienza di me stesso in tempi diversi ..."

La conclusione, come negli altri casi, è che nulla fuori della sfera logica si deduce dall'identità logica dell'Io.

• Pagina A 363 **nota**: "Una palla elastica che ne urta un'altra simile in linea retta ..."

La nota è una curiosità, in cui, come spesso accade, Kant si sbizzarrisce in un'ipotesi metafisica logicamente non contraddittoria, ma appositamente arbitraria e infondata. Introducendo l'ipotesi attraverso un'analogia con il pendolo di Newton, il testo descrive uno scenario in cui l'individuo A passa tutto il contenuto della memoria e della coscienza all'individuo B, e questo a C, e quindi C possiederebbe tutte la storia delle rappresentazioni di A+B+C. Kant considera: A, B e C rimarrebbero tuttavia persone diverse. Siccome su questo punto si potrebbe discutere, per divagare, domando ai lettori: morireste indifferenti, se poteste trasferire in modo simile tutto il contenuto della vostra coscienza a un'altra persona? Per meditare sul problema, si potrebbe prendere sul serio una storia a fumetti molto metafisica, "Paperino e il misterioso Mister Moster", del 1955[3], dove Paperino viene clonato da uno scienziato folle, e dove infine il racconto si risolve con la spietata distruzione del clone: annientamento che al pubblico di giovani lettori (non certo filosofi) a cui il racconto era destinato non appariva dunque né una crudeltà né un'uccisione, testimoniando così che la filosofia ingenua a prima vista considera inessenziale e insussistente la personalità del clone. Kant nella nota seguente conclude il contrario (e credo che ogni persona adulta concorderebbe, mentre la ragione infantile pensa prima di tutto a difendersi dal pericolo insito in una simile situazione).

• Pagina A 364: "Sebbene la proposizione di alcune antiche scuole ..."

La sintassi del primo periodo seguente non è chiara; espansa, essa intende dire: l'antica proposizione di Eraclito non vale in rapporto all'esperienza, perché in rapporto ad essa facciamo uso necessariamente del concetto di sostanza, ponendo il permanente; però l'unità dell'autocoscienza non è una confutazione del detto πάντα ῥεῖ sul piano metafisico assoluto. Il seguito torna

---

[3] https://disney-comics.fandom.com/it/wiki/Paperino_e_il_misterioso_Mister_Moster (visto nel Gennaio 2024).

sull'argomento precedente.

• Pagina A 365: "Ma è da notare che la personalità come anche il suo presupposto, la permanenza ..."

Di nuovo: l'identità logica dell'io non ha conseguenze fuori della sfera logica. Qui l'argomento, espresso con prosa contorta, è che la coscienza, la quale empiricamente ci mostra di non essere nemmeno continua (come dice l'accenno al fenomeno del sonno), non comporta logicamente in nessun modo l'identità della persona nei diversi tempi.

• Pagina A 365: "Con tutto ciò, come il concetto di sostanza e di semplice ..."

Ne segue che il concetto della persona — che ora sappiamo finalmente cos'è, ed è quello che si intende comunemente, cioè l'unità "numerica" dell'io empirico nei diversi tempi dell'esistenza dei singoli animali-uomini — è empirico, e la sua interpretazione idealizzata è solo un'assunzione indispensabile della sfera pratica. Ogni qualificazione teoretica che gli si aggiunga è tautologica.

Quarto Paralogismo: della Idealità (del rapporto esterno)

• Pagina A 366: "Ciò, la cui esistenza si può inferire soltanto come causa di percezioni date ..."

La prima parte della discussione del paralogismo tratta il tema della Confutazione dell'idealismo, già visto sopra da B 274 in avanti, dove però il testo è un'aggiunta della seconda edizione. Quindi il lettore della prima edizione incontrava a questo punto la Confutazione, che qui non presenta particolari difficoltà testuali (a differenza della riscrittura). Il tema è svolto qui, nei paralogismi, perché per poterlo iscrivere nella cornice architettonica Kant presenta il problema dell'idealismo come se fosse un'asserzione dell'anima che sillogizza e conclude "esisto solo io".

Come negli altri luoghi dove il tema è trattato, il lettore di oggi difficilmente si appassionerà a un simile problema proprio della cultura di quei secoli, che da Kant non viene né concepito né trattato storicamente, e quindi non viene discusso per le implicazione culturali e metaforiche che travalicano la nuda espressione del dubbio riguardo alla realtà delle cose esterne. Dopo la discussione del problema, che è l'occasione di un'ulteriore ricapitolazione dell'idea centrale della *Critica*, per cui noi non abbiamo altro che certe rappresentazioni necessarie nel nostro stato di coscienza e dobbiamo prendere atto di ciò che possiamo dedurne e ciò che non possiamo, Kant riduce il dubbio scettico a una raccomandazione alla cautela metodologica riguardo a ogni interpretazione dell'esperienza nella dimensione empirica: attestando, con questo atteggiamento che potremmo dire di avara concretezza ormai ottocentesca, di essere fuori della mentalità grandiosamente visionaria e drammatica dei secoli barocchi, capace di emozionarsi con il dubbio del solipsismo. Ma il testo non ci dà indicazioni per vedere il problema in una simile chiave culturale, e così difficilmente ci avvincerà, a meno che non siamo anime candide del genere del filosofo nel romanzo *Gita al faro* di Virginia Woolf, il quale si tormentava sì dubitando degli oggetti che aveva davanti, ma in un modo che riduceva a pratica pedantesca l'antico e sublime problema.

• Pagina A 374 **nota**: "Si noti bene questa proposizione paradossale, ma corretta ..."

La nota seguente a primissima vista sembra tautologica, ma invece è paradossale rispetto al senso comune, perché dice che nello spazio vi è la rappresentazione della cosa, ma non la cosa, un po' come l'immagine nello specchio. Non vi è comunque nulla di inaspettato.

• Pagina A 377: "L'idealista dogmatico sarebbe quello che nega ..."

A questo punto interviene la parte che per Kant è seria, quella relativa all'interpretazione dell'esperienza. Si osservi l'espressione per cui gli oggetti "che si dicono esterni" sono tali "perché appartengono a quel senso che diciamo senso esterno, la cui intuizione è lo spazio": allorché entra nel dettaglio delle questioni, Kant finisce sempre per approdare alla conclusione che la distinzione tra l'"interno" e l'"esterno" non è analizzabile oltre la distinzione intuitiva e immediata tra il tempo e lo spazio.

Considerazione sull'insieme della psicologia pura in conseguenza di questi paralogismi

• Pagina A 381: "Se noi paragoniamo la psicologia, come fisiologia del senso interno ..."

Questa considerazione esprime ora una sorta di filosofia di vita assolutamente agnostica riguardo ai problemi metafisici indecidibili (che poi ritornerà in discorso molte volte). L'agnosticismo, di qualità completamente diversa da quello popolare di sempre, per Kant è la chiave di una religiosa serietà del pensiero.

Il primo capoverso, introduttivo, richiama come, dell'esperienza esterna, la meccanica possegga una parte riducibile a geometria, e quindi conoscibile a priori, mentre nell'esperienza interna non vi è niente di simile, perché l'unità dell'io appartiene al lato intellettuale della forma della rappresentazione, e non ha in sé nessun molteplice intuitivo. Si osservi che così l'impossibile psicologia razionale, se non fosse impossibile, sarebbe una sorta di correlato della meccanica razionale.

• Pagina A 382: "Ma quantunque essa non abbia nessuna utilità come conoscenza ..."

Si entra nel tema: a cosa ci serve in questo caso il concetto della psicologia razionale, scienza vuota, e quindi in genere la Dialettica.

• Pagina A 383: "A che ci è necessaria una psicologia semplicemente fondata su principi razionali puri? ..."

Ora ci imbattiamo nell'ideale ingenuo che fa da sfondo a tutto il seguito: quello di ricostituire il *vir bonus* del tempo passato riconciliandolo con le forme di cultura dell'antico regime, ma armandolo di critica diffidenza verso tutto quel che gli è proposto di credere. L'agnosticismo metafisico diventa una sorta di filosofia della vita decente, e si tratta di un atteggiamento compromissorio con i valori del vecchio mondo, un atteggiamento che appartenne alla persona di Kant più che alla sua filosofia. Per fare riferimento alle righe qui immediatamente seguenti, il lettore di oggi sorriderà davanti all'espressione "pericolo del materialismo"; ma tolto il "pericolo", per Kant evidentemente di immoralità, resta che il materialismo è un'estensione del concetto di natura in una metafora completamente arbitraria, ed è una filosofia rozza: cosa niente affatto pacifica nemmeno nel nostro presente.

• Pagina A 384: "Ora io affermo che tutte le difficoltà ..."

Si osservi come la seguente osservazione sia coerente con l'impianto di tutta la *Critica*, che ne viene riassunto una volta di più. In formula, la metafisica nel senso tradizionale è quell'attività in cui "si fa un'ipostasi di ciò che esiste semplicemente nel pensiero, e lo si ammette, nella stessa qualità appunto, come un oggetto reale fuori del soggetto pensante". Questo periodo potrebbe essere il riepilogo più condensato ed esatto di tutta la *Critica*, ma espresso senza tutto il duro lavoro necessario per costruirne il senso nella chiave della critica kantiana suonerebbe come una superficiale interpretazione antropologica delle idealizzazioni che la cultura umana produce.

• Pagina A 390: "I due ultimi modi di spiegare il commercio dell'anima con la materia ..."

Nella seguente critica dell'atteggiamento oggettivistico del pensiero naturale e ordinario, la prosa confonde la ripetizione del pensiero di Kant con la descrizione del pensiero comune (che sostiene l'opposto), ma il senso è chiaro.

• Pagina A 393: "Da queste osservazioni sul commercio tra l'essere pensante ..."

Ora il testo si fa più scorrevole, venendo alla filosofia di vita programmatica di Kant, disdegnosa delle "scipite spiritosaggini" (*schaler Spott*) scettiche come dei "pii sospiri" (*fromme Seufzer*) nostalgici riguardo alla metafisica (e religione).

• Pagina A 396: "Noi fin qui siamo rimasti ancora in debito di una spiegazione chiara ..."

Terminata l'apostrofe di filosofia di vita, l'ultima parte della sezione è importante per la metodologia della Dialettica. In generale, si osservi come vi si mescolano il così vitale pensiero che gli oggetti idealizzati siano proiezioni come oggetti dell'attività della coscienza pensante, e le artificiose argomentazioni con cui Kant iscrive tutto nella cornice sistematica.

In generale, si noti che allorché Kant cerca di descrivere il procedere dialettico del pensiero, deve sempre ricorrere a paragoni psicologici e prossimi alla sfera empirica del desiderio; verso la fine della sezione, dirà che la trasformazione dell'unità logica della coscienza nel preteso oggetto "anima" conosciuto a priori, è "naturale e seducente". Cioè, le costruzioni metafisiche non sono semplicemente proiezione del desiderio, come vuole la critica illuminista di sempre, perché anzi sono equivoci logici; però l'equivoco avviene perché la soggettività umana ha una componente di desiderio, senza la quale non avvertirebbe i bisogni che tenta di soddisfare attraverso le idealizzazioni.

[B - Discussione dei Paralogismi della psicologia razionale nella seconda edizione]

Torniamo ora alla discussione dei Paralogismi nella versione B. Il testo della seconda edizione prosegue senza interruzione dal punto dove la prima si interrompeva e cominciava la lunga discussione dei paralogismi. La parte comune del testo finiva così (A 348 B 406): "Ora, poiché la proposizione «Io penso» (presa problematicamente) contiene la forma di ogni giudizio dell'intelletto in generale, e come loro veicolo accompagna tutte le categorie, è chiaro che i raziocini che vi si fondano possono dar luogo a un uso meramente trascendentale dell'intelletto, uso che esclude ogni mescolanza di esperienza, e del cui processo, in forza di quanto abbiamo sopra dimostrato, non possiamo farci in anticipo nessun concetto utile. Noi lo seguiremo con occhio critico per tutti i predicamenti della psicologia pura. Pure, per amor di brevità, faremo procedere il suo esame in una continuazione ininterrotta."

Continua il testo B, Pagina B 406: "Anzi tutto, la seguente osservazione generale può fermare meglio la nostra attenzione ..."

Si constata subito che senza la lettura dello svolgimento dei Paralogismi nella prima edizione le affermazioni seguenti sarebbero criptiche, perché ne sono ripetizioni più concise. Limito a molto poco i commenti, perché il testo, sebbene impegnativo, dovrebbe risultare chiaro da sé al lettore che è ormai entrato nello spirito del libro e ha seguito la Discussione dei Paralogismi nella versione più espansa, sicché i commenti sarebbero ripetitivi quanto il testo.

▪ Pagina B 414 **nota**: "La chiarezza non è, come dicono i logici, la coscienza d'una rappresentazione ..."

Per capire la nota seguente, che è forse più interessante del testo a cui si riferisce, si ricordi che spesso Kant mostra di non avere nessun senso del diritto come equilibrio prodotto della dialettica conflittuale tra gli uomini, e conserva l'idea giusnaturalistica del diritto esistente per sé (anche se nella pura ragione, non nella natura). Quello che importa notare, qui è che la filosofia di Kant nello sfondo ha dappertutto l'acquisizione che la nozione della chiarezza sia psicologica, non logica come vuole il razionalismo dell'età moderna (perché la chiarezza non è pertinente alla forma logica in quanto tale), e tuttavia questo mutamento di punto di vista su un concetto così cruciale lo troviamo solo accennato qua e là.

▪ Pagina B 415 **nota**: "Coloro che per mettersi sulla strada di una nuova possibilità ..."

L'altra nota è divertente per il modo con cui Kant si sbizzarrisce con ipotesi metafisiche svariate, con ironia verso chi è affezionato alle più ordinarie tra esse. Si noti che qui e nel capoverso che segue vi sono le uniche occorrenze in tutto il libro della parola "razionalista", *Rationalist*, in luogo del solito "dogmatico".

• Pagina B 431: "Ma questo non farebbe avanzare minimamente tutti i tentativi della psicologia razionale ..."

Nell'ultimo capoverso e nel seguito Kant intende dire: una fonte di principi puramente razionali l'abbiamo di fatto nella legge morale. Essa quindi "determina" l'esistenza del soggetto (cioè, prescrivendo come esso deve essere in un certo senso lo descrive anche), ma ciò che poi del soggetto si può sapere, e ciò che esso può fare, rimane confinato al mondo sensibile, quando anche prenda forma attraverso la legge morale.

Capitolo Secondo - L'antinomia della ragion pura

▪ Pagina A 405 B 432: "Nell'introduzione a questa parte della nostra opera ..."

Ora il lettore viene sfidato dall'interpretazione di Kant, inconsueta per il nostro tempo, per cui la nozione dell'universo fisico è ideale, e non è il concetto di un oggetto. Questa interpretazione è complementare all'atteggiamento della fisica classica, che almeno tendenzialmente si separava dalla metafisica e riconosceva il carattere ideale dei problemi della totalità delle cose, dell'infinito e così via, mentre è in totale contrasto con l'atteggiamento della fisica non classica del Novecento, la quale, andando oltre l'astrofisica con la sua fiduciosa restaurazione della scienza che qui nella *Critica* si chiama *cosmologia rationalis*, pronuncia disinvolti asserti su origini, età e limiti dell'universo fisico, e soprattutto si è riappropriata della componente metafisica, rendendosene conto o meno. Gli asserti cosmologici della fisica novecentesca ovviamente richiederebbero uno studio appropriato della catena argomentativa che conduce ad essi, e non possono giudicarsi genericamente. Il lettore potrebbe preliminarmente chiedersi (per riservarsi di rifletutervi in altri tempi): ma gli asserti sull'universo della fisica a noi contemporanea, descriveranno davvero l'oggetto "universo", o descrivono in realtà forse lo stato dell'arte della scienza fisica, rappresentato metaforicamente come un oggetto? Questo sarebbe un dubbio di spirito molto kantiano.

L'inizio del capitolo comincia con la consueta iscrizione dei concetti nella cornice dottrinale. Se anche il lettore troverà irrilevante la correlazione delle tre idee con le forme del giudizio nel terzo titolo della tavola, resta il fatto che le idee siano tre: anima, mondo e Dio; questo in se stesso probabilmente apparirà anche a noi qualcosa di naturale, di connaturato al problema. Le prime due idee sono infatti l'idealizzazione dei poli del dualismo tra l'Io e ciò che gli appare nella rappresentazione, la terza l'idealizzazione del principio della relazione tra tutte le cose, e così se non altro superficialmente penseremo anche noi che le idee fondamentali debbano poi essere quelle tre, e che non ve ne siano altre se non derivate, mantenendo qualcosa, un minimo, dell'architettonica di Kant. Il capoverso iniziale qui di seguito espande questa nozione nella cornice dottrinale della *Critica*, della quale il lettore si farà da sé l'opinione che gli parrà corretta.

Un'avvertenza terminologica ovvia e che non dovrebbe nemmeno servire: la parola *Welt*, anche se tradotta "mondo", è da leggersi sempre come "universo".

• Pagina A 406 B 433: "Ma è degno di nota che il paralogismo trascendentale ..."

Nella sezione relativa alla seconda idea, la ragione si trova in esplicito conflitto con se stessa, pronunciando asserti (una tesi e un'antitesi) che le paiono entrambi veri, mentre i paralogismi psicologici avevano carattere diverso, assertorio, per cui asserivano una tesi e ne escludevano l'antitesi. Cioè, mentre la ragione resta in dubbio su un problema come l'infinità dell'universo, e con argomenti diversi le pare fondato pensare che sia finito ma anche che sia infinito, la stessa ragione non si disturba a raziocinare le qualità dell'anima opposte a quelle asserite dai paralogismi.

• Pagina A 406 B 433: "Del tutto diversamente accade quando noi applichiamo la ragione ..."

La cosmologia porta al limite la sintesi con cui oggettiviamo i fenomeni esterni: questo processo tendente all'assoluto la definisce, e definisce anche l'idea dell'universo fisico.

• Pagina A 407 B 433: "Qui si presenta cioè un nuovo fenomeno della ragione umana ..."

L'antitetica intrinseca al processo di pensiero di fronte al concetto dell'universo fisico è una dimensione che nessuno aveva messo a fuoco come tale prima della *Critica*, per quanto gli uomini abbiano sempre sperimentato la difficoltà di decidere di problemi del genere se l'universo sia finito o infinito. Questa antitetica non ha nulla a che fare con la sofistica logica.

Sezione Prima - Sistema delle idee cosmologiche

• Pagina A 408 B 435: "Per poter enumerare queste idee secondo un principio ..."

Ora il testo ritorna sul tema che la ragione non ha categorie proprie, bensì compie un'operazione particolare con le categorie dell'intelletto, portandole al limite: è sempre da notare che quest'operazione viene indicata da Kant con similitudini diverse, qui nel seguito ad esempio dicendo che la ragione "libera" (*frei macht*) i concetti intellettuali, e il lettore è sfidato così a farsi un significato del termine "ragione" leggendo tutto lo svolgimento. Insisto su questo punto, perché la caratterizzazione della ragione come di una "facoltà" dell'animo, che secondo Kant è sufficiente a qualificarla, è basata sulla visione, pretesa sistematica e tradizionale (e nello sfondo psicologica), con cui Kant suddivideva l'Io quasi in un giardino zoologico di personaggi della commedia ben definiti (il sentimento, l'intelletto, la ragione, il genio e così via), sebbene nello sfondo avesse un senso profondo dell'unità del tutto, che fa il valore del suo pensiero. Così il lettore di oggi, se pure accetterà il dualismo tra l'intuire e il pensare come premessa significativa e imprescindibile, poi sarà perplesso della suddivisione nelle tante "facoltà", e di conseguenza non gli sarà facile dire cosa sia la "ragione" di Kant, sebbene sia chiarissimo cosa essa fa e come si manifesta.

• Pagina A 410 B 437: "Così si pensa necessariamente un tempo interamente trascorso …"

Le antinomie riguarderanno l'origine delle cose, non la fine, per la ragione generale esposta qui di seguito. Si tratta di una presa di posizione consona alla mentalità di Kant, ma non al lettore di oggi, al quale probabilmente verranno in mente, come problemi cosmologici, il secondo principio della termodinamica e l'ipotesi della morte fisica dell'universo.

• Pagina A 411 B 438: "Ora, per istituire secondo la tavola delle categorie la tavola delle idee …"

Le quattro antinomie vengono fatte corrispondere ai titoli della tavola delle categorie, e il seguente capoverso tratta di quella corrispondente alla quantità, che è l'antinomia relativa al problema se l'universo sia finito oppure no.

Per comodità, anticipo qui una tabella delle quattro antinomie:

	Tesi	Antitesi
1 (quantità)	L'universo ha limiti nel tempo e nello spazio	L'universo è infinito
2 (qualità)	Esiste l'atomo fisico, indivisibile	Tutto è infinitamente divisibile, e di ogni entità elementare potenzialmente si possono trovare ulteriori costituenti
3 (relazione)	Esiste la libertà, ed esistono eventi non causati nei nessi naturali	Il determinismo causale è assoluto
4 (modalità)	Esiste un ente necessario	Non esiste un ente necessario

Le tesi sono le proposizioni caratteristiche del razionalismo filosofico, le antitesi dell'empirismo: vedremo perché un poco alla volta, seguendo il testo.

• Pagina A 413 B 440: "In secondo luogo, la realtà nello spazio, cioè la materia ..."

Segue il titolo della qualità, poi gli altri. Si noti che qui la qualità viene messa in parallelo al problema dell'esistenza o meno dell'atomo fisico.

• Pagina A 414 B 441: "In terzo luogo, quanto alle categorie del rapporto reale tra i fenomeni ..."

Quanto al titolo delle categorie di relazione, a cui corrisponde, come vedremo, il problema del libero arbitrio, un ragionamento contorto pretende di dimostrarci che solo la categoria di causalità conduce ad antinomie (quelle di sostanza e azione reciproca, no). Nei due casi precedenti era dunque il titolo della tavola a corrispondere a un'antinomia, qui una delle categorie.

Chi legge e riflette sulle antinomie kantiane, si rende conto via via che il concetto di antinomia cosmologica è aperto a renderci conto di innumerevoli problemi di metodo della fisica, e che le antinomie cosmologiche non sono le quattro di Kant, ma sono imprevedibili e storicamente relative, e si presentano ovunque un'assunzione metodologica della fisica venga data per oggettiva in rapporto alla totalità assoluta dell'universo, dimenticandone la componente induttiva, arbitraria e convenzionale. Per esempio, ciò accade correntemente nelle discussioni sul principio dell'aumento dell'entropia. Così il testo kantiano dà al lettore di oggi uno strumento critico attraverso il concetto di antinomia, anche se è ovvio che non prenderemo sul serio l'idea che le antinomie siano definitivamente le quattro del testo, e che lo siano per le ragioni dichiarate dal testo.

• Pagina A 415 B 442: "In quarto luogo, i concetti del possibile, reale e necessario non conducono a una serie ..."

La quarta antinomia è connessa con la categoria della necessità dentro il quarto titolo, ed è l'antinomia relativa all'esistenza o meno di un principio necessario nell'universo, problema che Kant separa dalla trattazione dell'idea di Dio, per le ragioni che si vedranno leggendo.

• Pagina A 416 B 443: "Primieramente qui è da notare che l'idea della totalità assoluta ..."

"Esposizione" (*Exposition*), termine che appare qui di seguito, ricorre poche volte ed entra qui nel testo (travestito da termine tecnico) per rendere l'idea di una sorta di sguardo retrospettivo sui fenomeni. La parola tradotta con "esposizione" nell'Estetica era invece *Erörterung*; noto la differenza perché lì il senso del discorso era ben definito, qui è incerto, come tutto quanto è connesso con la definizione della ragione.

• Pagina A 416 B 443: "In secondo luogo, è propriamente soltanto l'incondizionato …"

Il senso del paragrafo seguente è: quando ci rappresentiamo l'esigenza dell'incondizionato dal lato dell'origine delle cose, ad esempio quando andiamo in cerca di una determinazione dell'inizio dell'universo, aggiungiamo qualcosa che all'intelletto è completamente estraneo, perché l'intelletto non contiene altro che le forme di relazione tra fenomeni finiti e dati nell'esperienza concreta.

I paragrafi successivi introducono distinzioni terminologiche ormai facili da correlare con il contesto del libro, che servono a Kant a pervenire alla nozione che il concetto dell'universo fisico e naturale è alcunché di ideale, contro quanto se ne pensa comunemente oggi e contro quanto se ne pensava anche allora.

Sezione Seconda - Antitetica della ragion pura

▪ Pagina A 421 B 449: "Un teorema dialettico della ragion pura deve dunque avere …"

Si osservi nel seguito la varietà terminologica con la quale Kant cerca di esprimere e descrivere la condizione dialettica della ragione, che da un lato si "illude" comunque con dati raziocini, dall'altro con la critica cessa d'essere "ingannata" dagli stessi raziocini. Sebbene il senso sia chiaro, ciò che Kant intende dire non gli è facile da esprimere con precisione di termini: nel decorso temporale della vita della ragione (che quindi necessariamente è la ragione di un essere umano finito) gli argomenti dialettici ora persuadono, ora si dissolvono quando sono fatti oggetto di critica, e non soltanto della critica nel senso specifico di Kant, ma in genere della critica in senso illuminista, quella che è esistita quantomeno dall'antichità in poi.

Primo Conflitto delle Idee Trascendentali

▪ Pagina A 426 B 454: "Tesi. Il mondo nel tempo ha un cominciamento …"

Le quattro tesi e le quattro antitesi sono proposizioni che, contrastanti tra loro, suonano tuttavia plausibili all'orecchio del lettore, mettendolo in conflitto con se stesso. Perché? Kant ci propone di attribuire la cosa alla struttura della soggettività pensante in quanto tale; noi potremmo chiederci quanto vi è di storico e di culturale in questi problemi, e il testo di Kant servirà quantomeno ad avviarci a meditare sulla domanda che ci facciamo. Quanto alle dimostrazioni delle tesi e delle antitesi, vanno lette tenendo a mente che il caso è particolare, e che queste dimostrazioni si devono guardare con occhio diverso dagli altri tentativi di dimostrazione assoluta delle tesi di Kant che abbiamo incontrato, e anche dalle dimostrazioni illegittime incontrate nel caso dei paralogismi psicologici. Infatti, date le premesse di Kant, queste dimostrazioni non possono essere altro che apparenti, però tutte persuasive; la teoria finale e complessiva riguardo alle antinomie è che esse sono insolubili, e che gli argomenti a favore delle tesi come delle antitesi continuano e continueranno a riproporsi suonando plausibili senza perciò essere davvero logicamente stringenti. Quindi non bisogna cadere nell'errore di leggere le dimostrazioni delle antinomie chiedendo a se stessi: perché a Kant questo argomento appariva assolutamente rigoroso? Questa domanda è lecita di fronte al testo, ad esempio, della Deduzione trascendentale, ma non qui, dove le dimostrazioni sono dichiaratamente dotate di apparente plausibilità, ma non realmente valide.

Nota alla prima Antinomia

▪ Pagina A 430 B 458: "Nota alla tesi. In questi argomenti tra loro in contrasto ..."

Venendo a commentare gli argomenti a pro delle tesi e delle antitesi, Kant precisa subito che le dimostrazioni non sono tali, e che sarebbero state disoneste se avessero preteso di essere conclusive. L'idea di fondo è che qualsiasi funzione logica espressa dalle categorie, aperta a determinare indefiniti argomenti, non ha altro uso effettivo che quello di determinare ambiti finiti dell'esperienza. Ma la necessità dell'uso delle categorie nell'oggettivazione dell'esperienza ci conduce a pensare che di esse si possa fare un uso anche assoluto. Così la necessità di organizzare ogni ambito di esperienza distinguendo in esso il tutto dalla parte ci conduce all'idea del tutto assoluto dell'esperienza, l'universo fisico, che poi, non appena tentiamo di determinarne le caratteristiche in modo meno generico, diventa evanescente.

▪ Pagina A 431 B 459: "II. Nota all'antitesi. La dimostrazione dell'infinità della serie cosmica ..."

Si osservi qui la saldatura e la coerenza tra l'interpretazione dello spazio come funzione del soggetto dell'Estetica trascendentale e l'interpretazione del problema dell'infinità dell'universo fisico.

Secondo Conflitto delle Idee Trascendentali

▪ Pagina A 434 B 462: "Tesi. Ogni sostanza composta nel mondo ..."

Il secondo conflitto è quello che riguarda il problema dell'atomo fisico, e dovrebbe essere superfluo avvertire che lo stato attuale della scienza ed i nostri concetti dell'atomo e delle particelle subatomiche non aggiungono e non tolgono nulla ai termini del problema razionale dell'atomo in senso assoluto, il problema dell'assolutamente semplice, del quale non sappiamo niente più del tempo di Kant (sebbene la cultura del Novecento, contraddicendo l'epistemologia relativista che affetta di professare, creda che la fisica contemporanea abbia raggiunto taluni risultati assoluti in questo ambito).

▪ Pagina A 434 B 462: "Dimostrazione ..."

La struttura dell'apparente argomento è: posso sempre "sopprimere" nel pensiero la composizione, e quindi definire elementi sostanziali semplici, perché ciò è implicito nell'organizzare l'esperienza come insieme di elementi stabili (permanenti) che hanno tra loro relazioni che possono mutare. Dunque, considerando le cose con astrazione da tutte le loro relazioni, non mi resterebbe in mano nulla, quando invece qualcosa deve esistere. Dunque, esiste il semplice.

▪ Pagina A 437 B 465: "La seconda proposizione dell'antitesi, che nel mondo non esiste niente di semplice ..."

Si osservi che ora il discorso prende dichiaratamente una piega trascendentale, e dice che dal punto di vista dell'oggettivazione empirica non ha mai senso ammettere il semplice assoluto: ogni concetto del semplice è relativo, e ammette l'ipotesi di ulteriori molteplicità interne ad esso.

▪ Pagina A 440 B 468: "Io, del resto, non parlo qui del semplice se non in quanto esso è necessariamente dato nel composto ..."

Si osservi nel seguito l'accenno al concetto fisico-chimico dell'atomo, che allora non era ancora giunto alla successiva sistemazione che, isolati come elementi l'ossigeno e l'idrogeno, si è poi sviluppata fino alla chimica che conosciamo oggi; ma Kant conosce e distingue accuratamente il concetto dell'atomo fisico da quello dell'atomo assoluto, metafisico.

Terzo Conflitto delle Idee Trascendentali

▪ Pagina A 444 B 472: "Tesi. La causalità secondo le leggi della natura ..."

A questo punto il lettore si imbatte nella discussione del problema del libero arbitrio, forse inaspettatamente. Avverto che più oltre nel testo tutte le quattro antinomie sono oggetto di ulteriore discussione, e che lì la discussione del libero arbitrio risulterà più chiara e ricca d'interesse rispetto a quella delle prossime pagine.

▪ Pagina A 447 B 475: "Noi non abbiamo dunque se non la natura, nella quale dobbiamo cercare il legame e l'ordine ..."

Anche in questo caso l'antitesi prende una piega trascendentale: la libertà non può esserci nell'oggettivazione del mondo di esperienza.

Quarto Conflitto delle Idee Trascendentali

▪ Pagina A 452 B 480: "Tesi. Nel mondo c'è qualcosa che, o come sua parte o come sua causa, è un essere assolutamente necessario ..."

La quarta antinomia non presenta particolari difficoltà testuali.

▪ Pagina A 458 B 486: "Contingente nel puro significato della categoria è ciò il cui opposto contraddittorio è possibile ..."

Leggendo il seguito, si tenga conto che le relazioni di logica formale sono atemporali.

Sezione Terza - Dell'interesse della ragione in questo suo conflitto

• Pagina A 462 B 490: "Ora noi possediamo tutto il gioco dialettico delle idee cosmologiche …"

Da qui comincia un lungo cammino, pieno di ripetizioni e ricapitolazioni dei temi noti, con cui Kant argomenta quello che dobbiamo alla fine pensare delle antinomie per metterci in pace con esse: il lettore facilmente immaginerà che la chiave della soluzione sarà ancora la distinzione tra cose in sé e fenomeni, e che questa consentirà alle tesi di convivere con le antitesi, una volta precisato il senso di entrambi i punti di vista.

Il centro di interesse di questa prima sezione, che non è difficile testualmente, è la correlazione della dicotomia tradizionale tra dogmatismo razionalista ed empirismo con le tesi e le antitesi delle antinomie. Come ci aspettiamo, il testo comincia mostrando certezza indiscussa quanto all'enumerazione delle antinomie e alla loro connessione con l'architettura della *Critica*.

• Pagina A 462 B 490: "Noi abbiamo rappresentato le splendide pretese della ragione …"

Quanto a noi lettori del nostro tempo, certamente trascureremo l'aspetto di simmetria architettonica, ma non perciò getteremo via la lezione di metodo intrinseca al fatto di ridurre le antinomie al loro scheletro logico. Ciò che viene osservato nel testo qui di seguito corrisponde a quanto abbiamo sperimentato nelle pagine precedenti, dove le idee dell'anima e dell'universo sono state ridotte a strutture logiche e spogliate di tutte le innumerevoli connotazioni empiriche e ambiguità con cui esse sono entrate nella coscienza di ciascuno di noi.

• Pagina A 472 B 500: "Quanto infine al terzo momento …"

Secondo Kant, di fronte al dilemma tra razionalismo ed empirismo, la filosofia popolare è sempre per istinto di natura dogmatica e razionalista. Effettivamente, che così accada è qualcosa di cui abbiamo conferma tutti i giorni: la ragione che si risveglia e si mette in attività ha piuttosto fiducia nei propri raziocini che non spirito critico.

Sezione Quarta - Dei problemi trascendentali della ragion pura in quanto devono assolutamente poter essere risoluti

• Pagina A 476 B 504: "Voler risolvere tutti i problemi …"

Questa sezione esprime un programma per il seguito della ricerca, in termini non inaspettati.

• Pagina A 478 B 506: "Ma nella filosofia trascendentale non ci sono se non le sole questioni cosmologiche ..."

Le antinomie cosmologiche sono in una posizione particolare, perché sotto di loro vi è non una pura idea proiettata dalla forma logica della soggettività, come sono l'anima e Dio, ma il mondo di esperienza con i suoi caratteri empirici, esteso nell'idea dell'universo.

• Pagina A 480 B 508: "Né è cosa tanto straordinaria quanto pare a principio ..."

Per chi volesse approfondire, l'accenno al numero π nel seguito riguarda il problema oggi espresso dicendo che questo numero è "irrazionale trascendente" e non "algebrico".

Sezione Quinta - Rappresentazione scettica delle questioni cosmologiche attraverso tutte le quattro idee trascendentali

• Pagina A 485 B 513: "Noi ci asterremmo volentieri dall'esigenza ..."

Altra sezione preparatoria, ripetitiva.

Sezione Sesta - L'idealismo trascendentale come chiave della soluzione della dialettica cosmologica

• Pagina A 490 B 518: "Noi abbiamo dimostrato sufficientemente nell'Estetica trascendentale ..."

Una ricapitolazione dei temi di fondo qui vale come passo del cammino verso la soluzione.

• Pagina A 491 B 520: "Il nostro idealismo trascendentale, al contrario, ammette ..."

Qui si riprende il tema della confutazione dell'idealismo, e la brevità di questa ricapitolazione ha il pregio di evidenziare come l'argomento (della pretesa dimostrazione della confutazione da parte di Kant) consista nell'identificazione di ciò che diciamo reale con ciò che è contingente nei nostri stati di coscienza: ragion per cui tutto ciò che ci appare in quanto tale è reale, e la differenza tra sogno e verità riguarda il modo dell'oggettivazione dell'esperienza.

Sezione Settima - Soluzione critica del conflitto cosmologico della ragione con se stessa

• Pagina A 497 B 525: "Tutta l'antinomia della ragion pura poggia sull'argomento ..."

L'ulteriore passo avanti comincia a prospettare la soluzione: le tesi delle antinomie riguardano la cosa in sé, le antitesi il mondo fenomenico. La prosa di questa sezione è congegnata in modo da fare emergere questa distinzione poco a poco persuadendo il lettore della sua inesorabilità; tuttavia, conviene conoscere tale distinzione risolutiva sin dall'inizio per risparmiare la fatica di decodificare il testo.

• Pagina A 498 B 526: "Poi, se tanto il condizionato quanto la sua condizione sono cose in sé ..."

Si osservi qui la singolarità del ragionamento sulla ipotetica determinazione puramente intellettuale della cosa in sé. Un tema ricorrente nel libro, e che qui si vede in opera, è che la cosa in sé non è né spaziale né temporale, ma è soggetta alle condizioni della logica generale. Volendo fare l'esercizio anacronistico di disputare con Kant, si potrebbe obiettargli: e perché deve essere così? Le leggi delle logica ci sono note come stato di coscienza necessario non diversamente da quelle della geometria, e quindi la cosa in sé potrebbe essere soggetta ad un'altra logica, per quanto ne sappiamo. Ma su questo punto Kant mantiene sempre nello sfondo la convinzione metafisica che la cosa in sé sia soggetta alla logica generale, senza porsene il problema.

Sezione Ottava - Principio regolativo della ragion pura rispetto alle idee cosmologiche

• Pagina A 508 B 536: "Poiché un massimo della serie di condizioni in un mondo sensibile ..."

Per l'interpretazione di questa sezione, si ricordi che l'espressione che la ragione non dà "principi costitutivi" dei fenomeni, cioè non ci dà la struttura potenziale degli oggetti empirici, ma ci dà principi "regolativi" che vincolano solo la ricerca dell'intelletto, non nasce qui, ma è presupposta sin dall'inizio dalla Dialettica trascendentale. Così, se la ragione prescrive di procedere all'infinito nella ricerca empirica, ciò non descrive nessuna proprietà dell'oggetto empirico, ma ci vieta di arrestarci a un preteso inizio empirico delle cose, perché questo sarebbe completamente arbitrario.

L'analisi qui svolta, secondo Kant, ha un precedente approssimativo nella distinzione linguistica tra "infinito" e "indefinito", attestata storicamente.

Sezione Nona - Dell'uso empirico del principio regolativo della ragione rispetto a tutte le idee cosmologiche

• Pagina A 515 B 543: "Poiché non si dà, come più volte abbiamo mostrato, un uso trascendentale ..."

Finalmente l'ultima sezione dell'argomentazione perviene al principio generale, nel seguito applicato alle quattro antinomie separatamente. Kant ci prospetta che, poiché la forma della soggettività consta di funzioni logiche e matematiche aperte a indefiniti argomenti, le antinomie connesse con l'idea del tutto degli oggetti empirici rimangono aperte. Se riconosce la plausibilità del ragionare di Kant, il lettore di oggi ne è necessariamente messo in difficoltà, perché d'altra parte sa che la fisica contemporanea sostiene di avere soluzioni proprio per le prime antinomie, e di conoscere la durata complessiva e l'estensione dell'universo. Come fa la fisica del nostro tempo ad avere risposte determinate a questi problemi? Come procede per costruirle? Simili quesiti ovviamente non possono avere risposta leggendo Kant.

I - Soluzione dell'idea cosmologica della totalità della riunione dei fenomeni in un universo

▪ Pagina A 517 B 545: "Così, qui come nelle rimanenti questioni cosmologiche ..."

La soluzione della prima antinomia non sorprende, dato quanto argomentato sinora. Il lettore deve riflettere da sé se sia valsa la pena, da parte di Kant, di spendere il tanto prolisso fiume di parole con cui è pervenuto al risultato che la questione dell'origine dell'universo è indecidibile (dato il carattere di funzione logica aperta a indefiniti argomenti della categoria di totalità) e che la regola del regresso indefinito nella ricerca è necessaria data l'impossibilità di fissare l'inizio assoluto. Il risultato è pienamente coerente con l'Analitica trascendentale, che lo contiene *in nuce*, ma non lo esprime letteralmente: dopo la lettura della Dialettica, cosa ne pensiamo di maggiormente determinato?

▪ Pagina A 522 B 551: "Non perciò è prescritto un determinato regresso empirico ..."

Si noti qui l'accenno all'ipotesi astrofisica, non cosmologica, di una prima stella unica all'origine delle altre, accennata con l'espressione "Sole estremo", *äußerste Sonne*. Il senso del testo è che se anche si trovassero ragioni empiricamente plausibili per ammettere una prima entità fisica da cui discende il cosmo osservato, ciò non potrebbe essere eguagliato a un inizio assoluto dell'universo rigorosamente inteso come totalità ideale del mondo di esperienza.

II - Soluzione dell'idea cosmologica della totalità della divisione d'un tutto dato in un'intuizione

- Pagina A 523 B 551: "Se io divido un tutto che sia dato nell'intuizione ..."

Anche la seconda antinomia è di facile soluzione, data la concezione delle categorie dell'Analitica.

- Pagina A 525 B 553: "Sembra però che, dovendo un corpo, in quanto sostanza, essere rappresentato nello spazio ..."

Qui Kant concede che chi non avesse assimilato la concezione della categoria di sostanza dell'Analitica, dovrebbe ammettere l'atomo fisico come elemento sostanziale. L'argomento al riguardo non è sorprendente, però introduce una variazione di tono ripetendo una volta di più l'interpretazione della categoria di sostanza, per cui nulla è sostanziale in senso assoluto, ma noi cerchiamo sempre il permanente relativo per costituire l'esperienza; è da notare che Kant, per cercare di connotare la teoria in termini un po' diversi, qui fa uso di una parola non consueta nel testo, "immagine", *Bild*, che qui vale come sinonimo di "fenomeno".

- Pagina A 526 B 554: "Ora, benché questa regola del processo all'infinito ..."

Segue un cenno finale interessante epistemologicamente, ma che presuppone la discussione del Giudizio teleologico che diverrà esplicita nella *Critica del Giudizio*, quindi qui risulta difficile da capire; né è possibile darne una spiegazione succinta, perché si pretenderebbe di ricapitolare tutta la teoria critica riguardo alle nostre assunzioni sulla natura vivente che fu svolta da Kant successivamente. L'idea di fondo, comunque, è che ad esempio a un animale vivo conferiamo uno status di individualità privilegiato rispetto alle parti di cui si compone, e quindi vi intravediamo qualcosa di sostanziale in senso assoluto, corrispondente a una classificazione che si sembra non completamente arbitraria.

Osservazione finale sulla soluzione delle idee matematico-trascendentali e avvertenza preliminare per la soluzione delle idee dinamico-trascendentali

- Pagina A 528 B 556: "Quando noi abbiamo rappresentato in una tavola l'antinomia ..."

Quanto segue prepara e anticipa quanto svolto nel successivo punto III, sulla causalità e il libero arbitrio, quindi alla prima lettura difficilmente può avere senso.

III - *Soluzione delle idee cosmologiche della totalità della derivazione degli avvenimenti cosmici dalle loro cause*

▪ Pagina A 532 B 560: "Non si può pensare se non una duplice specie di causalità ..."

Come anticipato dalle pagine immediatamente precedenti, l'idea di fondo qui è che le tesi del determinismo e dell'indeterminismo, della natura e della libertà, possono essere concepite come entrambe vere. Per dare un'idea in parole molto povere dell'argomento che verrà svolto, potremmo dire così: supponiamo che un uomo si costruisca un riparo di pietra dagli elementi, diciamo una specie di piramide. Egli dispone le pietre in un ordine in cui esse non verrebbero mai a trovarsi sotto l'azione degli agenti naturali, e per il quale è necessaria la rappresentazione del progetto della costruzione; tuttavia, la costruzione può avvenire soltanto nel rispetto delle leggi della natura, cioè delle proprietà del materiale usato e della gravità: il costruttore non può pretendere né che il tetto del suo riparo stia sopra la sua testa senza sostegni, né di riuscire a costruirlo usando materiali non sufficientemente rigidi e robusti e così via. Quindi, la causalità della rappresentazione del progetto convive con la causalità naturale, e dire che l'oggetto costruito esiste con date proprietà perché è stato voluto da un uomo, ed esiste con quelle stesse proprietà perché le parti che lo compongono hanno certe caratteristiche fisiche, sono proposizioni entrambe vere. L'esempio non è da prendere alla lettera, non descrive davvero l'argomento di Kant, perché la causalità delle rappresentazioni del soggetto umano che vuole e costruisce qualcosa è essa stessa parte della natura, è fenomeno empirico non diversamente dai fenomeni esterni. Però, l'esempio vale da analogia per l'argomento qui svolto quanto all'antinomia della libertà, perché la tesi di Kant è che qualcosa di analogo alla rappresentazione soggettiva, ma esterno alla natura, che si chiama libertà, è concepibile come agente sullo stato delle cose del mondo in maniera concorrente alla causalità naturale, e con essa compatibile.

Consiglio: il lettore intraprenda la lettura nello spirito più spregiudicato che gli riesce di avere, e non la cominci pensando che la causalità esterna al mondo empirico di cui qui si parla sia inesorabilmente dannata dalla nostra contemporanea perfetta digestione del frutto della sapienza. Si noterà dal tenore del testo che anche Kant sa benissimo che sta mettendo in piedi qualcosa che all'inizio suona arbitrario e inverosimile (anche a lui stesso), sebbene egli sia poi più che persuaso del suo ragionamento. Si legga tenendo conto che il punto di vista di Kant riguardo al mondo fenomenico è quello rigorosamente determinista, sicché egli perviene a dire: non esistono fenomeni che contraddicono la causalità pensata dall'intelletto, non si possono incontrare nell'esperienza atti da giudicare prodotti dalla libertà, ma la libertà può egualmente essere una realtà.

• Pagina A 533 B 561: "Al contrario, per libertà nel senso cosmologico intendo …"

L'aspetto teoretico della questione della libertà risiede nell'impossibilità di determinare una serie infinita delle cause.

• Pagina A 533 B 561: "È soprattutto degno di nota che su questa idea trascendentale della libertà …"

Come sempre, il punto di partenza dell'argomentazione è la condizione di fatto in ci troviamo, storicamente e come uomini. Così, se un presupposto importante dell'Estetica e Analitica trascendentali era il fatto della scienza fisica nell'età moderna, qui il presupposto è l'esperienza della libertà nelle decisioni, presa come dato di fatto del senso comune prima di speculare sulla sua possibilità metafisica. Cioè, quando è in gioco una decisione importante che dobbiamo prendere, noi sperimentiamo uno stato di coscienza in cui appariamo a noi stessi liberi di prendere il partito che nel nostro giudizio è quello giusto e razionale, e il pensiero che il nostro agire sia completamente determinato nel corso dello svolgersi della vicenda universale non ci soccorre e non serve a nulla per dispensarci dal decidere liberamente nel modo giusto o in quello ingiusto, con coraggio o con viltà. Questo è premesso, o alluso, per mezzo dei termini scolastici qui di seguito riguardo all'arbitrio.

• Pagina A 535 B 563: "Se i fenomeni fossero cose in sé, e quindi lo spazio e il tempo …"

Si ricordi che quando ci troviamo davanti all'espressione "se i fenomeni fossero cose in sé" o altra equivalente (varianti di questa espressione occorrono ovunque nel testo), la conseguenza ovvia per Kant è che in quel caso non avremmo un'interpretazione delle cose conseguente a un percorso di oggettivazione empirica tra gli innumerevoli che sono possibili, e quindi non avremmo una molteplicità di interpretazioni e di punti di vista, ma avremmo la descrizione delle cose nell'unico modo possibile, e quindi di valore assoluto. Nel contesto del presente problema, ciò comporterebbe che l'antinomia sarebbe insolubile.

A margine, osservo qui (ma l'osservazione potrebbe cadere altrove, non è legata a questo passo in particolare) che via via che ci si impadronisce del testo, la polarità tra cosa in sé e fenomeno perde sempre di più le connotazioni che le si associano a prima vista, e viene sostituita dalla polarità tra l'ideale della descrizione univoca e assoluta delle cose, e la realtà empirica ed esistenziale della molteplicità infinita dei processi di oggettivazione, tutti di valore relativo. La metafora iniziale, per cui la cosa in sé sarebbe la realtà in senso pieno, e il fenomeno ne sarebbe la rappresentazione, cioè qualcosa di simile al teatro o alla visione dalla caverna platonica, perde di importanza e finisce nello sfondo.

Possibilità della causalità per la libertà in accordo con le leggi universali della necessità naturale

• Pagina A 538 B 566: "Dico intelligibile, in un oggetto dei sensi …"

Il discorso ora fluisce con chiarezza, sulla base della nozione dell'idealità dal tempo, ma per svolgere l'argomento Kant è costretto a usare come termine tecnico la parola "carattere", che è da intendersi nel senso usuale.

Spiegazione dell'idea cosmologica di libertà in rapporto con la necessità universale della natura

• Pagina A 542 B 570: "Ho creduto opportuno cominciare con uno schizzo …"

Per seguire l'argomento, si tenga a mente l'analogia con la causalità attraverso rappresentazioni che abbiamo usato a titolo di introduzione a questo tema kantiano.

• Pagina A 544 B 572: "Ma è anche perciò necessario che, se gli effetti sono fenomeni …"

A prescindere dalla contestualizzazione storica, e rimanendo nello spirito del tempo di Kant, il lettore qui potrebbe obiettare: e quale può essere mai lo schema di questa causalità extrafenomenica? Non potendo esserci schema, cosa significano le parole che la descrivono come una possibilità? Ma come possano avere senso le parole di questo discorso, è il problema che Kant non si pone mai, per la persistenza delle sue idee pregiudiziali sul linguaggio filosofico e la sua capacità di riferimento esatto a strutture logiche.

• Pagina A 547 B 575: "Ora, che questa ragione abbia una causalità …"

L'argomento dei capoversi qui attorno presuppone la *Critica della Ragion Pratica*, su cui come già detto lasciamo che il lettore si documenti da sé. Nel capoverso precedente ciò che "non può in alcun modo essere attribuito alla recettività del senso" è il "fatto della ragione" della legge morale.

• Pagina A 549 B 577: "Sicché ciascun uomo ha un carattere empirico del suo arbitrio ..."

Nei capoversi che seguono troviamo l'asserzione dell'assoluto determinismo quanto al mondo fenomenico: l'argomentazione dell'Analitica trascendentale non può condurre ad altro esito che questo. Probabilmente la precisazione è superflua, ma osservo che quando anche l'oggettivazione di dati ordini di fenomeni della natura avvenga attraverso strumenti statistici e probabilistici, anziché con il semplice schema della relazione causale esatta, ciò nel quadro della visione di Kant non può avere alcun significato metafisico (i lettori che vogliono, qui hanno l'opportunità di riflettere sulla sensatezza delle conseguenze riguardo al libero arbitrio che si pretendono comunemente di trarre dal principio di incertezza di Heisenberg).

• Pagina A 551 B 579: "Ora, posto che si possa dire che la ragione abbia una causalità ..."

Quindi, nel mondo fenomenico temporale non può esserci e non ha senso ricercare un evento non determinato: se esistesse una causalità della ragione sui fenomeni, questa sarebbe un qualcosa che dà forma al mondo fenomenico da fuori di esso.

• Pagina A 551 B 579 **nota**: "La vera moralità delle azioni (merito e colpa), perfino quella stessa della nostra propria condotta ..."

Se anche la teoria della causalità della ragione si voglia intendere soltanto come un gioco del pensiero, come probabilmente accadrà al lettore di oggi, si noti che la sua conseguenza espressa in questa nota merita che vi si rifletta: è impossibile giudicare della "vera moralità" delle azioni. La massima di non giudicare esce rafforzata oltre l'aspettativa del lettore.

• Pagina A 554 B 582: "Per spiegare il principio regolativo della ragione con un esempio ..."

Da qui in avanti si può notare una crescente contorsione terminologica e sintattica per cercare di dimostrare ciò che Kant qui in parte descrive, in parte ipotizza.

IV - Soluzione dell'idea cosmologica della totalità della dipendenza dei fenomeni, rispetto alla loro esistenza in generale

▪ Pagina A 559 B 587: "Nel precedente numero considerammo i cangiamenti del mondo ..."

Probabilmente il lettore si è già accorto sopra, nella trattazione della quarta antinomia, che il testo qui soffre in modo particolare l'esigenza architettonica che, come sappiamo, era cara a Kant non perché fosse una sua preferenza di gusto, ma perché stanti i suoi presupposti credeva di poter dedurre la teoria critica in modo completo ed esaustivo. Nella quarta antinomia il problema dell'esistenza dell'assolutamente necessario non corrisponde a un problema noto e tipicamente dibattuto dalla tradizione filosofica, a differenza delle altre tre antinomie (infinità, atomo, libertà), e nemmeno corrisponde (come potrebbe sembrare a prima vista) al problema tradizionale di Dio, ovvero dell'Ideale della Ragion Pura, trattato di seguito. Semplicemente, il problema dell'ente necessario chiude l'enumerazione metodica ricavata dalla tavola dei giudizi e categorie, e rimarca il carattere fenomenico del mondo empirico, le cui proprietà sono quelle delle funzioni logiche mediante cui lo pensiamo. L'argomentazione sfrutta quella della terza antinomia, e così per una volta l'esposizione è breve. Inoltre, l'antinomia è di facile soluzione data la concezione delle categorie modali che abbiamo visto nell'Analitica dei Principi, per cui esse non esprimono niente più che la relazione di una proposizione con il contesto delle conoscenze del soggetto che la pronuncia.

Osservazione finale intorno a tutta l'antinomia della ragion pura

▪ Pagina A 565 B 593: "Finché coi nostri concetti razionali abbiamo ad oggetto ..."

Anche se il problema della quarta antinomia non corrisponde al problema tradizionale di Dio, al lettore è chiaro che il problema dell'essere necessario sarà pur in relazione con quello di Dio. E così è, come leggiamo in questa osservazione finale, che introduce il capitolo successivo rimarcando l'unità di fondo del procedimento della ragione, unità sottostante a tutte le sue specificazioni nelle diverse idee e antinomie.

Capitolo Terzo - L'Ideale della ragion pura

Sezione Prima - Dell'Ideale in generale

- Pagina A 567 B 595: "Abbiamo visto sopra che mediante i concetti puri dell'intelletto ..."

La discussione riguardo al concetto di Dio si apre puntualizzando un aspetto che al lettore sembra di dettaglio, e cioè che ciò che associamo a questa parola non è propriamente "un'idea", ma un "Ideale", anzi l'Ideale supremo della ragione. E un Ideale come un'idea è un prodotto assoluto della ragione, però è rappresentato in individuo, pur non potendo essere ovviamente intuizione. Questa caratterizzazione (di interesse ovviamente relativo e storico per il lettore di oggi) per Kant rappresenta un problema aperto, perché la distinzione tra Ideale e idea si prospetta artificiosa, e avrà un'evoluzione nella *Critica del Giudizio*. Comunque, per seguire il testo, si consideri che Kant qui affronta questa distinzione come premessa per venire poi a descrivere il concetto di Dio dal punto di vista critico.

- Pagina A 570 B 598: "Così è dell'Ideale della ragione, che deve sempre essere fondato su concetti determinati ..."

Il capoverso seguente prosegue la polemica, che chiude il precedente, contro la rappresentazione metaforica del razionale con un'osservazione intellettualistica e antiromantica contro la rappresentazione metaforica dell'ideale nelle immagini; ma si tratta di un atteggiamento che la *Critica del Giudizio* lascerà alle spalle, e al qui quale corrisponde un linguaggio incerto, che invoca come termine tecnico una nozione di "monogramma" alla quale è difficile assegnare un senso preciso. Ciò che Kant vorrebbe argomentare, è che l'Ideale è una rappresentazione di alcunché di individuo, tuttavia puramente logica, senza perciò ridursi a una rappresentazione intuitiva di valore simbolico, quale è invece il Dio padre, o il padre degli dei.

Sezione Seconda - Dell'Ideale trascendentale (Prototypon trascendentale)

- Pagina A 571 B 599: "Ogni concetto è indeterminato rispetto a ciò che non è contenuto in esso ..."

Il Dio delle religioni monoteiste come della metafisica razionalista è una rappresentazione creata dal procedere logico della ragione, e nella quale alla fine non vi è nulla più dell'unità logica della coscienza, nella quale ogni contenuto è in relazione almeno potenziale con ogni altro. Questa sezione ora descrive il processo per cui il pensare logicamente crea la rappresentazione dell'idea del tutto assoluto come una cosa individuata, detta Ideale; e perciò la sezione precedente ha introdotto come premessa la definizione dell'Ideale. Non serve specificare che questo processo è l'archetipo astratto di ciò che storicamente e concretamente è attestato prima di tutto nelle costruzioni delle religioni monoteiste e dei filosofi razionalisti, ma anche nella cultura umana in genere, come Kant osserverà esplicitamente. L'argomentazione è intensa e un po' difficile testualmente, ma affascinante per l'ingegnosità e fondamentale per il seguito.

Il primo capoverso apre l'argomentazione con una considerazione elementare: dato un concetto A e una possibile nota B, ad A si dovrà attribuire o B o non B.

▪ Pagina A 571 B 599: "Ma ogni cosa, per la sua possibilità, sottostà ancora al principio della determinazione completa …"

Il successivo capoverso aggiunge che per quanto riguarda qualsiasi cosa reale, c'è un requisito logico ulteriore: che ad ogni cosa si deve (idealmente) poter decidere se ogni predicato possibile le deva essere attribuito oppure no. Kant manca di premettere ciò che è ovvio dato il contesto del libro, ovvero che ciò avviene perché per ogni contenuto della coscienza, che è una, è sempre concepibile una catena di relazioni che lo colleghi ad ogni altro. Dunque tutte le cose sono correlate, e già cominciamo a capire che così l'unità della coscienza viene proiettata su una cosa che pone in relazione tutte le altre, che sarà l'Ideale della ragione.

La lettura del prossimo capoverso è resa difficile dall'utilizzo allusivo della terminologia che qui viene impiegata da Kant per esprimere il processo per cui ciò che è in noi come forma soggettiva viene trasformato in una cosa, in una prospettiva oggettivistica. Così l'unità della coscienza dà luogo alla rappresentazione delle cose come un'unità assoluta che le contiene tutte in potenza.

▪ Pagina A 573 B 601: "La proposizione: ogni esistente è completamente determinato …"

Ora il principio della determinabilità completa di ogni cosa esistente è ripreso nel consueto tono kantiano, e dichiarato di carattere puramente ideale.

▪ Pagina A 573 B 601: "Ora, riguardo a questa idea dell'insieme di ogni possibilità …"

Ora dice: il concetto dell'insieme di tutte le cose possibili si depura di ogni predicato determinato, perché ogni predicato gli è inadeguato: questo corrisponde al processo storicamente attestato delle religioni monoteiste, che pervengono all'ineffabilità di Dio. E aggiunge: poiché quest'idea nasce da quella dell'insieme delle cose possibili, e questa è l'idea di un oggetto, la depurazione da tutti i predicati determinati conduce a una rappresentazione che non è solo un concetto (una funzione logica), ma vuole essere la rappresentazione di un ente individuale, l'Ideale.

▪ Pagina A 574 B 602: "Se noi esaminiamo tutti i predicati possibili, non solo logicamente ..."

Ora fa una premessa per il seguito osservando che la negazione come funzione logica ha una posizione diversa in rapporto al contesto. Dal punto di vista della logica formale il "non" è solo l'operatore che rimuove un contenuto, e non crea significati distinti. Se "A" significa qualcosa, "non A" non significa altro che la rimozione di A. Invece, dal punto di vista trascendentale, ovvero metafisico-oggettivistico, la negazione ha un significato indipendente: secondo il testo, la negazione significa "la soppressione di ogni cosa" come se questa "soppressione" fosse alcunché di analogo a un ente. Questa affermazione, che qui a prima vista può sembrare sconnessa da quanto la precede, deve servire a qualcosa nel seguito; capiamo già però che essa è connessa con quanto detto sopra, che l'Ideale viene rappresentato attraverso un processo di soppressione di tutti i predicati e significati determinati.

▪ Pagina A 575 B 603: "Ora, nessuno può concepire determinatamente una negazione ..."

Il fatto che una negazione possa determinare un significato viene subito dichiarato essere un prodotto di astrazione puramente ideale: nella realtà della nostra coscienza finita ciò non può accadere. La successiva nota accentua la considerazione con un'osservazione psicologica.

▪ Pagina A 575 B 603: "Se, dunque, a base della determinazione completa è posto nella nostra ragione un sostrato trascendentale ..."

Quindi l'idea del tutto non è altro che l'idea del tutto, ovvero una funzione logica.

▪ Pagina A 576 B 604: "Ma attraverso questo completo possesso della realtà ..."

Tuttavia la ragione non fa a meno di rappresentarsi, accanto alla funzione logica del tutto, un ente individuo in cui vi è ogni possibile, e che è quell'ente la cui nozione è stata costruita con la soppressione di tutti i predicati. Ecco perché in precedenza il testo ha specificato che fuori della logica formale la negazione determina (idealmente) dei significati in positivo. Il capoverso seguente conclude il filo principale dell'argomentazione, presentando la conclusione "c'è dunque un Ideale trascendentale ...".

• Pagina A 576 B 604: "La determinazione logica di un concetto mediante la ragione ..."

Ora per determinare meglio il processo che conduce alla rappresentazione dell'Ideale Kant cerca di rintracciarne l'origine in un principio basilare ed elementare di logica, il sillogismo disgiuntivo, per il quale si intende semplicemente lo schema di inferenza: o A o B; ma non A; dunque B. L'idea che ogni cosa sia una limitazione del Tutto universale è analoga al processo del sillogismo disgiuntivo.

• Pagina A 577 B 605: "S'intende da sé che per questo scopo, che è solo di rappresentarsi la necessaria determinazione completa ..."

Il lettore, si aspetta Kant, trarrà da sé la conseguenza che il processo logico che lo costruisce non può dare alcuna informazione quanto all'esistenza dell'Ideale.

• Pagina A 578 B 606: "Così infatti tutta la possibilità delle cose (della sintesi del molteplice rispetto al suo contenuto) ..."

Ora l'argomentazione è conclusa, e viene commentata mostrando che le qualificazioni consuete, storicamente attestate, dell'Ideale (come Essere originario, ecc.) corrispondono a quanto dobbiamo attenderci dato il carattere del processo razionale che lo costruisce.

• Pagina A 580 B 608: "Ora, se noi seguiamo più oltre questa nostra idea ..."

Ora potremmo spingerci fino a determinare l'Ideale in una teologia, ma in ciò si manifesterebbe l'illusione trascendentale. Qui il testo non dice nulla di inaspettato.

• Pagina A 581 B 609: "Non basta descrivere il processo della nostra ragione ..."

La chiusura dell'argomentazione accenna al problema di metodo sottostante a tutta la Dialettica trascendentale: perché la ragione si inganna, per così dire, "razionalmente"? In cosa consiste questa specie particolare di illusione, che non ha a che vedere con l'illusione determinata dagli organi percettivi o dagli allettamenti del desiderio? Il testo ci ha condotto per mano ad accettare come plausibile che questa illusione esista, ma non l'ha mai trattata esplicitamente per giustificarla. Si osservi che nel capoverso seguente, che pone il problema, troviamo l'espressione "fenomeno dell'intelletto", che merita attenzione: perché dovrebbero esserci "fenomeni dell'intelletto" distinti da quelli interni, psichici?

• Pagina A 581 B 609: "La risposta viene da sé dalle trattazioni dell'Analitica trascendentale ..."

La risposta, che qui si riferisce al caso dell'Ideale, ma ha valore riguardo al concetto dell'illusione trascendentale in genere, è che affinché l'illusione non si presenti, è necessario appropriarsi dei presupposti dell'Analitica, e quindi del fatto che le rappresentazioni necessarie dei nostri stati di coscienza non sono altro che funzioni logiche con le quali cerchiamo l'oggettivazione dei dati contingenti d'esperienza. Kant dice: senza questa mia *Critica*, l'illusione non può non esserci; senza questa *Critica*, non è dato comprendere che il principio della completezza della determinazione è solo un principio logico per l'oggettivazione dei dati sensibili. L'illusione c'è come condizione naturale della soggettività pensante, che la può rimuovere allorché si rende capace di riflettere e oggettivare le operazioni che compie pensando, e avere una scienza della logica, in cui quella trascendentale è una novità e un progresso. Ma in assenza della capacità del pensiero di riflettere su se stesso, l'illusione trascendentale non è qualcosa che si aggiunga al pensare, ma è il pensare stesso.

• Pagina A 582 B 610: "Ma che noi poi ipostatizziamo questa idea del complesso di ogni realtà, nasce da qui ..."

Il capoverso precedente viene ora ripetuto con una terminologia più tecnica. In dettaglio, si osservi che il testo ha "vermittelst der schon gedachten transzendentalen Subreption", e che molte traduzioni rendono "schon gedachten" con "sopramenzionato", come se si facesse riferimento a qualcosa di svolto nelle pagine o capitoli precedenti. Invece la surrezione di cui si parla è quella appena detta in queste righe, ovvero la trasformazione del principio logico dell'unità dell'esperienza ("unità distributiva") nella rappresentazione del tutto dell'esperienza come un insieme di cose, "unità collettiva"; fatta questa prima surrezione, che avviene come primo momento del processo, e quindi è "già pensata", "pensata prima", il passo successivo è la trasformazione di questo insieme in una "cosa". Poi ancora viene la personificazione, cioè la rappresentazione di Dio per analogia con la soggettività umana, come avverte la nota di Kant che chiude il testo. Il testo del capoverso intero (con correzione della traduzione) è questo:

Ma che noi poi ipostatizziamo questa idea del complesso di ogni realtà, nasce da qui: che l'unità <u>distributiva</u> dell'uso sperimentale dell'intelletto, noi la mutiamo dialetticamente nell'unità <u>collettiva</u> d'un tutto d'esperienza; e in questo tutto del fenomeno pensiamo una cosa singola che contiene in sé ogni realtà empirica, e che pertanto mediante questa surrezione trascendentale già concepita, viene scambiata col concetto di una cosa che sta in cima alla possibilità di tutte le cose, per la cui determinazione completa fornisce le condizioni reali.

▪ Pagina A 583 B 611, termine della sezione.

Concludo con una considerazione che è opportuno mettere a questo punto, sebbene a rigore essa si sarebbe dovuta svolgere come premessa della Dialettica; solo che allora, senza avere constatato in che consista la "dialettica naturale della ragione", difficilmente avrebbe avuto un significato determinato per il lettore. Alla fine, in cosa consiste l'illusione che la ragione produce contro l'idea stessa di razionalità? La critica illuminista fin dall'antichità ha suggerito un'interpretazione facile delle illusioni, riportandole tutte alla sfera del desiderio, del timore, delle pulsioni, e interpretando le idealità che associamo ad esse come trasfigurazioni di carattere psicologico. Kant, come abbiamo visto, non pensa questo: è la ragione come pensiero che crea le idealità, ci direbbe, e per quanto il timore possa essere il padre degli dei, non è il timore che vi muove al dubbio quando vi chiedete quale possa essere la chiave dell'origine delle cose, ma è la necessità del pensare logico che è in noi.

Tuttavia, probabilmente il lettore attento si chiede, come può esservi un'illusione non generata dal desiderio? Una via d'uscita facile, che potrebbe suggerirci la filosofia del Novecento in genere, sarebbe quella di dire che i problemi che Kant chiama paralogismi e antinomie della ragione sono equivoci connessi con la semantica della parole, e quindi riducibili alla sfera linguistica. Ma questo sarebbe prendere la manifestazione delle antinomie, che certo si manifestano come discorsi e pensieri espressi in parole, per il fenomeno del pensiero che loro corrisponde. Il punto è la finitezza della capacità sintetica della mente umana, per cui i diversi momenti in cui il nostro pensare si divide e scompone (non essendo noi capaci di avere stati di coscienza in cui ciò che pensiamo sia in atto tutto insieme in uno stesso istante del tempo) hanno tutti la loro parte di coerenza logica interna, e così perveniamo a conclusioni contrastanti senza che sia la sfera del desiderio a condurci ad esse.

Un esempio efficace di come ciò avvenga l'abbiamo trovato verso la fine dell'Analitica trascendentale, quindi prima che il testo introducesse la nozione dell'illusione della ragione, in A 231 B 283. Lì Kant, occupandosi delle categorie modali e del problema metafisico dei mondi possibili, ci ha fatto vedere come un giudizio elementare secondo la logica formale, indubitabilmente corretto, conduca a un concetto metafisico impossibile, quello della molteplicità dei mondi possibili, allorché l'inferenza corretta formalmente venga estesa senza considerazione del significato delle categorie modali, che esprimono le relazioni dei giudizi con il contesto delle conoscenze del soggetto che li pronuncia, e non proprietà delle cose. Simili processi accadono in genere nell'"illudersi" trascendentale della ragione, e quindi vi è sì una componente empirica dell'illusione, ma questa consiste solo nella limitatezza delle capacità della mente finita umana.

Sezione Terza - Degli argomenti della ragion speculativa per dimostrare l'esistenza di un Essere Supremo

• Pagina A 583 B 611: "Malgrado il pressante bisogno della ragione di presupporre ..."

Inizia la lunga discussione della dialettica naturale della ragione attorno all'esistenza dell'Ideale. Alcune considerazioni (testualmente non facili) insistono sull'arbitrarietà di tutti i pretesi argomenti.

• Pagina A 584 B 612: "Se qualcosa, quale che sia, esiste, si deve anche ammettere che qualche cosa esista necessariamente ..."

Si legga tendo conto che le affermazioni dei capoversi da qui in avanti non riflettono il punto di vista critico, ma rappresentano quello del preteso raziocinio riguardo all'esistenza dell'Essere necessario.

• Pagina A 585 B 613: "Ora, se la ragione va cercando il concetto di un essere ..."

La ragione tenta di determinare l'Essere necessario procedendo per esclusione di tutto ciò che non può corrispondere alla nozione dell'Essere necessario.

• Pagina A 586 B 614: "Tale è dunque il cammino naturale della ragione umana ..."

Il capoverso che segue ricapitola il cammino descritto in quelli precedenti.

• Pagina A 587 B 615: "A questo concetto non si può contestare una certa fondatezza ..."

Poi viene aggiunta la considerazione che in ogni caso il collegamento della nozione d'un essere necessario con la nozione dell'Ideale non è un collegamento necessario, ma anzi, è sintetico ed è arbitrario.

• Pagina A 587 B 615: "Infatti, se accettiamo per buono tutto ciò che qui ci sta innanzi ..."

Nello sfondo, Kant sta combattendo per dimostrare che l'esistenza del molteplice empirico non comporta alcuna determinazione del concetto di Dio, comunque definito. Oppone un agnosticismo assoluto tanto alla tentazione del Dio personale, quanto a quella del concetto di Dio come definito dal panteismo o materialismo. Da cui il paragrafo seguente, che svincola l'idea di un'esistenza necessaria dalle determinazioni dell'Ideale.

• Pagina A 588 B 616: "Nondimeno restano a questo argomento una certa importanza ..."

Ora troviamo un excursus riassuntivo dell'argomento che a prima vista sembra sconfinare nel tema della fede pratica, ma in realtà vuole mantenersi nell'ambito teoretico: anche nell'ambito teoretico facciamo una sorta di assunzione di Dio, in mancanza di argomenti decisivi.

• Pagina A 589 B 617: "Questo argomento, benché nel fatto sia trascendentale ..."

Infine, la chiusura afferma esplicitamente quello che Kant assume che il lettore abbia capito da sé fin dall'inizio, e cioè che non stiamo occupandoci di speculazioni specialistiche di filosofi, ma dell'archetipo di un modo di procedere naturale di ogni cultura umana.

Sezione Quarta - Dell'impossibilità di una prova ontologica dell'esistenza di Dio

• Pagina A 592 B 620: "Da quel che precede è facile vedere che il concetto ..."

Abbiamo letto poco sopra che di fatto la ragione procede dapprima formandosi il pensiero dell'Ideale riflettendo sulla natura, e poi pervenendo a una forma più astratta, quale è quella della prova ontologica. Quest'ultima però è lo schema d'argomentazione sottostante agli altri (sebbene non portato a consapevolezza), e quindi Kant la tratta per prima. Il testo diventa improvvisamente molto scorrevole e leggibile, probabilmente perché il lettore ormai è preparato allo spirito della critica della prova ontologica.

• Pagina A 595 B 623: "Voi dunque avete veduto che se io nego il predicato ..."

L'argomento prosegue pro forma. Ma la forza dell'argomento è la completa indeterminazione della cosa in sé che viene dall'Analitica; per così dire, la solitudine della coscienza umana che non conosce altra necessità che quella della forma dei suoi pensieri. Le considerazioni di logica formale di queste pagine sono solo un altro modo di esprimerlo, per rimarcare la fragilità della veduta tradizionale non critica. E non creda il lettore che si tratta di problemi anacronistici: il nostro presente, anche se considera nostalgico il teismo e l'idea del Dio descritto per analogia con la persona umana, d'altro canto è istintivamente materialista e panteista quanto basta per avere bisogno della lezione dell'Analitica: di attenersi all'esperienza effettiva della coscienza pensante, che non consente alcuna determinazione positiva dell'in sé.

▪ Pagina A 597 B 625 **nota**: "Il concetto è possibile tutte le volte che non si contraddice ..."

La distinzione tra possibilità logica e possibilità reale è quella trattata diffusamente nell'Analitica dei principi.

▪ Pagina A 597 B 625: "Io rispondo: voi avete già commessa una contraddizione quando ..."

Si ricordi per il seguito che nel secondo titolo della tavola delle categorie la realtà (*Realität*) corrisponde alla semplice funzione logica dell'affermare nella tavola dei giudizi, e ha un senso diverso dall'esistenza (*Dasein*) nel quarto titolo. La funzione logica dell'affermazione, distinta dalla negazione, ha impiego e senso anche in proposizioni riguardanti oggetti la cui esistenza non è nemmeno in ipotesi (così la frase "l'ippogrifo ha le ali" ponendo l'ente fantastico come soggetto grammaticale fa un'affermazione, e così impiega la categoria di realtà del secondo titolo). Questa distinzione, già familiare al lettore dall'Analitica, ora viene dettagliata lungamente.

▪ Pagina A 602 B 630: "Tutta la fatica e lo studio posti nel tanto famoso argomento ontologico ..."

Vi è un'ironia un poco beffarda nella chiusa, che sicuramente è il passo meno signorile che si incontra nel libro. Si tratta di un momento di ironia antiaccademica, come si chiarisce subito dopo, quando introducendo la discussione della prova cosmologica il registro linguistico torna al consueto profondo rispetto per la serietà di ogni tentativo della ragione.

Sezione Quinta - Dell'impossibilità di una prova cosmologica dell'esistenza di Dio

▪ Pagina A 603 B 631: "Era qualcosa di affatto innaturale, e una semplice invenzione ..."

La forma esplicita della prova ontologica era un'escogitazione dottrinale; ma lo schema di ragionamento che le corrisponde, come si vedrà qui, sebbene non in forma cosciente è poi sottostante alle altre prove, e quindi è sottostante al processo di pensiero riguardo all'Ideale che si rintraccia in ogni cultura.

• Pagina A 616 B 644: "Se per le cose esistenti in generale, io devo pensare qualcosa di necessario ..."

Non vi sono particolari difficoltà testuali, ma osservo solo che qui di seguito, dove Kant dice "non fermarsi mai se non ad una spiegazione completa e a priori", il lettore potrebbe chiedersi: perché a priori? Perché una spiegazione empirica non potrebbe essere completa, dunque se ci fosse una spiegazione completa (peraltro impossibile in concreto), sarebbe a priori.

• Pagina A 617 B 645: "I filosofi dell'antichità ritenevano contingente ogni forma della natura ..."

Discutendo ora il materialismo della filosofia primitiva, Kant sente la necessità di aggiungere alla parola "effetto" la precisazione "atto" (*Handlung*) per essere coerente con il principio di non usare il concetto di causa ed effetto fuori di un contesto empirico: dunque non lo si dovrebbe usare qui, dove la contingenza della materia è una sorta di effetto primo, fuori della catena delle cause. Discorso scivoloso nell'argomentazione, eppure d'altra parte tutti consentiamo che cercare l'essere originario nella materia sia un modo di pensare arcaico, come del resto si legge nel seguito dell'argomento.

Sezione Sesta - Dell'impossibilità della prova fisico-teologica

• Pagina A 620 B 648: "Dunque, se né il concetto di cose in generale, né l'esperienza ..."

La prova fisico-teologica invoca come argomento non l'esistenza in genere, ma l'esperienza dell'esistenza della natura vivente e degli organismi. L'argomento è quello, notissimo e popolare, che non deduce Dio dall'esistenza di un sasso, ma la deduce dall'esistenza di un fiore, dalla sorpresa di fronte alla complessità della natura biologica.

• Pagina A 623 B 651: "Questa prova merita d'essere sempre menzionata con rispetto ..."

In tutto lo svolgimento vi sono ora anticipazioni del tema del Giudizio teleologico, materia da affrontare leggendo la *Critica del Giudizio*, dove vi è l'evoluzione della *Critica della Ragion Pura* in una teoria molto complessa della posizione della natura vivente in rapporto alla coscienza che la concepisce come tale. Anticipo solo che lì anche il concetto della natura vivente è analizzato come una proiezione del soggetto, non come una realtà empirica; per il resto, qui non si può discutere la cosa nemmeno sommariamente, e il lettore deve leggere questa sezione accontentandosi della distinzione familiare tra la natura biologica e non biologica.

▪ Pagina A 625 B 653: "I momenti principali della detta prova fisico-teologica sono i seguenti ..."

Ripeto: non si affretti il lettore a giudicare anacronistiche queste vedute. Aspetti di misurarsi con la *Critica del Giudizio teleologico*, la quale non ci dirà che nella natura vivente esistono scopi simili a quelli che la mente umana concepisce, ma ci suggerirà come regolarci dato che ci sembra che in essa ci siano scopi (anche qui, con apparenza necessaria).

▪ Pagina A 626 B 654: "Senza cavillare [*schikanieren*] qui con la ragione naturale nel suo ragionamento ..."

Si osservi, in questa sintesi della questione del Giudizio teleologico, che Kant non dice che la natura ha fini, ma che noi li deduciamo secondo il metodo dell'analogia, che non è costitutiva, ma regolativa.

▪ Pagina A 626 B 654: "Secondo questo ragionamento, la finalità e l'armonia di tante disposizioni della natura ..."

Se anche potessimo conoscere empiricamente qualcosa come l'architetto del mondo, questo sarebbe a sua volta una realtà empirica, un'intelligenza superiore a quella umana, ma finita, non Dio dunque, ma una creatura a sua volta. Perché il testo dice "la contingenza della forma"? Intende con ciò dire: la dipendenza dal fattore esterno.

Sezione Settima - Critica di ogni teologia fondata su principi speculativi della ragione

▪ Pagina A 631 B 659: "Se per teologia intendo la conoscenza dell'Essere originario ..."

Dopo le definizioni iniziali, qui troviamo lunghe ripetizioni di quanto ormai noto. Si noti qui l'accenno alla rivelazione, distinta dalla teologia razionale senza alcuna specificazione determinata, e riguardo alla quale l'opinione di Kant è espressa con sufficiente eloquenza dal fatto di non dedicarle più una sola parola nel seguito.

▪ Pagina A 632 B 660 **nota**: "Non morale teologica, perché questa riguarda le leggi morali ..."

La nota, come il seguito, accenna alla tesi generale della *Critica della Ragion Pratica*.

Appendice alla Dialettica trascendentale

Dell'uso regolativo delle idee della ragion pura

• Pagina A 642 B 670: "Il risultato di tutti i tentativi dialettici della ragion pura non solo conferma ..."

L'infinito arbitrio concesso all'intelletto nella sua ricerca trova criterio di decisione nell'idea, cioè in qualcosa che non è non arbitrario per la sua origine. In quanto segue vediamo, come se fossimo a teatro, lo spettacolo della vita del soggetto che inventa schemi in cui cercare di catturare il contingente che gli appare, prendendone la forma dall'immutabile che ha dentro se stesso.

Il testo è interessante per le osservazioni sulla metodologia delle scienze che ci propone e non è difficile, ma presenta alcune varianti terminologiche e metafore con cui Kant cerca di determinare l'idea centrale, che l'intelletto decide la direzione delle sue ricerche sulla base della scommessa di un ordine delle cose la cui origine è nella ragione.

• Pagina A 645 B 673: "Se diamo uno sguardo alle conoscenze del nostro intelletto ..."

Gli esempi addotti nel seguito, presi dalla chimica di allora, mostrano l'operare della ragione in concreto nel metodo della ricerca scientifica. Si noti che quanto detto delle "terre", "sali", ecc., vale anche se sostituiamo concetti fisici o chimici del presente. Il concetto di "elemento", ad esempio, non è empirico, non ci viene dall'esperienza, ma è alcunché di ideale che guida i processi di oggettivazione dell'esperienza cercando criteri di classificazione che resistano a tutti i mutamenti di prospettiva.

• Pagina A 646 B 674: "Se la ragione è la facoltà di ricavare il particolare dall'universale ..."

Segue qui un accenno al problema dell'induzione empirica, che, come si ricorderà, non è né trattato né risolto dall'Analitica trascendentale (né, come sappiamo, essa si propone di risolverlo, contro l'apparenza e la vulgata interpretativa).

• Pagina A 648 B 676: "Spieghiamo ciò con un caso dell'uso della ragione ..."

Quindi sinora Kant ha prospettato che l'unità sistematica dell'esperienza non può essere altro che l'unica scommessa possibile per la ragione: la quale non potrebbe fare nulla senza assumerla, per quanto la assuma arbitrariamente e proiettando la propria unità logica sulle cose. Ora il discorso viene dettagliato con un esempio preso non dalle scienze naturali, come il lettore probabilmente si aspetterebbe, ma dalla descrizione empirica che il soggetto fa di se stesso, qualcosa al confine tra filosofia e psicologia: per cui il seguito a prima vista può disorientare. Ma Kant sta solo dicendo che ogni ricerca empirica fa assunzioni riguardo all'unità del proprio oggetto che sono in una relazione dialettica con l'assunzione opposta, della molteplicità; e che in assenza di tale dialettica ogni ricerca si ridurrebbe all'asserzione tautologica e vuota dell'unità delle cose.

Qui di seguito la parola tradotta con "facoltà" è *Kraft*, non *Vermögen*; tuttavia la traduzione con "forza" sarebbe fuorviante, semmai si potrebbe tradurre "capacità".

• Pagina A 650 B 678: "Ma se si fa attenzione all'uso trascendentale dell'intelletto ..."

Ci raffiguriamo obiettivamente l'unità razionale della natura perché non abbiamo altra scelta; leggendo, si tenga sempre conto che l'unità ideale che attribuiamo e postuliamo per l'esperienza è ciò che dà luogo all'immagine complessiva che abbiamo della natura, e non è qualcosa che si aggiunga a un'immagine formata altrimenti, perché non esiste alcun altro mezzo per formarcene una.

Si osservi che il testo ora accenna alla chimica dell'epoca, che postulava sostanze (nel senso chimico) molteplici diverse per qualità ed eterogenee tra loro, con una prospettiva quindi completamente diversa da quella nostra, basata sulla tavola degli elementi che si differenziano per il numero di protoni nel nucleo atomico (quindi quantitativamente). Aggiunge Kant: ma comunque la ricerca procede assumendo che vi possa essere la chiave per la riduzione a unità di tale eterogeneità.

• Pagina A 650 B 678: "Nel fatto non si capisce come possa esservi un principio logico dell'unità razionale ..."

L'alternativa, considerare la natura infinitamente eterogenea, e quindi disordinata, è concepibile, ma non abbiamo motivo di scelta per questa opzione.

• Pagina A 651 B 679: "Questo presupposto trascendentale lo troviamo anche meravigliosamente celato ..."

In generale, questo è il procedere della ricerca empirica, ed è attestato storicamente, anche se usualmente manca la coscienza del fatto che i principi razionali sono proiezioni della forma del soggetto, e al contrario si crede che essi siano prodotti dell'osservazione. Per esprimere questo, qui di seguito il testo usa tre gradi della classificazione, invece dei classici due, genere e specie, e perciò improvvisa una terminologia.

• Pagina A 652 B 680: "Ma che un tale accordo si trovi anche nella natura ..."

Dal punto di vista del lettore odierno, proprio la differenza delle classificazioni fondamentali che assumiamo oggi rispetto a quelle di allora (abbandonate perché meno efficaci di quelle successive, ma non perciò da considerarsi non scientifiche), assieme all'identità del metodo tra le epoche, ci fanno vedere il carattere ideale dei principi. Si ricordi che allora si credeva che le "terre" fossero elementi semplici, e i metalli composti (argomento che abbiamo già incontrato nella sezione delle Anticipazioni della Percezione).

Nell'ultimo periodo del capoverso, con l'espressione che la ragione "non mendica, ma comanda", Kant intende dire che l'assunzione dell'unità sistematica non è una regola euristica che si aggiunge alla descrizione della natura, come se a monte potesse esistere una descrizione della natura formata altrimenti che mediante il procedere dell'intelletto e della ragione. Tutto al contrario, è la chiave della costruzione dei concetti empirici che ci è dato di avere, i quali secondo Kant si formano unicamente nel modo descritto da un certo libro, intitolato *Critica della Ragion Pura*, anche se gli uomini sino al presente non se ne sono resi conto. La terminologia usata (per cui la ragione "non mendica, ma comanda"), però, ha una forte connotazione simbolica, che cerca di suggerire che la ragione umana abbia ben più potere di quanto la teoria stessa consente di pensare.

• Pagina A 653 B 681: "Se tra i fenomeni che ci si presentano ci fosse una differenza così grande ..."

E se il nostro destino fosse quello di essere sì coscienti di noi stessi, ma solo spettatori di una varietà infinita del molteplice che ci appare? Questo caso ipotetico ed estremo ora serve a illustrare come tutto l'impianto del libro sia una descrizione dell'esperienza della coscienza quale è.

• Pagina A 654 B 682: "Al principio logico dei generi, che postula un'identità, è contrapposto ..."

Ora il testo archivia il caso estremo e passa ad un'altra considerazione metodologica, questa presa dalla realtà storica. Si noti che l'attitudine alla generalità priva di specificazioni è accostata, dal punto di vista psicologico, alla maggiore ingegnosità, intelligenza, mediante la denominazione di *Witz*, parola il cui senso nel tedesco di allora non era esattamente quello di oggi.

▪ Pagina A 657 B 685: "La ragione, dunque, spiana all'intelletto il suo campo: 1) con un principio dell'omogeneità ..."

Entra in gioco, tra le assunzioni della ragione, quella dell'"affinità", per cui nella natura assumiamo un tessuto continuo di relazioni che la rendono conoscibile. Volendo ritornarvi, ricordo che il termine "affinità" si è incontrato nella prima versione della Deduzione trascendentale a titolo di termine tecnico indispensabile all'argomento.

▪ Pagina A 660 B 688: "Questa legge logica *continui specierum* (*formarum logicarum*) ..."

Di nuovo, come sopra, il testo puntualizza che le regole di origine razionale sono il modo con cui ci formiamo l'immagine della natura, non regole euristiche che si aggiungono a un'immagine loro preesistente; però la connotazione delle parole scelte da Kant tende a suggerire in più l'immagine confortante della ragione legislatrice che troviamo ovunque nel testo.

▪ Pagina A 661 B 689: "Ma è facile vedere che questa continuità delle forme è una semplice idea ..."

Non ci si illuda però che i principi razionali siano costitutivi, ossia descrivano come la natura sia.

▪ Pagina A 662 B 690: "Se noi trasponessimo l'ordine di questi principi per metterli conformemente all'uso dell'esperienza ..."

Per quanto riguarda la ricapitolazione della vicenda della scoperta dei moti planetari che viene qui di seguito, si ricordi che Keplero pervenne all'ipotesi della forma ellittica delle orbite dopo che per secoli si era tentato di descriverne il moto come composizione di orbite circolari (epicicli), e per questa strada si era riscontrato sempre il fallimento delle previsioni delle posizioni future dei pianeti.

▪ Pagina A 663 B 691: "Ciò che in questi principi è degno di nota ..."

Si osservi che la pretesa che le regole dell'unità razionale siano più che principi euristici viene ora ridimensionata, a conferma della fragilità di quanto tutto il libro vuole suggerire sotto la metafora della "ragione legislatrice".

▪ Pagina A 664 B 692: "L'intelletto costituisce per la ragione un oggetto ..."

Entra qui in discorso il problema dello schematismo della ragione, ovvero: dato che per i presupposti di tutta la teoria non ci può essere uno schema delle idee, cosa ci rappresentiamo in concreto quando sentiamo il suono delle parole astratte con cui esprimiamo i concetti della ragione? Qui il problema è senza soluzione, e verrà ripreso nella *Critica del Giudizio*. Qui la tentata soluzione introduce pretesi termini tecnici che conducono a ripetere tautologicamente la premessa.

Dello scopo finale della dialettica naturale della ragione umana

• Pagina A 669 B 697: "Le idee della ragion pura non possono mai essere in se stesse dialettiche ..."

La Dialettica volge al termine, e Kant per lunghe pagine ora tormenta se stesso e il lettore con il problema della natura dell'idealizzazione razionale, rinnegandone continuamente e riaffermandone il carattere "regolativo", ovvero "euristico". Ma cosa manca qui? Non c'è un deficit soggettivo di chiarezza, è il salto culturale dall'antico regime al nuovo tempo, al nostro, che non è compiuto: Kant vorrebbe rassicurare noi e se stesso con un'immagine rinascimentale della ragione (umana) legislatrice e padrona, e non può, perché la forza della sua analitica mette a nudo la solitudine di noi uomini, che non abbiamo altra certezza che delle relazioni logiche e matematiche formali e vuote che sono in noi.

Il senso generale di queste pagine dovrebbe risultare semplice da afferrare; al contrario, i tentativi di Kant di decidere con forza assertoria di tutti i problemi aperti e non risolti dalla sua visione sono fonte di difficoltà che potrebbero dare luogo a discussioni interpretative infinite. Il lettore noterà che spesso Kant invoca il concetto della somiglianza per analogia come chiave delle rappresentazioni della ragione, lasciando però non bene analizzato cosa sia l'analogia.

• Pagina A 670 B 698: "C'è una gran differenza tra l'essere qualche cosa data alla mia ragione come oggetto assolutamente ..."

Si osservi che il termine "schema" nel capoverso seguente assume un senso analogo, ma non letteralmente identico, al concetto di schema dell'Analitica. Schema qui è qualcosa di simile allo schema dell'intelletto, qualcosa con cui ci rappresentiamo l'unità razionalmente pensata delle cose, ma non è facile dire cosa mai possa essere.

• Pagina A 672 B 700: "Spiego questo più chiaramente. Prima di tutto ..."

Si osservi che, nonostante il linguaggio non contemporaneo, di fatto anche noi ci atteniamo ai precetti del capoverso che segue (ma con l'eccezione degli asserti cosmologici della fisica contemporanea, dove la cultura del nostro tempo va oltre l'astronomia e astrofisica per fare asserzioni su pretesi caratteri dell'oggetto-universo).

• Pagina A 676 B 704: "Ora qui si scorge una differenza nel modo di pensare in una medesima ipotesi ..."

L'excursus sul formarsi dell'idea di Dio integra quanto svolto all'inizio della trattazione del processo di formazione dell'Ideale della ragione, senza aggiungervi molto, ma in modo più chiaro.

• Pagina A 679 B 707: "Ormai possiamo chiaramente additare il risultato di tutta la dialettica trascendentale ..."

Il testo si morde la coda con varianti terminologiche: da un lato, continua a ripetere che non possiamo fare altro che dirigere la ricerca empirica secondo l'ideale unità razionale (perché altra opzione non ci è concepibile) e accontentarci dell'immagine delle cose che ne risulta, adattandoci ad essa; dall'altra cerca di suggerire che abbiamo qualcosa di più, che però Kant non sa esprimere. Così le assunzioni razionali qui sono dette essere qualcosa di "anche oggettivo, ma in modo indeterminato", tentativo di esprimere qualcosa in più che in verità non aggiunge nulla a quanto sappiamo da prima. Lo stesso vale per l'invocazione dell'espressione scolastica *principium vagum*: sappiamo che Kant considera sempre una legittimazione delle proprie idee il reperimento nella tradizione scolastica di qualche accenno che le precorre.

• Pagina A 681 B 709: "Si disconosce senz'altro il significato di questa idea ..."

Dopo averci girato attorno così a lungo, il testo arriva a dire finalmente qualcosa di più: non solo la personificazione dell'Ideale, ma anche semplicemente la sua rappresentazione come cosa, è l'analogo dello schema dell'intelletto, che ci consente di usare un principio rappresentandoci qualcosa in concreto. Resta però aperto il problema che tale schema non può essere intuitivo.

• Pagina A 682 B 710: "Il primo oggetto d'una tale idea sono io stesso, considerato semplicemente come natura pensante (anima) ..."

Viene ora una bella pagina, in cui ci si mostra come le relazioni umane in genere e la psicologia che è necessaria per istituirle vengono rese possibili dall'assunzione dell'unità del soggetto.

• Pagina A 687 B 715 **nota**: "Il vantaggio che proviene dalla forma sferica della Terra è abbastanza noto ..."

Quanto accennato nella nota seguente non è un'idea peregrina, cioè, l'effetto giroscopico della forma non sferica della Terra esiste davvero. Alla cultura del tempo appartiene lo sfondo di fede teleologica nell'esistenza dell'uomo come scopo. Il tema della finalità non si può discutere qui, perché viene svolto da Kant nella *Critica del Giudizio* in termini per ora ancora assenti. Va però accennato che se da un lato Kant distingue la natura biologica come specie dalla natura in genere in modo consonante con quello che ne pensiamo al presente, per il resto ha dei concetti di finalità oggettiva che non ci appartengono più. Per noi, quanto all'esempio presente, se l'effetto giroscopico, stabilizzando la Terra, è utile alla vita, ciò significa che la vita si è potuta adattare alle condizioni terrestri in certi modi, che sarebbero stati impossibili in un ambiente meno stabile. A Kant la cosa appare in termini predarwiniani, ovviamente, e lo stesso vale per il seguito prossimo del testo. Si noti però che l'asserzione della finalità nella natura come fatto oggettivo verificabile sperimentalmente è sempre dichiarata impossibile, e questo è un risultato importante del metodo di Kant.

• Pagina A 689 B 717: "Il primo errore che risulta dal prendere l'idea di un Essere supremo ..."

La trattazione seguente si potrebbe dire che mette in luce la struttura trascendentale delle credenze di antico regime destinate a divenire il substrato di numerose sottoculture del tempo successivo a Kant, sino al nostro.

• Pagina A 695 B 723: "A proposito dell'antinomia della ragion pura noi abbiamo detto ..."

Si ricorderà che solo le idee cosmologiche comportano l'antinomia, perché nell'idea dell'universo fisico vi è il dualismo tra la soggettività e la natura empirica, mentre le altre idee sorgono interamente dalla forma della soggettività.

• Pagina A 698 B 726: "Ma (si chiederà ancora) a questo modo posso far uso tuttavia del concetto ..."

Qui si arriva a una bella espressione delle conseguenze radicali tratte dalle premesse, ormai così remote nella catena deduttiva del libro, riguardo all'esperienza effettiva della necessità delle forme logiche nella coscienza: dice Kant, si dovrebbe assimilare la critica sino al punto che, di fronte alla percezione dell'ordine nella natura, divenga "tutt'uno dire che Dio sapientemente l'ha voluto così, o dire che la natura lo ha ordinato sapientemente".

• Pagina A 701 B 729: "Così la ragion pura, che da principio pareva prometterci nientemeno ..."

Si osservi come il tono di questo capoverso conclusivo chiuda il cerchio con le prime parole del libro, quelle dei capoversi che aprono la prima Prefazione.

II - *Dottrina trascendentale del metodo*

• Pagina A 707 B 735: "Se io prendo a considerare il complesso di tutte le conoscenze ..."

Il lettore immaginerà facilmente che Kant, con la dottrina che ora viene esposta, pensava di dare regole di metodo assolute e conclusive alla ricerca filosofica e scientifica. È ovvio che non sia così, tuttavia il testo contiene integrazioni esplicative non trascurabili di quanto sviluppato in precedenza, sebbene non aggiunga più nessuna idea fondamentale nuova.

• Pagina A 707 B 735: "Io intendo dunque per dottrina trascendentale del metodo ..."

Delle quattro parti della Dottrina del Metodo qui di seguito nominate, le prime due, dal nome che già basta a promettere prolissità ("disciplina" e "canone"), probabilmente stancheranno il lettore per la lunghezza delle ripetizioni, ma la terza, l'"architettonica", molto più breve, si leggerà con maggiore interesse per le considerazioni che vi si trovano sui concetti di filosofia e scienza. La quarta parte, la "storia", contiene solo un accenno all'argomento del suo titolo.

Capitolo Primo - La disciplina della ragion pura

Sezione Prima - La disciplina della ragion pura nell'uso dogmatico

▪ Pagina A 712 B 740: "La matematica fornisce l'esempio più luminoso di una ragione ..."

La posizione del problema che leggeremo ora è cruciale, e corrisponde a una difficoltà mai risolta, viva e vegeta nella cultura del nostro presente: il significato conoscitivo della matematica. Si ricordi che quello che Kant chiama qui "filosofia" comprende diverse componenti, che conosciamo, e che sono: la critica trascendentale (quindi, volendo, la filosofia nel senso corrente odierno), l'utopica metafisica nuova da costruire secondo i criteri della critica, e la scienza empirica della natura. In tutti questi casi il metodo non può essere quello deduttivo della matematica, sebbene l'estensione di questo metodo a tutti gli ambiti sia un'eterna e ricorrente illusione, per cui la pretesa merita l'etichetta di "dogmatica".

▪ Pagina A 713 B 741: "La conoscenza filosofica è conoscenza razionale per concetti ..."

A questo punto abbiamo l'occasione di chiarirci le idee sulla posizione della matematica non geometrica nel sistema di idee della *Critica*. Per capire la difficoltà di Kant, si ricordi che egli aveva ricevuto in giovinezza l'insegnamento della meccanica newtoniana rappresentata nella forma prevalentemente geometrica e poco algebrica originaria, e solo poi aveva ricevuto cognizione della matematica più moderna del suo tempo. Chi vuole rendersi conto di cosa questo significhi, basta che apra e sfogli per qualche pagina (per esempio nella raccolta archive.org) un'edizione qualsiasi, latina o inglese, dei *Philosophiae Naturalis Principia Mathematica* del 1687: si vede subito, anche a un sguardo superficiale, come, mancando di un'algebra apposita, nei suoi ragionamenti infinitesimali Newton fosse costretto a basarsi su un nuovo costrutto geometrico corrispondente a ogni passo della catena deduttiva, con una complicazione che rende il libro molto più voluminoso del necessario. Ma questa era lo stato dell'arte e la visione della matematica che Kant aveva assimilato nell'età della sua formazione.

I prossimi quattro capoversi hanno un senso chiaro, ma scontano da una parte la solita concezione riduttiva della logica, come se essa si risolvesse tutta nella teoria del concetto (generi e specie), e dall'altro l'idea del primato della geometria nella matematica, in assenza della quale ciò che si legge qui diventa difficilmente plausibile. Poi, quando viene all'algebra, il discorso perde sicurezza.

• Pagina A 714 B 742: "In questa forma, pertanto, consiste la differenza essenziale ..."

Nel capoverso che segue ciò che è detto delle qualità, che "non si possono rappresentare in nessun'altra intuizione che in quella empirica", ci conferma che quanto è chiamato filosofia qui comprende la scienza empirica.

• Pagina A 716 B 744: "Si dia a un filosofo il concetto di un triangolo ..."

Il capoverso seguente ritorna su un cavallo di battaglia di Kant ormai ben noto, che con la logica generale non si può conoscere nulla della forma dello spazio.

• Pagina A 717 B 745: "Ma la matematica non costruisce soltanto delle quantità (*quanta*) ..."

Adesso Kant non può tacere una difficoltà: che anche una proposizione come, ad esempio, $(a+b)^2=a^2+2ab+b^2$ appartiene all'ambito della matematica, e non della filosofia, perché né è deducibile dalla logica generale, né è empirica. Se la cava con l'argomento, evidentemente insignificante e sofistico, per cui l'algebra avrebbe tale carattere perché procede per "costruzione simbolica", dietro al quale c'è il solito pregiudizio sulla logica aristotelica come unico modo possibile di esprimere la logica generale. Il problema di fondo, è che l'asserzione per cui le proposizioni della matematica sarebbero sintetiche a priori e non analitiche è tanto irrinunciabile per Kant dati i suoi presupposti taciti, quanto insostenibile per il lettore moderno, per il quale una catena deduttiva è una catena deduttiva, a prescindere dalla maggiore o minore complessità interna, e quindi tutto l'a priori appartiene alla stessa famiglia. Si noti che il fatto che gli assiomi di ogni scienza deduttiva abbiano una necessità (come pensa Kant) oppure possano essere del tutto arbitrari (come la cultura del Novecento ha il vezzo di credere), non ha alcuna rilevanza per questo problema.

• Pagina A 720 B 748: "Le proposizioni sintetiche relative a cose in generale ..."

Le "proposizioni sintetiche relative a cose in generale" sono ovviamente quelle dell'Analitica dei Principi.

• Pagina A 721 B 749: "Se di un concetto si deve giudicare sinteticamente, si deve uscire da questo concetto ..."

La sterilità del metodo deduttivo nella determinazione del reale empirico, date le premesse di Kant, è qualcosa di cui il lettore è persuaso già dall'Analitica trascendentale. Le considerazioni che troviamo qui riprendono temi ricorrenti nel libro cercando di darne una sistemazione definitiva, in forma di regole di metodo, ma in realtà il lettore si trova di fronte a ripetizioni dei concetti ormai noti e a tentativi di soluzioni verbali. Nel capoverso seguente, l'attributo di "meccanica" aggiunto tra parentesi alla conoscenza empirica, cosa vorrebbe significare? Difficile dirlo, tanto più che la proposizione successiva prende a esempio un problema di chimica. Poco oltre si potrebbe pensare che la parola "forza", *Kraft*, sia entrata come per lapsus nel numero delle categorie, ma in realtà in tutto il contesto Kant sta facendo riferimento anche alle proposizioni sintetiche a priori della costruenda metafisica nuova, che dovrebbe descrivere la forma generale della natura possibile, e quindi dare conto di concetti come "forza".

• Pagina A 723 B 751: "Così c'è un doppio uso della ragione ..."

La distinzione tra la conoscenza matematica (di forme vuote) e l'interpretazione dell'esperienza resta quella determinata nell'Analitica, che qui viene ricapitolata e attribuita alla ragione in senso generico.

• Pagina A 724 B 753: "La gran fortuna che incontra la ragione mediante la matematica ..."

Nonostante la fragilità delle distinzioni precedenti, il problema della confusione tra il metodo matematico e la scienza empirica viene ora descritto in termini esatti, e corrisponde a confusioni concettuali non risolte nemmeno dalla cultura del nostro tempo, dove la matematica, come al tempo di Kant, non ha sempre il senso del proprio ambito legittimo, né delle assunzioni tacite che sono sottostanti a ogni tentativo di determinare l'esistenza delle cose per via deduttiva o matematicamente.

• Pagina A 727 B 755: "Delle definizioni. Definire, come dice la stessa parola ..."

Nel seguito vi è un frammento importante di filosofia del linguaggio, che però Kant vede come filosofia dell'intelletto, considerando sempre il linguaggio come fatto non problematico. La distinzione tra matematica e "filosofia" (meglio diremmo tra matematica e "non matematica", dato che la parola filosofia comprende diversi ambiti) viene resa più chiara dalla discussione di aspetti dettagliati.

Nel lungo capoverso iniziale della seguente discussione del concetto di definizione c'è una curiosità riguardo all'orologio per la navigazione, lo *Schiffsuhr*, invocato come esempio di progetto legittimamente concepibile ma non attuato: è strano che Kant, attento lettore di cronache dei fatti del mondo, non sapesse che proprio nel corso della sua vita gli inglesi avevano costruito diversi modelli di orologi capaci di mantenere con sufficiente precisione l'ora corretta anche in condizioni di navigazione.

Ben più importante, si noti che quanto qui Kant asserisce riguardo alla impossibilità di definire i concetti a priori di cui tratta la filosofia (intesa qui in senso stretto, trascendentale) comporta la conseguenza di distruggere la certezza che la teoria critica della ragione possa essere definitiva: ma di questo Kant non si accorge mai.

▪ Pagina A 732 B 760: ". Degli assiomi. Questi sono principi sintetici a priori …"

Anche nella discussione degli assiomi che ora segue, la certezza della filosofia di poter essere definitiva distrugge se stessa, e di conseguenza la stessa filosofia trascendentale appare essere un'interpretazione. Ma Kant non giunge a tanta conseguenza, e pare che non si accorga che la sta enunciando quasi esplicitamente.

▪ Pagina A 734 B 762: "Delle dimostrazioni. Soltanto una prova apodittica, in quanto è intuitiva …"

Leggere correggendo così la traduzione: "Una prova apodittica, soltanto in quanto è intuitiva …".

Nella discussione del concetto di dimostrazione, il punto è che in matematica l'ambito semantico è precisamente definito, mentre non può essere così in nessun altro sapere. Kant continua a invocare l'intuizione come criterio decisivo, eppure la discussione del concetto di definizione, insegnandoci che solo in matematica esistono definizioni in senso proprio, avrebbe potuto portarlo su una diversa strada, e a reperire un più valido criterio generale di distinzione dell'ambito matematico. Qui di seguito, l'accenno all'elemento "euristico" significa che l'incertezza in matematica è soltanto quella soggettiva del cervello a seguirne il ragionamento, e non è legata all'oggettiva indeterminazione semantica delle parole, come invece accade in ogni ambito della conoscenza non-matematica, ossia "filosofica".

Sezione Seconda - La disciplina della ragion pura rispetto al suo uso polemico

▪ Pagina A 738 B 766: "La ragione, in tutte le sue imprese, si deve sottomettere alla critica …"

Ora l'argomento della nuova sezione riceve una lunga trattazione elementare, con qualche difficoltà solo per la sintassi involuta. In tutta la sezione, direi che sono di interesse più che altro le considerazioni su Hume.

▪ Pagina A 745 B 773: "Se al grande David Hume, a quest'uomo dal giudizio così equilibrato …"

Per collocare i personaggi citati nella giusta prospettiva, si ricordi che l'empirico Priestley citato qui di seguito fu (tra l'altro) lo scopritore della prima reazione con cui isolare l'ossigeno.

Dell'impossibilità di un appagamento scettico della ragione in disaccordo con se stessa

▪ Pagina A 758 B 786: "La coscienza della mia ignoranza …"

Se qui di seguito l'esempio metaforico riguardante la grandezza della Terra non è chiaro, si veda in un'enciclopedia il metodo di Eratostene per la misura del meridiano terrestre.

Sezione Terza - La disciplina della ragion pura rispetto alle ipotesi

▪ Pagina A 770 B 798: "Ora, poiché noi a priori non possiamo farci il minimo concetto della possibilità del rapporto dinamico …"

Si noti che il discorso è completamente diverso per l'ambito empirico intellettuale e l'ambito razionale. Per quanto riguarda l'ambito empirico, l'idea è che le ipotesi completamente gratuite sono illecite, ma deve pur essere ammesso ipotizzare ciò che potrebbe servire da modello di spiegazione per i fenomeni che si osservano nell'esperienza, altrimenti l'intelletto non potrebbe fare nessun lavoro né ottenere alcun risultato. Il capoverso seguente quindi mette in guardia dalle ipotesi che sono da dirsi fantastiche, più che fisiche, senza tuttavia darci un criterio netto per il discrimine.

▪ Pagina A 771 B 799: "I concetti della ragione, come s'è detto, sono semplici idee …"

Quanto ai concetti della ragione, l'ipotesi non ha nessun ruolo e significato: non possediamo altro che le funzioni logiche corrispondenti.

▪ Pagina A 772 B 800: "Per la spiegazione dei fenomeni dati non possono addursi altre cose …"

Quanto alle ipotesi miste, che invocano principi idealizzati per spiegare fenomeni empirici, l'illiceità e l'assenza di senso è ancora più categorica: le ipotesi di questo tipo non provengono dalla dialettica essenziale della ragione, ma dalla fragilità umana. Osservo qui un aspetto che probabilmente è già venuto in mente al lettore, e cioè che nell'orizzonte mentale di Kant tutto quanto concerne il cosiddetto soprannaturale e il miracoloso non ha nessun ruolo non soltanto per le consuete ragioni critiche di carattere illuminista, ma per un motivo molto più profondo: che di fronte a un fenomeno non spiegato, non correlato agli altri fenomeni, noi non potremmo mai rappresentarci la relazione fisica di esso come fatto empirico con alcunché di ideale. Sicché ogni asserzione o ipotesi di eventi miracolosi, nonché essere superstizione, per Kant è un discorso senza senso perché collega l'empirico con l'ideale secondo una pretesa forma di relazione che non esiste, che non ha nessun posto nel sistema delle facoltà della soggettività umana. Sicché i fatti empirici si dividono tra quelli correlati sistematicamente all'insieme della natura e quelli di cui non conosciamo le relazioni, cioè quelli che riscontriamo esistenti senza capirne nulla, e dei quali non ci resta che cercare il luogo nel sistema della natura, modificando le leggi e i concetti empirici generali che abbiamo, se necessario. Per parlare con precisione, i fatti non correlati con gli altri è anche improprio che li chiamiamo "inspiegati", perché nulla che esista è "spiegato", giustificato assolutamente nel suo esistere, ma può essere solo correlato con il restante dei fenomeni.

Notiamo anche che allorché l'illuminismo popolare dice la proposizione "io non credo al soprannaturale", da una parte non è kantiano perché annovera il soprannaturale come qualcosa di possibile dal punto di vista logico, cioè qualcosa a cui volendo si può "credere", quindi qualcosa di cui sarebbe possibile almeno la rappresentazione, mentre il soprannaturale, pretesa forma ibrida tra l'ideale e l'empirico, non è nemmeno questo; da un'altra parte è kantiano in modo rudimentale, perché mostra di sapere a priori cos'è la natura, dato che ne fa un orizzonte definito ed esclusivo.

• Pagina A 773 B 801: "Non si possono permettere ipotesi trascendentali dell'uso speculativo della ragione ..."

Il termine "iperfisico" esprime con proprietà di linguaggio ciò che popolarmente si usa chiamare "soprannaturale".

• Pagina A 778 B 806: "Ora al vostro compiuto armamento appartengono anche le ipotesi ..."

Da qui in avanti il testo passa a considerazioni di filosofia di vita. L'agnosticismo assoluto è un dovere di decenza verso l'esistenza, e le ipotesi metafisiche quanto più fantastiche lo rafforzano, purché si abbia coscienza della loro natura.

• Pagina A 779 B 807: "L'accidentalità del nascere, che nell'uomo dipende dall'occasione ..."

Si noti sia l'ingegnosa bellezza della fantasia metafisica del capoverso che segue, sia come il successivo riporti subito i piedi in terra.

Sezione Quarta - La disciplina della ragion pura rispetto alle sue dimostrazioni

• Pagina A 782 B 810: "Le dimostrazioni delle proposizioni trascendentali e sintetiche ..."

Il primo capoverso invoca tutta la teoria sviluppata nel libro, e testualmente è una ripetizione di quanto noto. Si ricorderà che il principio di ragion sufficiente concepito come pretesa proposizione analitica ha ricevuto diversi accenni, ed è stato trattato nelle Analogie dell'esperienza.

• Pagina A 784 B 812: "Ma se la proposizione che dev'essere provata è un'affermazione ..."

Segue un esempio che completa la tante volte riepilogata confutazione dei paralogismi psicologici. La nozione dell'anima (semplice) è tanto fantastica quanto lo sarebbe considerare semplici i corpi fisici per il fatto che è lecito considerarli astrattamente e in via fittizia come punti materiali nella meccanica.

• Pagina A 787 B 815: "La seconda proprietà delle dimostrazioni trascendentali è questa ..."

Il capoverso seguente è coerente con l'idea di fondo della conoscibilità della tavola generale delle categorie in via assoluta e definitiva, ma diviene falso riconoscendo l'impossibilità di questa conoscenza (come è ovvio per il lettore di oggi): tutta la *Critica* allora diventa un'interpretazione e un punto di vista sulle cose.

• Pagina A 787 B 815: "Ma ogni proposizione trascendentale muove semplicemente ..."

Gli esempi seguenti sono chiari, ma vale quanto sopra: essi presuppongono l'assunzione generale di Kant riguardo alla possibilità della descrizione assoluta delle forme categoriali. Si noti che l'univocità della dimostrazioni vale per le dimostrazioni lecite (principi dell'intelletto) quanto per quelle dialettiche. Nonostante tutto, che l'unica prova concepibile dell'esistenza di Dio sia quella ontologica è un discorso che ha il suo fascino e la sua plausibilità relativa anche per chi ci pensa oggi.

• Pagina A 789 B 817: "La terza regola speciale della ragion pura ..."

Nel linguaggio usato qui di seguito, "ostensiva" è una

dimostrazione in cui si ha uno stato di coscienza che riesce a rappresentarsi la relazione logica tra tutti i passi dell'argomentazione. Invece "apagogica" è una dimostrazione del tipo: A implica B, B implica C, C implica D, quindi A implica D — dove si ha coscienza della necessità della relazione nei diversi passi, ma non dell'insieme, che si accetta come conseguenza della necessità del tutto, così come accettiamo il risultato di una moltiplicazione tra due grandi cifre correttamente eseguita pur senza poter avere intuizione di tali grandezze.

▪ Pagina A 790 B 818: "La causa specifica dell'uso delle prove apagogiche ..."

Segue una considerazione vera solo psicologicamente. Si noti il residuo di indistinzione tra logica formale e psicologia, che conduce a questa idea del primato delle dimostrazioni "ostensive".

Capitolo Secondo - Il canone della ragion pura

• Pagina A 795 B 823: "È umiliante per la ragione umana ..."

Tutto il capitolo è privo di difficoltà testuali, specialmente per il lettore che conosca la *Critica della Ragion Pratica*. L'interesse sta nella reinterpretazione di tante idee tradizionali, metafisiche e teologiche, che non sorprenderà il lettore quanto al metodo, ma gli rivelerà una inaspettata molteplicità di concetti, valori e significati tradizionali così riveduti da Kant.

Sezione Prima - Dello scopo ultimo dell'uso della nostra ragione

Sezione Seconda - Dell'Ideale del sommo bene come principio determinante del fine ultimo della ragion pura

• Pagina A 808 B 836: "Dico «mondo morale» il mondo conforme a tutte le leggi morali ..."

Si osservi qui la metafora tutta particolare del *corpus mysticum*, che è un tentativo di uscire dal circolo argomentativo.

• Pagina A 817 B 845: "Noi così troviamo anche nella storia della ragione umana ..."

Viene ora un excursus sulla cultura umana dall'antichità al Cristianesimo, dove è difficile decidere se il "noi" nella frase "che noi oggi teniamo per vero" si riferisca a "noi uomini moderni" o a "noi partecipi della filosofia di Kant".

• Pagina A 818 B 846: "Ma se la ragion pratica ha raggiunto quest'altro punto, ossia il concetto di un Ente originario ..."

Da notare qui di seguito il riprodursi dell'usuale metodo di risalire dal fatto alla necessità del principio.

Sezione Terza - Dell'opinione, della scienza e della fede

• Pagina A 822 B 850: "La credenza e la validità soggettiva del giudizio in rapporto con la convinzione ..."

Si noti nell'accenno seguente che la scienza non è poi altro che la fede comune agli uomini, coerentemente con lo spirito di tutta la filosofia.

• Pagina A 822 B 850: "Non posso mai presumere di avere un'opinione, senza sapere ..."

Che sia "assurdo opinare in matematica", come leggiamo tra breve, è vero idealmente, ma non di fronte ai problemi matematici complessi e non risolti, che richiedono congetture. Questo sfuggiva a Kant.

• Pagina A 830 B 858: "Ma, si dirà, questo è tutto ciò che la ragion pura conclude ..."

La chiusura suona quasi autoironica: tutto questo lavoro per concludere quello che sapevamo benissimo, che non ci resta che accontentarci del poco che sappiamo e cercare di agire razionalmente assumendo che ne valga la pena. Ma ciò è conseguenza dell'unità di fondo della ragione umana, per cui il buon senso e la cultura filosofica convergono verso le stesse conclusioni.

Capitolo Terzo - L'architettonica della ragion pura

▪ Pagina A 832 B 860: "Per architettonica intendo l'arte del sistema …"

Questo capitolo, che nel complesso probabilmente i lettori troveranno più interessante del precedente, sotto il titolo di "architettonica", che non meraviglierà, contiene almeno in potenza una riflessione di Kant sul suo metodo. Dappertutto, nell'incertezza mascherata da certezza riguardo alla progettata ridefinizione della nozione di metafisica, emergono i problemi generali irrisolti sottostanti a tutta la concezione.

I primi capoversi determinano il concetto di sapere sistematico, o architettonico, in termini tradizionali, ma rivisti nello spirito dell'interpretazione critica delle idee in genere. È chiaro, data l'unità della ragione, che ci possa essere un'unità interna del sapere; questa però è un risultato laborioso da costruire.

▪ Pagina A 833 B 861: "Qualsiasi idea per l'esecuzione ha bisogno d'uno schema …"

Il seguito non fa riferimento alle tre idee, ma a qualsiasi "idea" in genere, ovvero a qualsiasi progetto di scienza che assuma una sistematica unità ideale, "regolativa" nel senso descritto dalla Dialettica. Anche la nozione di schema è più generica di quella tecnica dell'Analitica, ma le è affine, intendendo una regola pratica e una rappresentazione semplificata che si possa sostituire alla rappresentazione di un insieme.

▪ Pagina A 835 B 863: "Se prescindo da ogni contenuto di conoscenza …"

Nel seguito immediato, si consideri che il termine "storico", sebbene abbia un senso diverso da quello che gli diamo noi, non è sinonimo di "empirico". Storica è la conoscenza che uno assume come dato di fatto, quindi tale che per lui è come se fosse empirica, ma che altri possono avere sviluppato razionalmente. Empirico è ciò che è essenzialmente contingente per gli uomini, non solo soggettivamente per uno o l'altro.

▪ Pagina A 837 B 865: "Ora, ogni conoscenza razionale o è conoscenza ricavata dai concetti …"

La seguente osservazione psicologica, in sé piuttosto semplice e plausibile, è rilevante per la questione dello status della matematica. Uno può essere sospettato di ripetere a memoria un detto di filosofia o di fisica o di giurisprudenza senza capirne niente, ma se sa risolvere un problema in via matematica, non ha senso sospettarlo di "farlo a memoria".

• Pagina A 838 B 866: "Ora il sistema di ogni conoscenza filosofica è la filosofia ..."

Almeno potenzialmente viene fuori qui, alla fine del libro tutto costruito sul presupposto opposto, la consapevolezza dell'impossibilità di conoscere la forma della soggettività per introspezione e con completezza definitiva. La frase "la filosofia è una semplice idea di una scienza possibile, non data mai *in concreto*" equivale a dire che la *Critica* non può essere altro che un'interpretazione della condizione delle mente umana, per quanto il libro sostenga ovunque la convinzione opposta, di avere valore definitivo.

• Pagina A 839 B 867: "Il matematico, il naturalista, il logico ..."

Si osservi qui che il logico non è la stessa cosa del filosofo, ma è uno specialista di un ambito ristretto.

• Pagina A 840 B 868: "Tutta la filosofia poi è conoscenza derivante dalla ragion pura ..."

L'osservazione dovrebbe essere superflua, ma ricordo che sotto la filosofia empirica qui menzionata non c'è altro che l'antica denominazione delle scienze naturali.

• Pagina A 841 B 869: "Ora, la filosofia della ragion pura o è propedeutica ..."

Il seguito è utile per chiarire una volta di più cosa Kant intende per metafisica, cioè per la sua utopica metafisica da costruirsi dopo la *Critica*.

• Pagina A 845 B 873: "La metafisica, in senso stretto, consta della filosofia trascendentale ..."

Ora il testo continua ad esprimersi in modo non distruttivo verso il corpus della metafisica razionalista tradizionale, per quanto l'abbia reso vano nella *Critica*. Ma va sempre ricordato che per la classificazione degli oggetti possibili della metafisica (nuova), il patrimonio delle trattazioni tradizionali per Kant rimane un corpus di scienza valido; l'illusione della metafisica tradizionale è quella di produrre determinazioni dei suoi oggetti per via di deduzioni analitiche, non la definizione dei suoi oggetti.

• Pagina A 846 B 874: "Sicché il sistema intero della metafisica consta di quattro parti principali ..."

Come sempre il testo sembra sicuro di sé, ma in generale come dovrebbe prendere corpo la nuova metafisica riformata Kant non è mai in grado di dirlo, e ripete all'infinito le divisioni tradizionali che, rielaborate, le dovrebbero corrispondere. Qui in particolare, nella nota dopo il capoverso che segue, si rivela la difficoltà a definire l'ambito della *physica rationalis*, pertinente alla metafisica, e che come sappiamo dovrebbe contenere qualcosa di intermedio tra i principi della logica trascendentale e quelli, poniamo, della meccanica di Newton, ma che Kant non determina mai perché non può. Quanto all'accennata *psycologia rationalis*, non sorprende che la metafisica nel senso nuovo dovrebbe esporre quello che possiamo sapere a priori della psiche e che non sia logica (cioè, niente).

▪ Pagina A 847 B 875: "In primo luogo, come posso io sperare una conoscenza a priori ..."

E ora il testo si ostina a dimostrarci che la metafisica nuova, che non sia né logica trascendentale né scienza empirica, deve pur esistere: convinzione che come sappiamo non è un'inclinazione soggettiva dell'uomo Kant, ma una conseguenza delle condizioni di cultura di quel tempo che si ritrovano nelle sue assunzioni tacite.

▪ Pagina A 848 B 876: "In secondo luogo: dove resta poi la psicologia empirica ..."

L'affrancamento della psicologia empirica e il suo costituirsi come sapere indipendente nel proprio ambito, augurato qui di seguito, è una previsione avveratasi.

▪ Pagina A 849 B 877: "Questa è dunque l'idea generale della metafisica ..."

In questi capoversi conclusivi, si noti la bellezza dell'immagine della filosofia che non ci ha dato quanto speravamo, a cui torneremo come a "una persona amata che abbia avuto un conflitto con noi" (*zu einer mit uns entzweiten Geliebten*).

Capitolo Quarto - La storia della ragion pura

▪ Pagina A 852 B 880: "Questo titolo qui non sta se non a indicare ..."

In questo brevissimo schizzo di storia, si notino in particolare le parole conclusive, con cui Kant si augurava che la metafisica nuova potesse compiersi nei diciannove anni che restavano prima della fine del diciottesimo secolo: a conferma di come tutta la *Critica* risulta incomprensibile se non si considera costantemente lo sfondo dell'utopia della metafisica nuova.

Quarta di copertina

Non c'è soddisfazione più grande che rompere il velo dell'ingenuità millenaria con cui consideriamo le cose attorno a noi, e rivedere il mondo con l'esperienza di aver letto la *Critica della Ragion Pura*. Ma è difficile: i resoconti altrui non soddisfano, e il senso dell'intenso testo di Kant non si lascia cogliere, perché il filosofo, vedendo le cose in modo così diverso dal consueto, non poté trovare un modo di esprimersi che fosse adeguato ai presupposti dei lettori del tempo a venire.

Questa guida, concepita per essere letta non prima, ma insieme al testo di Kant, conduce il lettore di oggi a sperimentare l'immenso piacere di impadronirsi del senso dell'opera più importante del grande illuminista. Una guida che si legge insieme al testo di Kant perché consta di brevi commenti precisamente riferiti a determinati capoversi della *Critica della Ragion Pura*, commenti che traducono le parole di Kant in un linguaggio chiaro e familiare per il lettore di oggi. Le indicazioni di lettura prima di tutto mettono in guardia il lettore rispetto ai presupposti impliciti di Kant, che sono la prima delle fonti di difficoltà, e poi danno atto di quei presupposti di Kant che il lettore del ventunesimo secolo non può accettare: cosicché potremo capire Kant stando umilmente sulle sue spalle.

Il poco che sappiamo per esperienza, quello che vorremmo saperne, quello che concepiamo di ideale, dopo la lettura della *Critica della Ragion Pura* appaiono in una luce completamente diversa: non più come cose che ci sovrastano, ma come idee che produciamo attraverso gli stati di coscienza elementari che sono in noi e che determinano il modo in cui interpretiamo l'universo delle percezioni che ci colpiscono. I testi esplicativi di questa guida accompagnano il lettore ad appropriarsi del libro di Kant mentre il senso della visione del grande filosofo gli appare sempre più chiaro, e in fondo anche semplice, come sono i pensieri profondi quando si è percorsa la via che conduce a comprenderli.

Alberto Palazzi

Alberto Palazzi è nato nel 1959 a Bolzano, e vive a Roma, dove lavora nel campo dell'informatica. *Independent scholar*, si occupa della tematica filosofica della relazione tra la corporeità dei pensieri e l'oggettività dei giudizi logici.

www.ingramcontent.com/pod-product-compliance
Lightning Source LLC
LaVergne TN
LVHW041458170726
843492LV00005B/1291